Das Imperium der Rinder

Das Imperium der Rinder ist ein überzeugendes, leidenschaftliches, dabei exakt recherchiertes Buch, das die Umweltzerstörung, die ökonomische Ungleichheit, den Mißbrauch der Tiere und unser fragwürdiges Wohlergehen gleichermaßen zum Anlaß nimmt, dem »Rindfleischkomplex« den Kampf anzusagen.

Jeremy Rifkin erzählt die jahrtausendealte Geschichte der westlichen Rinderkultur, deckt die verheerenden Konsequenzen des gegenwärtigen »Rindfleischkomplexes« auf und setzt sich mit Nachdruck für eine Zukunft ohne *beef*, Burger und Braten ein.

Jeremy Rifkin, geb. 1945, ist in den USA einer der bekanntesten und gefürchtetsten Wissenschaftskritiker und politischen Journalisten. Einen Namen hat er sich vor allem durch seine Kampagnen gegen die Gentechnologie gemacht. Er leitet zwei große Umweltorganisationen und hat mehrere Bücher geschrieben, von denen *Entropie* (1982) und *Genesis zwei* (1986) auch ins Deutsche übersetzt worden sind.

Ernst U. von Weizsäcker ist Leiter des Wuppertal-Instituts für Klima, Umwelt und Energie. Seine bekannteste Buchveröffentlichung: *Erdpolitik. Ökologische Realpolitik an der Schwelle zum Jahrhundert der Umwelt* (1991).

Petra Thorbrietz ist Ressortleiterin Wissenschaft und Gesellschaft bei *Die Woche* in Hamburg. Außerdem Lehraufträge an den Universitäten Wien und Graz.

Jeremy Rifkin

Das Imperium der Rinder

Mit einem Vorwort von Ernst U. von Weizsäcker
und einem Nachwort von Petra Thorbrietz

Aus dem Englischen von Waltraud Götting

Campus Verlag
Frankfurt/New York

Die amerikanische Originalausgabe *Beyond Beef. The Rise and Fall of the Cattle Culture* erschien 1992 bei Dutton, New York.

Die deutsche Ausgabe wurde im Einvernehmen mit dem Autor gekürzt.

Redaktion: Thomas Steiner, Hamburg

Die Deutsche Bibliothek – CIP-Einheitsaufname

Rifkin, Jeremy:
Das Imperium der Rinder / Jeremy Rifkin. Mit einem Vorw. von Ernst U. von Weizsäcker und einem Nachw. von Petra Thorbietz. Aus dem Engl. von Waltraud Götting. – Gekürzte Ausg. – Frankfurt/Main; New York: Campus Verlag, 1994
Einheitssacht.: Beyond beef <dt.>
ISBN 3-593-35047-5

Umschlaggestaltung: Atelier Warminski, Büdingen
Satz: Satzstudio Rolfs, Hillesheim
Druck und Bindung: Druckhaus Pustet, Regensburg
Gedruckt auf säurefreiem und chlorfrei gebleichtem Papier.
Printed in Germany

Für Carol, die meine Liebe
und eine Freundin der Tiere ist

Dank

Mein besonderer Dank gilt Erik Jansson, der die Recherchen für *Das Imperium der Rinder* geleitet hat. Seine intime Kenntnis auf dem Gebiet der Viehwirtschaft und Fleischindustrie war für die Entstehung dieses Buches von unschätzbarem Wert. Des weiteren möchte ich für ihren Beitrag zu den Recherchen und den Vorbereitungsarbeiten danken: Anna Awimbo, Ruth Vander-Lugt, Clara Mack, Carolyn Bennett, Beulah Bethea, Helen Mathis und Jennifer Beck.

Mein Dank gilt auch Tom Devine und dem Government Accountability Project für ihre Unterstützung sowie Andrew Kimbrell für seine vielen hilfreichen redaktionellen Vorschläge.

Während der Entstehungsphase des Buches waren mein Agent Jim Stein und meine Lektorin Rachel Klayman eine große Unterstützung. Ihr persönliches Engagement für die Sache und für meine Arbeit verdienen Dank und Anerkennung.

Schließlich möchte ich noch meiner Frau Carol Grunewald Rifkin danken, die mir geholfen hat, die Fragen und Probleme zu verstehen, die Eingang in dieses Buch gefunden haben. Viele der Gedanken, um die es in *Das Imperium der Rinder* geht, haben sich in den letzten Jahren in unseren zahllosen Gesprächen über Fragen der Viehwirtschaft und Fleischindustrie herausgebildet. Carols langjähriger persönlicher und beruflicher Einsatz für die Rechte der Tiere haben meine Arbeit an dem Buch beflügelt. Die Tiefe ihres Wissens und ihr Verständnis für die Probleme, die unsere Viehhalter- und Rindfleischgesellschaft mit sich bringt, haben mein eigenes Denken in hohem Maße geformt, und ich bin dankbar für ihre Hilfe bei der Entstehung dieses Buches.

Inhalt

Vorwort von Ernst U. von Weizsäcker 11

Einleitung 13

I
Das Rind und die Entstehung der westlichen Zivilisation

1. Von der Mast zur Schlachtung 21
2. Stiergötter und Kuhgöttinnen 27
3. Neolithische Cowboys 35
4. Die heilige Kuh 42
5. Machos und Matadore 46
6. Das Rind kommt nach Amerika 51
7. Englische Fleischesser, irische Hungerleider und korpulente Kühe 58
8. Wie der Wilde Westen erobert wurde 66

II
Die Industrialisierung der Rinderwirtschaft

9. Das Rindfleischkartell erfindet das Fließband 79
10. Moderne Fleischwirtschaft 87
11. Der automatisierte Dschungel 93
12. Der Weltstier 106

III
Satte Rinder und hungernde Menschen

13. Reiche essen Rinder 115
14. Thomas Malthus und das Fleisch 120
15. Das Schlankheitsideal und der fette Tod 129
16. Kühe fressen Menschen auf 141

IV
Rinder und globale Umweltkrise

17. Ökologischer Kolonialismus 149
18. Weiden statt Regenwald 157
19. Heuschrecken mit Hufen 167
20. Verdorrte Erde 179
21. Die Erwärmung unseres Planeten 188

V
Das Bewußtsein der rindfleischessenden Kulturen

22. Die Psychologie des Fleischessens
und die Hierarchie der Geschlechter 199
23. Fleisch, Statusdenken und Nationalismus 211
24. Pilgerväter, Aufklärer
und der amerikanische Rinderkomplex 216
25. Der Siegeszug des Hamburgers 224
26. Die Demontage des Fleisches 236
27. Elend und Überwindung der Rinderkultur 246

Nachwort von Petra Thorbrietz 257

Literatur 269

Vorwort

Von der Überwindung der Rinderkultur (Rifkins 27. Kapitel) sind wir noch weit entfernt. Fleisch essen, viel Fleisch essen, ist immer noch eine Statusfrage. Wer hat schon mal einen deutschen Facharbeiter fluchen gehört, wenn es (was selten vorkommt) in der Kantine einmal mittags kein Fleisch gab? Und was hat der gleiche Deutsche wohl abends und morgens zentimeterdick auf seinem Brot? Gesund ist das viele Fleischessen überhaupt nicht. Das wissen wir inzwischen. Trotzdem denken die meisten Fleischesser, sie wären fehlernährt ohne die gewohnten Fleischmassen. Daß diese Denkweise starke angelsächsische Vorbilder hat, lesen wir bei Rifkin.

Vier starke Gründe sprechen dafür, dem Rinderwahnsinn ein Ende zu machen: gesundheitliche, ethische, politische und ökologische.

Gesundheit:

Herzinfarkte, Fettsucht, Darmkrebs und andere mehr oder weniger bedrohliche Krankheiten korrelieren mit hohem Fleischkonsum.

Ethik:

Wer über Tiertransporte zum Schlachthaus oder die Vorgänge in der »Tötungsbucht« liest oder sogar Augenscheinerfahrungen hat, muß sich eigentlich bei jedem Happen Fleisch mitschuldig fühlen. Das muß nicht zum rigorosen Fleischverzicht führen, aber wenigstens zur Zurückhaltung. Hoffentlich gibt es auch bald Bestimmungen, die es uns möglich machen, den Fleischer danach auszuwählen, daß den Tieren nicht über das Unvermeidliche hinaus Leid zugefügt wurde.

Politik:

Rinderherden haben, wie Rifkin bewegend beschreibt, immer wieder Gründe für Territorialkriege, Vertreibungen und die Zerstörung von Lebensräumen abgegeben. Daß in unserer überbevölkerten Welt auf zwei Menschen ein Rind kommt, und daß diese Viehherden hauptsächlich für die Reichen dieser Welt gehalten werden, ist ein politischer Skandal. Sollte sich eines Tages ein dritter Weltkrieg an Nord-Süd-Konflikten entzünden, so wäre mit ziemlicher Sicherheit ein Landkonflikt über Rinderhaltung mit im Spiel. Der Norden könnte durch eine Verminderung des Fleischkonsums gewaltig zur Entspannung der Weltlage beitragen.

Umwelt:

Eine Zeitlang glaubten wir in Deutschland, das Umweltproblem der Rinderhaltung sei bloß ein Gülleproblem. Weit gefehlt. Die Beiträge der Rinderhaltung zum Treibhauseffekt sind ähnlich groß wie die des gesamten Autoverkehrs, wenn wir die Waldrodung fürs Rind und für Futtermittel einbeziehen. Die Zerstörung der Artenvielfalt durch Waldrodung für die Rinder ist jedem bekannt, der sich einmal auf das Regenwälderproblem eingelassen hat. Und die Verwandlung von Savannen in Wüsten, die Erosion in Berggebieten, der übermäßige Wasserbedarf der Rinder, der gigantische Energiebedarf der Mastviehhaltung sind einige weitere Gründe dafür, daß wir mit jedem Pfund Rindfleisch der Umwelt schwer zusetzen.

Artgemäße Tierhaltung, ausgeglichene Diät, faire Landverteilung, das sind keine übermenschlichen Forderungen. Sie haben nichts mit »zurück ins Mittelalter« zu tun. Sie entsprechen einem neuen, humaneren Lebensgefühl. Rifkins Buch trägt zur Durchsetzung dieser humaneren Kultur wesentlich bei.

Ernst U. von Weizsäcker

Einleitung

1,28 Milliarden Rinder bevölkern heute die Erde (Food and Agriculture Organization 1990, Tabelle 89). Sie grasen auf fast 24 Prozent der gesamten Landmasse des Planeten, und die Getreidemenge, die sie zusätzlich verschlingen, würde reichen, um einige hundert Millionen Menschen zu ernähren (Pimentel/Hall 1989, 71; Pimentel 1980, 26). Zusammengenommen übersteigt ihr Gewicht das der gesamten Erdbevölkerung.

Der ständig anwachsende Rinderbestand hat verheerende Folgen für die Ökosysteme der Erde; auf fünf Kontinenten werden Lebensräume zerstört: Die Viehzucht gehört erstens zu den Hauptverursachern der Zerstörung der noch existierenden tropischen Regenwälder Mittel- und Südamerikas, wo viele Millionen Hektar Urwald gerodet und anschließend als Weideland für die Rinderzucht benutzt werden. Die Viehwirtschaft ist zweitens zu einem großen Teil verantwortlich für die Ausbreitung der Wüste in der Sahelzone in Afrika und im westlichen Bergland der USA und Australiens. Auf vier Kontinenten hat die Überweidung aus halbtrockenen und trockenen Regionen unfruchtbares, kahles Wüstenland gemacht. Drittens gehören heute in den Vereinigten Staaten die Abflüsse der Mastbetriebe zu den Hauptquellen der organischen Grundwasserverschmutzung. Der Viehbestand trägt viertens wesentlich zum weltweiten Treibhauseffekt bei. Die Rinder scheiden Methan aus, ein Gas, das für die Erwärmung unseres Klimas sorgt und bewirkt, daß die Wärme nicht von der Erdatmosphäre abgegeben werden kann.

Rinder und anderes Vieh fressen über 70 Prozent des in den USA produzierten Getreides. Weltweit wird etwa ein Drittel der gesamten

Getreideernte an Vieh verfüttert, während gleichzeitig eine Milliarde Menschen an Hunger und chronischer Unterernährung leiden (U.S. Department of Agriculture 1991, Tabelle 256-6; World Bank 1986, 24). In den Entwicklungsländern werden Millionen von Bauern vom Land ihrer Vorfahren verdrängt; ihre traditionelle Eigenbedarfswirtschaft muß dem kommerziellen Futtergetreideanbau weichen.

Während die Menschen in der Dritten Welt hungern, weil es am nötigen Getreide für sie fehlt, sterben in der industriellen Welt gleichzeitig Millionen Menschen, weil sie zuviel Fleisch von getreidegemästetem Vieh, insbesondere Rindern, essen. In Nordamerika, in Europa und zunehmend auch in Japan konsumieren die Menschen Rindfleisch in rauhen Mengen und sterben an den sogenannten »Wohlstandskrankheiten« wie Herzinfarkt, Schlaganfall und Krebs.

Über den ökologischen, wirtschaftlichen und menschlichen Preis, den wir für die Unterhaltung einer weltweiten kommerziellen Viehwirtschaft zahlen, wird in der politischen Öffentlichkeit kaum ein Wort verloren. Den meisten Menschen ist überhaupt nicht bewußt, welche weitreichenden Auswirkungen die Viehwirtschaft für das Ökosystem des Planeten und das Schicksal unserer Zivilisation hat. Tatsächlich aber gehören Viehzucht und Fleischkonsum heute zu den Faktoren, die das zukünftige Wohlergehen der Erde und der Menschen, die darauf leben, am nachhaltigsten bedrohen.

Das Imperium der Rinder ist die Geschichte der einmaligen Beziehung, die Mensch und Rind seit Jahrtausenden zusammenschmiedet. Wir haben zu diesen Tieren gebetet, wir haben sie den Göttern geopfert, und sie lieferten uns Nahrung, Kleidung, Behausung, Zugkraft und Brennstoff. Sie haben unser geistiges Leben bereichert und unsere sinnlichen Vorstellungen inspiriert. Wir haben sie in den Rang von Göttern erhoben, sie in das Joch gespannt, damit sie uns den Boden umpflügten, sie gemolken, um unseren Kindern Nahrung zu geben und ihr Fleisch gegessen, um unsere Kraft und Ausdauer zu stärken.

Auf dem breiten Rücken dieser kraftvollen Huftiere hat die westliche Gesellschaft einen großen Teil ihres religiösen und weltlichen Lebenskonzepts aufgebaut. In der frühen überlieferten Geschichte haben Menschen zu Stiergöttern und Kuhgöttinnen gebetet und sie als Ahnen der Schöpfung angesehen. Rinder symbolisierten Zeugungskraft, Potenz und Fruchtbarkeit. Und sie verkörperten Wohlstand. Das englische Wort für »Rind«, *cattle*, hat denselben Ursprung wie *chattel* (»Leibeigener«) und *capital* (»Vermögen«). Nutztiere stellen die älteste Form des beweglichen Besitzes dar und waren in weiten Teilen der westlichen Kultur eine wichtige Tauschware. Der Niedergang des Rindes vom göttlichen Wesen zum Zahlungsmittel und zur Handelsware hält uns einen historischen Spiegel unserer eigenen sich verändernden Beziehung zur Natur vor. Die Kuh hat uns nicht nur als treffende Metapher und Projektion gedient, um unser Bewußtsein von uns selbst in der Welt zu definieren, sondern auch als Mittel, die Welt, in der wir leben, zu gestalten.

Die Beziehung der Menschen zum Rind hat zu verschiedenen Zeiten an verschiedenen Orten »Rinderkomplexe« hervorgebracht, komplizierte kulturelle Gefüge, die die Dynamik der ökologischen, ökonomischen und politischen Entwicklungen ganzer Gesellschaften entscheidend beeinflußt haben. Während die indischen und afrikanischen Rinderkulturen jedoch wohlbekannt und weitgehend erforscht sind, ist den großen europäischen und nordamerikanischen Rindergesellschaften und der zentralen Rolle, die ihnen in der Gestaltung und Entwicklung der Geschichte des Westens zukommt, bisher wenig Beachtung geschenkt worden. Diese großen Rinderkulturen sind mitverantwortlich für die ökologischen und ökonomischen Krisen, die heute unseren Planeten und die menschliche Zivilisation bedrohen. Wenn wir die Auswirkungen verstehen wollen, die Weidewirtschaft und Fleischkonsum auf unser eigenes Leben und das Leben unseres Planeten haben, kommen wir nicht umhin, die Geschichte der großen Rinderkulturen unserer westlichen Gesellschaft aufzuspüren und zu untersuchen, in welch mannigfaltiger Weise sie unsere Weltsicht und unsere Welt beeinflußt haben.

In diesem Buch verfolgen wir die Beziehung zwischen Mensch und Rind im Laufe der Geschichte, von den ersten durch die archäologischen Funde in der Höhle von Lascaux belegten Zeugnissen bis zur Ermordung von Chico Mendes in den Regenwäldern des Amazonas. Die Teile I und II setzen sich mit der Rolle auseinander, die die Viehwirtschaft in der Geschichte der abendländischen Zivilisation gespielt hat. Diese Kapitel gehen den großen Viehhaltergesellschaften der Welt nach, von den Schlachtbänken in den Palästen von Babylon zu den automatisierten Großmastbetrieben im Tiefland von Iowa. Unser besonderes Interesse gilt dabei der Entstehung der euroamerikanischen Rinderkultur im 19. und des »Weltstier«-Phänomens im gegenwärtigen Jahrhundert und dem beispiellosen Zusammenspiel kultureller und historischer Kräfte, das die moderne Fleischgesellschaft begründet hat.

Im dritten Teil untersuchen wir die Folgen, die die moderne Viehzucht und der weltweite Fleischkonsum für die Menschen haben. Wir sehen uns die künstliche Proteinskala an, die in unserem Jahrhundert errichtet wurde und auf deren oberster Stufe das Rindfleisch aus der Getreidemast steht. Die Umwidmung des Getreides vom Nahrungs- zum Futtermittel markiert die folgenschwerste Umverteilung von Reichtümern in der Geschichte der Menschheit. Wir beleuchten die sozialen und ökonomischen Auswirkungen dieser Entwicklung und richten dabei unser Augenmerk auf die gewaltige Tragödie, die sich gegenwärtig auf unserem Planeten abspielt.

In Teil IV betrachten wir das Spektrum der ökologischen Bedrohungen, die durch die moderne Viehwirtschaft mitverursacht wurden und die sich grundlegend von den ökologischen Problemen der Vergangenheit unterscheiden. Die heutigen Gefahren sind von globaler Bedeutung und beginnen, die gesamte Biosphäre und die Biochemie des Planeten selbst zu beeinflussen. Für eine Öffentlichkeit, die den Begriff der Umweltverschmutzung bisher ausschließlich mit Autoabgasen, Industrieabwässern und giftigen oder radioaktiven Stoffen in Verbindung brachte, wird das Ausmaß der ökologischen Zerstörung, die die moderne Viehwirtschaft mit sich bringt, schockierend sein. Tatsächlich ist der weltweit expandierende Rinderbestand als Faktor der Umweltzerstörung ernster zu nehmen als viele der sichtbareren Gefahren für das ökologische System unseres Planeten.

Im fünften Teil beleuchten wir die Psychologie der Rinderkulturen und die Politik des Fleischkonsums in der westlichen Welt. Ernährungsgewohnheiten und Mythen, die seit Urzeiten mit dem Verzehr von Rindfleisch verbunden sind, dienten im Laufe der Geschichte immer wieder dem Zweck, das patriarchalische Herrschaftssystem aufrechtzuerhalten, Geschlechts- und Statushierarchien zu begründen. In unserem modernen Zeitalter wurde der Rindfleischkonsum zum Merkmal nationaler Identitäten, zum Motor kolonialpolitischer Aktivitäten und sogar zur Argumentationshilfe für die Rassentheorie. Wir werden hier untersuchen, welche Rolle der Rindfleischkonsum bei der Herausbildung kultureller Wertvorstellungen und der Entstehung gesellschaftlicher Abgrenzungen spielt und in welcher Weise der Rinderkomplex die Pioniermentalität der Nordamerikaner geprägt hat. Im Anschluß daran wird analysiert, wie sich der moderne Rinderkomplex auf die Entstehung eines neuen Lebensstils in den Randbezirken der amerikanischen Großstädte ausgewirkt hat. Schließlich wird die Soziologie des Hamburgers – dieses einmaligen und typisch amerikanischen Phänomens – genauer unter die Lupe genommen, und die moralischen und ethischen Begleiterscheinungen, die mit der Demontage des Rindes einhergehen, werden beleuchtet.

Das Buch schließt mit dem Appell an die Menschheit, die Rinderkultur im 21. Jahrhundert zu überwinden. Der Abbau des globalen Rinderkomplexes und die Reduzierung des Rindfleischkonsums ist eine der vordringlichen Aufgaben der kommenden Jahrzehnte, wenn wir uns die Hoffnung erhalten wollen, daß unser Planet gesunden und eine wachsende Weltbevölkerung ernähren kann.

Der Verzicht auf den Konsum von Rindfleisch markiert einen anthropologischen Wendepunkt in der Geschichte des menschlichen Bewußtseins. Indem wir die Rinderkultur überwinden, legen wir für die Menschheit neue Verhaltensregeln fest, die darauf abzielen, die Unversehrtheit der Biosphäre zu bewahren, eine ausreichende Ernährung aller Menschen sicherzustellen und die Geschöpfe, mit denen wir die Erde teilen, zu respektieren und zu schützen. Ich habe dieses Buch in der Hoffnung geschrieben, es möge unserer Gesellschaft helfen, eine Perspektive jenseits der Rinderkultur zu finden.

I

Das Rind und die Entstehung der westlichen Zivilisation

I

Von der Mast zur Schlachtung

Die Zeugung eines Kälbchens beginnt heutzutage in den USA nicht selten mit einem »Lockbullen«, der dazu dient, brünstige Kühe zu markieren. Sein Penis ist durch einen chirurgischen Eingriff so verändert, daß er bei einer Erektion zur Seite hin austritt. Wird der Bulle durch die Gegenwart der paarungsbereiten Kuh erregt, versucht er, sie zu besteigen, kann aber nicht in ihre Vagina eindringen. Der Bulle hinterläßt jedoch auf ihrem Rumpf einen Farbfleck aus einem Markierer, der an seinem Hals hängt. Die markierten Kühe werden dann von der Herde abgesondert und künstlich befruchtet.

Mittlerweile gibt es einen östros-synchronisierenden Wirkstoff, der auch den Einsatz von Lockbullen überflüssig macht (Schell 1984, 267). Das Medikament wird allen Kühen einer Herde zur selben Zeit injiziert, so daß sie gleichzeitig in Brunst kommen. Der amerikanische Pharmakonzern Upjohn Company wirbt für die Effizienz seines östros-synchronisierenden Präparates mit dem Slogan »You call the shots« – »Sie sind am Drücker« (ebd., 270; »shot« steht auch als Synonym für »Ejakulation«, A.d.Ü.). Indem sie die Zyklen einer ganzen Herde aufeinander abstimmen, sind die Viehzüchter in der Lage, vorauszuplanen und für das Kalben den günstigsten Zeitpunkt im Jahr auszusuchen.

Männliche Kälber kastriert man nach der Geburt, um sie gefügiger zu machen und um eine bessere Fleischqualität zu erzielen. Die Kastrationsmethoden sind unterschiedlich: Bei einer wird der Hodensack straff heruntergezogen, mit einem Messer aufgetrennt, und die Hoden werden samt Samenstrang herausgerissen. Bei einer anderen werden die Samenstränge mit einem Emaskulator, einem zangenartigen Gerät, abgequetscht.

Damit sich die Tiere nicht gegenseitig verletzen, werden sie mit einer chemischen Paste, die die Hornwurzeln verbrennt, enthornt. Manche Viehzüchter warten, bis die Kälber etwas älter sind, und benutzen dann zur Enthornung ein elektrisches Gerät, das das Horngewebe mit einer gewölbten Zusatzvorrichtung kauterisiert und so die Hornanlage zerstört. Bei älteren Stieren werden die Hörner samt Wurzeln mit Sägen entfernt – oftmals ohne Betäubung.

Für kurze Zeit dürfen die Kälber sich ihres Lebens freuen; sie bleiben für sechs bis elf Monate bei der Mutterkuh auf der Weide, bevor sie in die riesigen, automatisierten Fütterungsbetriebe gebracht, dort gemästet und für die Schlachtung vorbereitet werden. In den dreizehn großen Viehzüchterstaaten der USA gibt es etwa 42.000 Mastbetriebe. In den 200 größten dieser Betriebe wird etwa die Hälfte der gesamten Rinderbestände der Vereinigten Staaten gemästet (*Farmline*, Juni 1990). Eine solche Fütterungsanlage besteht meist aus einem eingezäunten Areal mit einem Futtertrog aus Beton an einer Seite. In einigen der größeren Mastbetriebe stehen Tausende Rinder zusammengepfercht in engen Boxen, Seite an Seite aufgereiht.

Um in kürzester Zeit eine optimale Gewichtszunahme zu erzielen, wird den Tieren eine bunte Palette von Medikamenten verabreicht, darunter Wachstumshormone und Kraftfutterzusätze. In die Ohren der Rinder werden Anabolika in Form kleiner, nach und nach resorbierbarer Pellets eingepflanzt. Diese Hormone werden allmählich in das Blut abgegeben und erhöhen den Hormonspiegel auf das Zwei- bis Fünffache des Normalwertes (Mason/Singer 1990, 67). Die Tiere werden mit Estradiol, Testosteron und Progesteron behandelt (ebd., 51). Die Hormone regen die Zellen an, mehr Protein herzustellen und schneller Muskel- und Fettgewebe aufzubauen. Anabolika steigern die Gewichtszunahme um 15 bis 25 Prozent, die Futterverwertung um 5 bis 12 Prozent und die Zunahme an Muskelmasse um 15 bis 25 Prozent (Kenney/Fallert 1989, 22f.). Mehr als 95 Prozent aller Rinder, die in den Vereinigten Staaten in Mastbetrieben stehen, bekommen gegenwärtig Wachstumshormone verabreicht (Kuchler et al. 1989, 26).

Früher wurden dem Viehfutter große Mengen Antibiotika zugesetzt, die das Wachstum fördern und Krankheiten bekämpfen sollten, welche in den überfüllten Pferchen der Mastbetriebe grassierten. 1988 wurden in den Vereinigten Staaten ungefähr 7 Millionen Kilo Antibiotika als Futterzusätze in den Tierhaltungsbetrieben verbraucht (Mason/Singer 1990, 70; *FDA Veterinarian*, Mai-Juni 1989). Zwar verlautet aus den Kreisen der Viehwirtschaft, daß der exzessive Gebrauch von Antibiotika bei der Tierfütterung eingestellt worden sei, aber die Milchkühe, die etwa 15 Prozent des in den USA konsumierten Rindfleisches liefern, erhalten nach wie vor Antibiotika (Mason/Singer 1990, 83f.; National Research Council 1989, 49). In dem für den menschlichen Verzehr bestimmten Fleisch finden sich häufig Rückstände dieser Medikamente, die bewirken, daß die Bevölkerung immer anfälliger wird für aggressivere bakterielle Krankheitserreger.

Kastriert und von Drogen benommen, stehen die Rinder stundenlang vor den Futtertrögen und fressen Mais, Zuckerhirse und andere Getreidesorten sowie ein Sammelsurium exotischer Futtermittel in sich hinein. Das Futter ist mit Pflanzenschutzmitteln durchsetzt. In den USA werden heute 80 Prozent aller Pestizide für die Behandlung von Mais- und Sojapflanzen eingesetzt, die hauptsächlich als Futter für Rinder und anderes Nutzvieh dienen (National Research Council 1989, 44). Die Giftstoffe lagern sich im Organismus der Tiere ab und gelangen nach der Schlachtung mit dem Bratenstück zum Verbraucher. Dem National Research Council zufolge steht Rindfleisch an zweiter Stelle hinter den Tomaten auf der Liste derjenigen Lebensmittel, die aufgrund ihres Pestizidgehaltes als krebserregend eingestuft werden (National Research Council 1987, 78). Rindfleisch ist das Nahrungsmittel mit dem höchsten Herbizidanteil und steht, was die Verseuchung mit Insektiziden betrifft, an dritter Stelle. Rindfleisch ist für elf Prozent des Krebsrisikos verantwortlich, das den Verbrauchern heute durch Pestizide in allen auf dem Markt angebotenen Nahrungsmittel droht (ebd., 78ff.).

Einige Mastbetriebe haben begonnen, dem Futter versuchsweise Pappe, Zeitungspapier und Sägemehl beizusetzen, um so die Fütterungskosten zu senken. Große Viehhaltungsfabriken wiederum kratzen den Kot aus den Hühner- und Schweineställen zusammen und mischen ihn direkt dem Rinderfutter bei. Dem amerikanischen Landwirtschaftsministerium zufolge könnte Zementstaub in Zukunft ein besonders attraktiver Futterzusatz werden, da so eine um 30 Prozent schnellere Gewichtszunahme zu erzielen ist als bei der Verwendung von Normalfutter (Mason/Singer 1990, 51). Vertreter der Nahrungs- und Arzneimittelbehörde FDA berichten von der gängigen Praxis, Industrieabwässer und Öle unter das Futter zu mischen, um die Kosten zu senken und die Gewichtszunahme der Tiere zu beschleunigen.

Wissenschaftler an der Kansas State University haben Experimente mit Plastikfutter als billigem künstlichem Rauhfutterersatz durchgeführt; die hierbei verwendeten Pellets bestanden aus 80 bis 90 Prozent Äthylen und 10 bis 20 Prozent Propylen (Schell 1984, 127). Die Wissenschaftler verweisen dabei auf die zusätzlichen Einsparungen, wenn das neue Plastikfutter zur Schlachtzeit gefüttert wird und dann mehr als »20 Pfund des Materials aus dem Pansen jeder Kuh rückgewonnen, eingeschmolzen und zu neuen Pellets verarbeitet werden können« (ebd., 129).

Das Umfeld der Rinder im Mastbetrieb wird in jeder Hinsicht streng überwacht und reguliert, um eine optimale Gewichtszunahme sicherzustellen. Selbst Fliegen bedeuten eine lästige Störung, die die Tiere am Fressen hindert; Rinder können durch das beständige Abwehren von Fliegenschwärmen bis zu einem halben Pfund täglich abnehmen (ebd., 152). Außerdem übertragen Fliegen Krankheiten wie Rindergrippe, eine Art Bindehautentzündung bei Rindern und Pferden, und Rhinotracheitis, eine Entzündung des Nasen-Rachen-Raums. Von den Versorgungswegen zwischen den Fütterungsarealen aus wird ein giftiger Nebel von Insektiziden aus Hochdruckdüsen in die Ställe und manchmal direkt auf die Tiere gesprüht. In den größten Betrieben, in denen 50.000 und mehr Tiere zusammengepfercht sind, geht man inzwischen gelegentlich zur Besprühung aus der Luft über. Dieselben Flugzeuge, die sonst Unkrautvertilgungsmittel über Feldern versprühen, fliegen über die Rinderpferche und lassen ihren Giftregen auf die gesamte Mastanlage niedergehen.

Wenn sie ihr »Idealgewicht« von 500 Kilogramm erreicht haben, werden die Bullen in große Viehtransporter gepfercht, in denen sie keinen Zentimeter Bewegungsfreiheit haben. Während der rücksichtslosen Fahrt zum Schlachthof stürzen immer wieder einzelne Tiere und erleiden unter den Tritten der anderen Bein- und Beckenbrüche.

Diese Tiere, die nicht mehr in der Lage sind, sich aufzurichten, werden als »Fertige« (*downer*) bezeichnet.

Die Rinder werden viele Stunden oder ganze Tage lang ohne Ruhepause und Nahrung und sehr oft auch ohne Wasser über weite Strecken transportiert. Am Ende der Fahrt werden die unverletzten Tiere in einem Viehhof am riesigen Schlachthauskomplex abgeladen. Die »Fertigen« jedoch müssen oft Stunden auf das Abladen warten. Obwohl diese Tiere gewöhnlich furchtbare Schmerzen leiden, werden sie selten eingeschläfert oder anästhesiert, weil die Konsequenz ein unverwertbarer Kadaver und zusätzliche Kosten wären. Auf dem Boden der Viehtransporter zusammengebrochen, außerstande, aus eigener Kraft auf die Beine zu kommen, werden die bedauernswerten Kreaturen an den gebrochenen Beinen angekettet und vom Lastwagen auf eine Laderampe geschleift, wo sie liegen bleiben, bis sie an der Reihe sind, geschlachtet zu werden. Tiere, die während des Transports verendet sind, werden auf den Kadaverhaufen geworfen.

Modernere Schlachthofkomplexe wie Holcomb in Kansas nehmen oft ein Gelände von 5 bis 6 Hektar und mehr ein (Skaggs 1986, 191). Die Bullen werden hintereinander in das Schlachthaus getrieben. Gleich hinter dem Eingang werden sie mit einem Luftdruckgewehr betäubt. Wenn sie dann mit den Vorderbeinen einknicken, legt ein Arbeiter ihnen schnell eine Schlinge um einen der Hinterhufe, an der die Tiere mechanisch hochgezogen werden, so daß sie mit dem Kopf nach unten an der Schlachthausdecke hängen. Männer in blutgetränkten Kitteln schlitzen den Rindern die Kehle auf, stechen die Klinge eine oder zwei Sekunden lang tief in den Kehlkopf und ziehen sie dann mit einem Ruck heraus, wobei Halsschlagader und Jugularader durchtrennt werden. Das Blut spritzt über den ganzen Arbeitsplatz, über Arbeiter und Werkzeuge. Ein Journalist beschreibt die Szene so:

»Die Schlachthalle sieht aus wie ein rotes Meer… Das warme Blut brodelt und gerinnt in knöcheltiefen Pfützen. Brennend steigt der Geruch in die Nase. Die Männer waten buchstäblich im Blut… Jeden Abend wird die klebrige Brühe weggewischt.« (Ebd.)

Das tote Tier durchläuft nun den Verarbeitungsprozeß. An der nächsten Bandstation wird es gehäutet. Die Haut wird an der Bauchmittellinie aufgeschnitten und von einer Enthäutungsmaschine in einem Stück abgezogen. Danach wird der Kopf abgetrennt und die Zunge herausgeschnitten. Leber, Herz, Därme und andere Innereien werden herausgenommen. Wenn alle Eingeweide entfernt sind, wandert der Körper zur nächsten Bandstation weiter, wo er mit Motorsägen am Rückgrat entlang aufgeschnitten und der Schwanz abgetrennt wird. Das aufgetrennte Rind wird mit warmem Wasser abgespritzt, in ein Tuch geschlagen und für 24 Stunden in einen Kühlraum gehängt. Am nächsten Tag bearbeiten Männer das tote Tier mit Motorsägen und zerlegen es in identifizierbare Fleischstücke – Steaks, Bug, Koteletts, Bruststücke. Die Stücke werden auf Fließbänder geworfen, an denen dreißig bis vierzig Mann stehen, die sie entbeinen, zurechtschneiden und verpacken. Die ordentlich zerteilten, vakuumverpackten Rindfleischstücke werden dann in die Supermärkte im ganzen Land verfrachtet, wo sie hinter den Glasscheiben der hell beleuchteten Fleischtheken auf ihre Käufer warten.

2

Stiergötter und Kuhgöttinnen

In Mythologie und Sage, in Volkskunst und Wissenschaft haben wir viel von den Tieren gelernt. Sie haben uns als Metapher und oft auch als Sündenböcke gedient. Die Entwicklung unseres Bewußtseins ist untrennbar mit unserer sich wandelnden Beziehung zu den anderen Kreaturen verbunden. In einem ansonsten abweisenden Universum ist die lebende Natur zu einem Spiegel für uns geworden, in den wir schauen, um uns selbst zu erkennen. Wir haben unser Selbstbild über die Jahrtausende hinweg geformt, indem wir uns mit unseren Mitkreaturen verglichen haben. Die Vielfalt tierischen Lebens auf der Erde bietet unserer eigenen Spezies einen konstanten Bezugspunkt. Wir beobachten und beeinflussen permanent Bewegungen, Verhalten, Interaktionen und Eigenarten der Tiere und ziehen daraus Schlüsse für uns selbst. Wir Menschen projizieren seit Urzeiten unsere Bedürfnisse, Ängste und Hoffnungen auf die Tierwelt. In einem sehr realen Sinne haben wir uns nach dem Bild der Natur geformt, während wir doch versuchten, die Natur nach unserem eigenen Bild neu zu erschaffen.

Von den Millionen von Tieren, die mit uns auf der Erde leben, hat eine Spezies eine besondere und bedeutende Rolle in der wechselvollen Menschheitsgeschichte gespielt. Stier und Kuh, aus der Gattung der Rinder, haben uns auf unserer Reise von Anfang an begleitet. Ihr Schicksal und das unsere waren in mannigfaltiger Weise und auf jeder entscheidenden Entwicklungsstufe unserer Geschichte miteinander verknüpft. Wir haben uns in ihnen gespiegelt, und sie haben uns bei der Erschaffung unserer Kultur gedient. Die westliche Zivilisation ruht zum Teil gewissermaßen auf dem Rücken des Stieres und der Kuh.

Der Stier hatte für uns immer die Bedeutung von Männlichkeit – er symbolisiert Unbändigkeit, Wildheit, Überlegenheit und Schutz. Kein Tier ist so besitzergreifend wie er; leidenschaftlich und aggressiv verkörpert er die zeugende Kraft. Der Stier ist reine, ungezügelte Energie. Er ist Sinnbild überwältigender Stärke, furchtlos, unversöhnlich und zielstrebig.

Die Kuh dagegen ist eine der sanftmütigsten und erhabensten Kreaturen, der Inbegriff von Geduld. Ihr großer Euter bietet der ganzen Welt Platz, daran zu saugen. Sie ist Ernährerin und Nahrung, Lebenspenderin. Sie ist zurückhaltend, friedfertig, ein Bild heiterer Ruhe, bodenständig und gelassen. Die Kuh verkörpert die Reinheit, die Kraft der Milde und Güte in der Welt.

Unsere heutigen Hausrinder stammen von zwei Vorfahren ab, von dem mächtigen Auerochsen, der in Westasien, Nordafrika und Europa beheimatet war, und von dem kleineren Hochlandrind mit seinen kurzen Hörnern. Der Auerochse, Vorfahr der meisten Hausrindzüchtungen, war ein eindrucksvolles Geschöpf mit einer Schulterhöhe von bis zu zwei Metern und imposanten, leierförmig nach vorn geschwungenen Hörnern (Barloy 1974, 50).

In den Bildern, die aus unserer frühen Geschichte überliefert sind, dominieren die Rinder. Die Malereien in der Höhle von Lascaux in Frankreich und andere Felsenmalereien in Europa und im Nahen Osten zeigen Abbildungen des mächtigen Auerochsen, mal frei über die Grasebenen dahinpreschend, mal niedergestreckt, verwundet, von Pfeilen oder Speeren durchbohrt (Conrad 1973, 20).

Die Menschen der Frühzeit waren vom Rind fasziniert. Primitive Rituale wie das feierliche Zeremoniell der Stierjagd waren weit verbreitet. In Gesängen, Tänzen und Legenden beschworen die Männer und Frauen des Paläolithikums Geist und Körper des Rindes. Unsere Vorfahren verehrten das Männliche und das Weibliche in diesen Kreaturen und glaubten, ihren Geist in sich aufnehmen zu können, indem sie ihr Fleisch verzehrten.

Aber die Beziehung zwischen Mensch und Rind hatte auch einen ganz nüchternen Aspekt. Diese mächtigen grasfressenden Tiere lieferten Fleisch. Aus ihren Knochen wurden Angelhaken, Wurfspieße und Speere gefertigt. Ihre Haut wurde gegerbt und zu Zelten, Booten und

Kleidung verarbeitet. Rinder waren lange Zeit die nützlichsten unter den Tieren.

Gezähmt wurden Rinder zuerst in Mesopotamien, wo sie ursprünglich als Opfertiere für religiöse Zeremonien gehalten wurden. Die Sumerer verehrten den Stiergott Enlil, den Gott des Luftraums und der Stürme, und seine Gemahlin Ninlil, die Mondgöttin in Kuhgestalt. Sie glaubten, daß es der Vereinigung dieser beiden großen Gottheiten zu verdanken sei, wenn Euphrat und Tigris alljährlich über die Ufer treten und das Land mit ihren lebenspendenden Fluten überschwemmen.

Die Menschen, die die Mondgöttin anbeteten, sahen in den Hörnern der Kuh die Mondsichel, und sie waren überzeugt, daß ihnen magische Kräfte innewohnen. Es waren interessanterweise die Rinder, die man zuerst in das Joch spannte und als Zugtiere einsetzte. In Mesopotamien wurden bei religiösen Zeremonien Schlitten und Wagen mit Seilen an die Hörner der Rinder gehängt – um ihrer magischen Kraft willen (Isaak 1962, 196ff.). Später trieben Priester domestizierte Rinder über die Felder, im Glauben, daß deren göttliche Zeugungskraft eine reiche Ernte bewirken werde. Der von Ochsen gezogene Pflug zum Umgraben des Bodens hatte sich schon längst durchgesetzt, als das Gedeihen der jährlichen Ernte im Volksglauben immer noch der magischen Kraft der Hörner der Tiere zugeschrieben wurde.

Der von Ochsen gezogene Pflug gilt als das erste große kraftbetriebene Gerät in der abendländischen Geschichte. Die Tatsache, daß dieser zweckdienliche Einsatz von Tieren mit religiösen Bedeutungen verbrämt ist, zeigt die Vielschichtigkeit der Rinderkultur und auch den ewigen Zwiespalt im Wesen des Menschen: Einerseits geistig und erhaben dem Himmel zugewandt, andererseits fleischlich und erdverbunden auf das Umpflügen des Bodens gerichtet.

Heute assoziieren wir mit dem Rind Steaks und Hamburger, Milch und Käse und Nebenprodukte, deren Palette von Gelatine bis zur feinsten italienischen Handtasche oder Geldbörse reicht. Unsere heutige Einstellung zu diesem Tier spiegelt das Zweckdenken unserer Zeit. Und viele unserer Zeitgenossen werden sich wundern, wenn sie erfahren, daß die Religiosität des Westens seit vorgeschichtlicher Zeit bis weit in das christliche Zeitalter hinein zu einem großen Teil von Stier- und Kuhgottheiten, von der kultischen Verehrung des Rindes geprägt war. Auch in der frühchristlichen Liturgie zeigt sich der Einfluß der großen Rinderkulte, eine Tatsache, die von Kulturhistorikern lange Zeit übersehen wurde.

In seinem Buch *The Horn and the Sword* geht Jack Randolph Conrad den Spuren der Rinderkulte des Nahen Ostens in den Jahren vor Christi Geburt nach. Conrad berichtet, daß sich die Rinderkulte von Ägypten aus am Nil entlang Richtung Süden verbreiteten und in Nord- und Ostafrika und bis in das heutige Zimbabwe und Südafrika hinein gepflegt wurden, wo sie immer noch den geistigen und weltlichen Mittelpunkt des Stammeslebens bilden. Wenn der König des afrikanischen Banyankole-Stammes stirbt, wird er in Kuhmilch gebadet und, in die Haut einer frisch geschlachteten Kuh gehüllt, zur letzten Ruhe gebettet. Die jungen Männer der Massai müssen vor der Beschneidung ihre Männlichkeit und ihren Mut unter Beweis stellen, indem sie einen Stier bei den Hörnern packen. Die Hochzeitszeremonie der Dinka verlangt, daß der »Bräutigam die Brüste und Schultern seiner Frau mit dem Mageninhalt eines Bullen bestreicht, den er kurz zuvor getötet hat«, um Fruchtbarkeit für sie zu erbitten. Wird ein Kind geboren, so bestreicht man seinen Kopf, seinen Nacken und seine Brust »mit dem Blut eines frisch geschlachteten Bullen, dessen Fleisch von der Familie des Kindes verzehrt wurde« (Conrad 1973, 91). Die Neugeborenen der Zulus werden mit Kuhdung gewaschen und mit einem Halsband beschenkt, das aus den Haaren eines Kuhschwanzes gefertigt ist.

In vorchristlicher Zeit waren Rinderkulte in der östlichen Mittelmeerregion über ein Gebiet verbreitet, das das heutige Jordanien, Syrien und Israel sowie den Libanon umfaßt. Im Reich der Hethiter war der Stier der höchste Gott, der über Regen, Donner und Blitz gebot. In Palästina kannte man den Stiergott unter dem Namen Baal, »der Schnaubende oder Brüllende«. Er war der Gott der Stürme und der Fruchtbarkeit. Der Stiergott des Mittelmeerraums wurde von der Kuhgöttin Astarte begleitet. Gemeinsam herrschten sie über die gesamte Schöpfung.

Das Seefahrervolk der Phönizier verbreitete den Baalkult in westlicher und nördlicher Richtung bis in seine weit entfernten Herrschaftsgebiete in Griechenland, Italien und Spanien. Das Rind hatte bei den Phöniziern einen solchen Stellenwert, daß sie dem ersten Buchstaben im Alphabet, dem A, die Form eines Stierkopfes gaben.

Auch die Hebräer verehrten in ihrer Frühzeit den Stier, den sie bisweilen als »Stier des Jakob« bezeichneten. Conrad weist darauf hin, daß in späteren Übersetzungen des Alten Testaments die Bezeichnung »der Mächtige« häufig an die Stelle des früher gebrauchten Wortes »Stier« trat.

Nach dem Auszug aus Ägypten standen die Israeliten noch stark unter dem Einfluß des Rinderkults; Moses machte ihnen nach seinem Abstieg vom Berge Sinai Vorhaltungen, weil sie fortfuhren, das Goldene Kalb anzubeten. Im Vierten Buch Mose, Numeris, spielen die Hebräer auf den Stiergott an, der sie vor den Pharaonen gerettet und in das Gelobte Land geführt hatte: »Gott, der sie aus Ägypten geführt, ist ihnen wie die Hörner dem Wildstier.« (23, 22) In späteren historischen Dokumenten ist Moses häufig als Inkarnation des hebräischen Stiergottes dargestellt. Michelangelos berühmte Statue in der Kirche San Pietro in Vincoli in Rom zeigt den Befreier des Volkes Israel mit gehörnter Stirn. Nachdem die vormals nomadischen Hebräer in Kanaan seßhaft geworden waren, vermischte sich die Verehrung des Gottes Jahwe mit dem im Volk verwurzelten Baalkult. Mit dem Übergang vom kriegerischen Nomadenvolk zur bäuerlichen Gesellschaft trat in der Verehrung des Stieres das Element der männlichen Zeugungskraft stärker in den Vordergrund.

Conrad erwähnt auch die zunehmende Vermischung von hebräischen Bräuchen mit den religiösen Kulten der Kanaaniter, in deren Mittelpunkt die Verehrung des Stieres stand. Zur Zeit König Salomons schmückten bronzene Stiere und Statuen gehörnter Männer den heiligen Tempel.

Auf der Insel Kreta wurde zur Zeit der minoischen Kultur ein Stiergott verehrt, der die Sonne verkörperte. Minoische Münzen zeigen einen von einem Strahlenkranz umgebenen Stier. König Minos und seine Gemahlin pflegten sich in ihrem Palast als Stier und Kuh zu verkleiden, und ihre rituellen Tänze endeten manchmal in einem symbolischen Geschlechtsakt, der dem Land Fruchtbarkeit und eine reiche Ernte bringen sollte. Die Wände im Palast vom Knossos waren mit Fresken geschmückt, die riesige Auerochsen zeigten.

Kretische Krieger zogen mit gehörnten Helmen in die Schlacht, um Entschlossenheit zu demonstrieren. Kretische Athleten traten mit Stieren in der Arena auf. Wenn das Tier angriff, packte es der Athlet bei den Hörnern und ließ sich von ihm mit gewaltigem Schwung in die Luft schleudern, wo er einen Salto vollführte, um dann mit den Füßen auf dem Rücken des Stieres zu landen. Diesem heiligen Schauspiel wohnten zahlreiche Zuschauer bei, in der Hoffnung, daß etwas von der Kraft und Stärke des Tieres auf sie übergehen werde. In anderen öffentlich veranstalteten Ritualen wurde der Stier getötet, und die Menschen aßen sein rohes Fleisch, um damit seine göttliche Zeugungskraft und Stärke in sich aufzunehmen.

Wie in Sumer, Ägypten und in anderen rinderhaltenden Kulturen wurde auf Kreta der Stier geopfert, damit die Menschen leben konnten. Durch den Tod des Stieres wurde sein »Geist« frei, und der Verzehr seines Fleisches bewirkte, daß dieser Geist in den Menschen weiterlebte.

Auch bei den Griechen hatte die Stiergottheit eine herausragende Bedeutung. Dionysos, der Gott des Lebens und der Fruchtbarkeit, wurde als »Gehörnter Stier« und »Sohn einer Kuh« bezeichnet (Conrad 1973, 131). Die Anhänger des dionysischen Kults stahlen sich bei Nacht in die Berge, um die Fesseln der Zivilisation symbolisch abzustreifen. Dort tanzten sie, mit Stierhörnern geschmückt, immer schneller und wilder und peitschten sich in besinnungslose Extase. Wenn dieses orgiastische Treiben seinen Höhepunkt erreichte, wurde ein junger Stier in ihre Mitte geführt. Dann stürzten sie sich auf ihn, zerrissen ihn mit bloßen Händen und aßen sodann sein noch warmes Fleisch. Dadurch glaubten sie, den Göttern gleich zu werden. Sie und ihr Land sollten durch das Blut des Rindes geweiht und geheiligt werden.

Als sich die Bewohner der Apenninenhalbinsel erhoben und gegen die Unterdrückung durch Rom aufbegehrten, kämpften sie unter dem Schutz des Stierkults und schmückten sich mit Stierhörnern, wenn sie in die Schlacht zogen. Münzen aus dieser Zeit zeigen den römischen Kriegsgott Mars mit einem wilden Stier, der »die Wölfin Rom durchbohrt und zu Boden geschleudert« hat (ebd., 146f.).

Mitte des 1. Jahrhunderts v. Chr. pflegte man den Stierkult sogar in Rom. Der Mithraskult war eine Verschmelzung verschiedener stierverehrender Religionen, die im Nahen Osten, in Nordafrika und Kleinasien verwurzelt waren. Ursprünglich war Mithras eine indoiranische Gottheit, der Gott des Lichts. Sehr früh vermischte sich die Verehrung dieses Sonnengottes mit den in jener Zeit verbreiteten Stierkulten. Mithras wurde häufig »Herr der Weideländer« genannt. Er war der Lebenspender, der »Herr der Befruchtung«. Weise und rein im Wesen, bekämpfte dieser »Herr des Lichts und der Güte« die dunklen Mächte des Bösen. Gegen Ende des 2. Jahrhunderts n. Chr. wurde der Mithraskult in Rom offizielle Religion; er hatte damals wesentlich mehr Anhänger als der noch junge christliche Glaube dieser Tage.

Einen besonderen Reiz hatte der große mithraische Mythos von der rituellen Stierschlachtung für die römischen Legionäre, die ihn im ganzen Reich verbreiteten. Dem Mythos zufolge erhielt Mithras den göttlichen Auftrag, den Stiergott zu töten. Nach etlichen fehlgeschlagenen Versuchen gelang es ihm schließlich. Den Tod des großen Tiergottes begleiteten zahlreiche Wunder:

> »Aus dem leblosen Körper des Stieres entsprossen all die Pflanzen und Kräuter, die dem Menschen nützlich sind. Aus seinem Rückgrat entsproß Weizen, das Korn, das dem Menschen Leben bedeutet; und das Blut brachte Rebstock und Wein, die heilige Lebensfreude, hervor.« (Ebd., 149)

Aber die Macht des Bösen ärgerte sich über diese freizügigen Geschenke an die Menschen und schickte ihre Dämonen aus, um den Leichnam zu zerstören. Wie die Legende erzählt, hatte ihr Angriff auf die Genitalien des toten Stiers ein weiteres Wunder zur Folge. Der Samen des Tieres strömte aus und wurde vom Mond aufgenommen; aus ihm entsprangen alle »nützlichen« Tiere der Erde, worauf die Seele des Stiers wieder in den Himmel aufstieg und er zum Beschützer der Herden wurde.

Die Aufnahme neuer Glaubensmitglieder in die mithraische Gemeinde fand an besonderen Feiertagen statt. Die Gläubigen versammelten sich in einer Grube unter einem Stier. Ein Priester leitete dann die feierliche Zeremonie des Mithrasmythos, die mit dem Schlachten des Tieres endete. Die Novizen wandten sich mit dem Gesicht dem sterbenden Stier zu und ließen das warme Blut in ihren Mund und über ihren Körper strömen. Wenn sie durch das heilige Blut gereinigt waren, durfte jeder etwas vom Samen aus dem Hoden des Stieres essen, um so Unsterblichkeit für den Tag des Gerichts zu erlangen, an dem »der Stier der Stiere zur Erde kommen und Mithras alle Menschen zum Leben erwecken würde« (ebd., 150f).

Die mithraische Religion hatte vieles mit dem christlichen Glauben gemein, was zu einer heftigen Konkurrenz zwischen beiden führte. In beiden Religionen glaubte man an die Dualität von Gut und Böse, an Himmel und Hölle und an die ewige Erlösung für die im Glauben Getauften. Möglicherweise hätte der mithraische Kult über das Christentum gesiegt, wenn nicht Kaiser Konstantin dem christlichen Glauben beigetreten wäre. Allerdings entlehnten die christlichen Priester viele religiöse Bräuche dem Mithraskult, um sich eine möglichst große Anhängerschaft zu sichern. Conrad weist darauf hin, daß die Christen den Glauben an die von Sünden reinigende Wirkung des Blutes übernahmen, wobei im christlichen Zeremoniell das Blut Christi an die Stelle des Stierblutes trat. Die christliche Religion übernahm auch den heiligen Tag des Mithraskults, den 25. Dezember, der als Tag der Sonnengeburt gefeiert wurde, und erklärte ihn zum Geburtstag Jesu.

Den Todesstoß versetzte das junge Christentum dem Mithrasglauben, indem seine Vertreter den Stiergott zum Symbol des Bösen erklärten. So wurde aus dem Gott des Gegners der leibhaftige Teufel gemacht. Auf dem Konzil von Toledo im Jahre 447 veröffentlichte die Kirche erstmalig eine offizielle Definition des Teufels. Er wurde beschrieben als

»große schwarze, monströse Erscheinung mit Hörnern auf dem Kopf und gespaltenen Hufen – oder einem gespaltenen Huf –, mit Eselsohren, Haaren, Klauen, glühenden Augen, furchtbaren Zähnen, einem riesigen Phallus und von schwefligem Gestank« (zit. n. Hughes 1952, 91).

3
Neolithische Cowboys

Während wir vieles über die Rinderkulte des Nahen Ostens, Nordafrikas und Europas wissen, hat sich die Anthropologie kaum mit einer weiteren Region befaßt, in der sich unabhängig davon und Tausende von Kilometern weiter nördlich eine eigenständige Rinderkultur entwickelte: mit den weiten Steppen Eurasiens, die im Westen bis zur Ukraine und nach Osteuropa reichten und im Osten von der Mongolei und der Mandschurei begrenzt wurden. Die Nomaden- und Hirtenvölker der Steppen überlebten durch Eroberungen und Landnahme. Sie waren in hohem Maße mobil, kriegerisch und auf territoriale Ausdehnung bedacht. Sie drangen im Süden bis nach Indien vor, im Osten bis nach China, im Norden zum baltischen Landrücken und nach Skandinavien und im Westen bis zur Iberischen Halbinsel und zu den Britischen Inseln.

Sie waren die mächtigen Eroberer, die gefürchteten Reiterstämme, die in aufeinanderfolgenden Wellen große Rinderherden nach Europa trieben und die friedlichen, kleinen neolithischen Siedlungen im alten Europa niedertrampelten und unterjochten. Ihre Götter waren Wettergötter, die schnell und erbarmungslos wie die Nomadenstämme selbst waren und die Macht hatten, die halbwilden Steppenvölker auf ihren Raubzügen in ferne Länder zu beschützen. Diese Gottheiten unterschieden sich grundlegend von den Rindergöttern des Mittleren Ostens, Nordafrikas und Europas, die meist über Ackerbaukulturen wachten und deren Fortpflanzungskraft mindestens ebenso verehrt wurde wie ihre kriegerischen Eigenschaften.

Die Götter der Hirtenstämme versprachen militärische Überlegenheit und reiche Kriegsbeute, die Götter der Ackerbauern sorgten für

Wasserfluten im Frühjahr und gute Ernten im Herbst. Die Götter der Nomaden waren unstet und draufgängerisch, die Götter der Landbesteller waren seßhafter und berechenbar wie der Wechsel der Jahreszeiten.

Die Geschichte des Westens liest sich streckenweise wie der Bericht eines fortgesetzten Kampfes zwischen Hirtenkulturen und Ackerbaugesellschaften – die einen abhängig vom Gras, die anderen vom Getreide. Beide verehrten das Rind, schrieben ihm aber unterschiedliche Attribute zu. Häufig traten die beiden gegensätzlichen Kulturen in Beziehung miteinander und beeinflußten so die Weltsicht des jeweils anderen. Ihr Verhältnis zueinander war geprägt von kriegerischen Auseinandersetzungen, die vor über 6.000 Jahren begannen, als die Reiterstämme Eurasiens und die neolithischen Ackerbauvölker Europas erstmals aufeinanderprallten.

Die europäischen Völker der damaligen Zeit, deren friedliche Siedlungen den Kontinent von der Ägäis und vom Mittelmeer über Italien, Mitteleuropa und das Donaubecken bis hin zum östlichen Balkan überzogen, waren in der Hauptsache Ackerbauern mit einem bescheidenen Bestand an Herdentieren. In ihrer egalitären Gesellschaft galt vorrangig das Mutterrecht, und nichts weist darauf hin, daß diese Völker über Verteidigungsanlagen oder kriegerische Waffen verfügt hätten (Gimbutas 1977, 281).

Etwa um 4400 v. Chr. begannen Invasoren aus dem Osten die europäischen Länder heimzusuchen. Nomadenvölker der eurasischen Steppen stürmten über Süd- und Osteuropa hinweg und setzten dem friedlichen bäuerlichen Leben, das einige Jahrtausende lang gewährt hatte, ein Ende. Die Eindringlinge waren Nachfahren verschiedener Völker, die am Rande des eurasischen Steppenlandes in der Ukraine Ackerbau und Viehzucht betrieben hatten (ebd., 277). Als das Land durch primitive und unwirtschaftliche Weidetechniken ausgelaugt worden war, hatten sie ihre Herden weiter in die östlichen Randgebiete treiben müssen. Ihre Wanderung kam am Ural für längere Zeit zum Stillstand. Auf der anderen Seite dieser Gebirgskette dehnte sich die Weite des eurasischen Steppenlandes, ein gewaltiger Ozean unberührter Grasweiden, unerreichbar für den Menschen (Goodenough 1970, 258).

Erst die Domestizierung des Pferdes machte die eurasische Steppe zugänglich. Damit begann ein nunmehr 6.000 Jahre währender Eroberungsfeldzug der Weidewirtschaft, dessen Auswirkungen sich heute in den Prärien des amerikanischen Westens, den Regenwaldregionen Mittel- und Südamerikas und den Trockengebieten des australischen Hinterlandes zeigen.

Das erste Reitervolk war eine furchterregende Macht, es verfügte mit seinen Pferden über eine ungeahnte Mobilität und war in der Lage, Rinderherden über weite Gebiete zu beaufsichtigen. Dank seiner militärischen Überlegenheit eroberte es die eurasischen Steppen und schuf das erste Rinderimperium in der Geschichte.

Dürreperioden zwangen die eurasischen Stämme zwischen 4400 und 4300 v. Chr., auf der Suche nach neuem Weideland in Richtung Europa, Indien und Persien auszuschwärmen. Der ersten Eroberungswelle folgte zwischen 3400 und 3200 v. Chr. eine zweite, gegen Mitteleuropa gerichtete, und zwischen 3000 und 2800 v. Chr. eine dritte, die Westeuropa und Skandinavien erreichte (Gimbutas 1977, 277). Die »Streitaxt«-Kulturen des Ostens waren die ersten Pioniergesellschaften der westlichen Welt (Goodenough 1970, 260). Ihre militärische Überlegenheit verdankten sie, wie die amerikanischen Cowboys des 19. Jahrhunderts, ihren Reittieren, ihr Reichtum war das Vieh, und ihr Territorium war das regenarme Grasland der gemäßigten Klimazone.

Bis zum 1. Jahrhundert n. Chr. hatte sich ihr Einflußgebiet über einen großen Teil Europas, über Indien und Persien und im Osten bis nach China ausgedehnt. Auch wenn die Viehwirtschaft in China nie wirklich Fuß fassen konnte, so gelang es den eurasischen Reitervölkern mit ihren Eroberungszügen doch, den Chinesen Tributzahlungen abzupressen und, zumindest zeitweise, ihr Land in Besitz zu nehmen. Im 12. und 13. Jahrhundert eroberten Dschingis Khan und sein Enkel und Nachfolger, Khubilai, weite Teile Chinas und vertrieben die Sung-Dynastie nach Hangtschou, wo sie vor den Mongolenhorden kapitulierte.

Der Einfluß der Steppenvölker veränderte das Gesicht Europas in einer 3.000 Jahre währenden Periode von Eroberungskriegen. Sie brachten das Reitpferd und die Weidekultur nach Europa, aber sie brachten auch den Geist und die Waffen des Krieges mit. Die archäologische Forschung liefert ein düsteres Bild der Folgen, die die Eroberungszüge für Europa hatten. Sie zeigt das abrupte Ende einer hochentwickelten und friedfertigen Ackerbaukultur (Gimbutas 1977, 280). Vom 4. Jahrtausend v. Chr. an wurden Statuetten und kunstvoll bemalte Tongefäße von Streitäxten und Dolchen verdrängt. Als die Hunnen unter Attilas Führung im 5. Jahrhundert n. Chr. Rom überrannten und ins Innere Frankreichs vordrangen, war Europa schon von Jahrhunderten der Gewalt geprägt (Tannahill 1973, 122).

Die Steppenvölker haben keine beeindruckenden Monumente hinterlassen, keine großen Kunstwerke oder Handschriften, in denen ihre Taten und Leistungen festgehalten wären. Vielleicht ist deshalb ihr Einfluß auf die westliche Zivilisation bis in unsere Tage von der Geschichtsschreibung ignoriert worden, die sich lieber ausgiebig mit dem kulturellen Erbe des sumerischen und des Römischen Reiches befaßt (ebd., 121).

Die Invasoren brachten nicht nur die großflächige Weidewirtschaft und überlegene kriegerische Techniken nach Europa, sondern auch ein ganz neues Verständnis von Sicherheit – ein Verständnis, das dazu führen sollte, daß die Europäer zu den führenden Kolonisatoren der Neuzeit wurden. Für die Reitervölker war Sicherheit gleichbedeutend mit Schnelligkeit und Mobilität. In dieser Hinsicht unterschieden sie sich grundlegend von den getreideanbauenden Kulturen des Nahen Ostens und Nordafrikas sowie von den kleinen dörflichen Ackerbaugesellschaften im alten Europa.

Ackerbau treibende Völker ziehen ihre Sicherheit aus der tiefen Verwurzelung in ihrem Land. Der Boden ist ihnen heilig, auf ihm leben sie, von den Göttern behütet, unter dem Schutz ihrer Ahnen. Der Boden bringt Verantwortung mit sich. Er bindet die Generationen in ein Netz von Verpflichtungen und Aufgaben ein. Wer zu einer Ackerbaugesellschaft gehört, ist an das Land gebunden, er ist dem Wechsel der Jahreszeiten und dem uralten Zyklus von Geburt, Wachstum, Tod und Wiedererschaffung unterworfen.

Die Steppenvölker kannten keine Verbundenheit mit dem Ort. Das Land war für sie etwas, das es zu erobern, zu besitzen und auszubeuten galt. Es hatte einen strategischen und ökonomischen, nicht jedoch einen religiösen oder inneren Wert. Sie fühlten sich nur an ihre Waffen gebunden, an ihr Vieh und die Güter, die sie mitnehmen konnten. Die nomadisierenden Reitervölker hatten ein anderes Bewußtsein, das bestimmt war von unbedingtem Freiheitsstreben, kriegerischem Denken und der Unabhängigkeit vom Land, von Besitznahme und zweckbestimmtem Handeln. Mit der Zeit verschmolz ihre aggressive Weltsicht mit der bäuerlichen Erdverbundenheit der Völker, die sie unterjocht hatten, und es entstand daraus ein ganz besonderes Gemisch aus europäischer Empfindsamkeit und eurasischer Rastlosigkeit.

War es das Bewußtsein der Hirtenvölker, das die psychologischen Grundlagen für das moderne Zeitalter legte, so waren es ihre Rinder, die dazu beitrugen, die ökonomischen Voraussetzungen für den modernen Kapitalismus und das Kolonialzeitalter zu schaffen. In vielen europäischen Sprachen hat das Wort »Vieh« dieselben etymologischen Wurzeln wie das Wort »Kapital« (Partridge 1983, 84). Vieh war gleichbedeutend mit Besitz. Selbst das lateinische Wort für »Geld«, *pecunia*, stammt von dem Wort *pecus* ab, was soviel wie »Vieh« bedeutet (Hinman et al. 1939, 5).

Rinder stellten die erste Form von beweglicher Habe dar, ein Kapital, das bei den Tauschgeschäften unter Menschen verschiedener Kulturen als Richtwert diente. Sowohl die getreideanbauenden Völker des Nahen Ostens und Nordafrikas als auch die Seemächte des Mittelmeers handelten mit Vieh. In Griechenland gaben viele Familien ihren Töchtern Namen, die sich auf den Viehhandel bezogen, um so ihren »Wert« hervorzuheben und Freier auf sie aufmerksam zu machen. Polyboia beispielsweise bedeutet »Viele Kühe«, Euboia heißt soviel wie »Reich an Kühen«, und Phereboia heißt übersetzt »Die viele Kühe einbringen wird« (Lonsdale 1982, 80).

Zwar war für Römer und Hunnen gleichermaßen das Vieh eine Form von Kapital, aber die eurasischen Hirtenvölker wurden zu den ersten wirklichen Protokapitalisten, die ihre Rinder als mobilen Besitz betrachteten, mit dessen Hilfe sie Macht über Menschen und Territorien ausübten.

Die Entwicklung der großen westlichen Viehzuchtgesellschaften ist untrennbar mit der Herausbildung des Weltkapitalismus verbunden. Um zu verstehen, wie das Rind seinen göttlichen Status verlor und schließlich auf die Funktion von gewinnbringendem Kapital reduziert wurde, muß man die komplexe Sozialstruktur der eurasischen Völker betrachten, die der Keim für eine neue Weltordnung war.

In ihrem Dreiklassensystem standen die Priester an der Spitze der gesellschaftlichen Pyramide, unter ihnen die Krieger und das gemeine Volk. Ihre oberste Aufgabe war es, die Gunst der Götter durch Tieropfer zu gewinnen und so Gesundheit und Wohlergehen der Gemeinschaft zu sichern. Bei fast allen indoeuropäischen Nachfahren der eurasischen Völker – ob sie zum indischen, iranischen, germanischen, skandinavischen, römischen, griechischen oder russischen Zweig gehören –, war es die Rolle des Priesters, den Mythos des ersten Opfers in der ritualisierten Wiederholung immer wieder von neuem zu beleben.

Die Kaste der Krieger hatte ihre eigenen Götter, die aber im Rang unter den Göttern der Priesterkaste standen. Sie wurden im allgemeinen mit den Naturgewalten in Verbindung gebracht: mit Sturm, Blitz und Donner. Wichtigste Aufgabe der Krieger war es, Schlachten zu schlagen und Vieh zu erbeuten. Im Sanskrit ist das Wort für »Schlacht« – *gavisti* – gleichbedeutend mit »Begehren nach Rindern«, und ein erfolgreicher Kriegsherr wurde oftmals als *Gopa*, »Herr der Rinder«, bezeichnet. Wie die Priester zelebrierten die Krieger ihren eigenen Kult, den Mythos vom ersten Viehraub.

Über die Jahrhunderte schwelte ein latenter Konflikt zwischen der Priester- und der Kriegerkaste. Für die Priester hatte das Vieh nach wie vor seine Bedeutung als Opfergabe zur Besänftigung der Götter. Die Krieger hingegen, die das Vieh nicht nur als Opfergabe, sondern auch zur Besitzschaffung der Gemeinschaft zu erbeuten hatten, nahmen die zweite Zielsetzung oftmals wichtiger als die erste. Sie begannen, die Beute ihrer Raubzüge eher als nützlichen Besitz zu betrachten, als Kapital, das man einsetzen konnte, um Macht und Privilegien zu gewinnen (Lincoln 1981, 170). Damit war der Boden für ein völlig neues Wirtschaftssystem bereitet, das auf skrupelloser Besitzaneignung gründete und später durch das nackte Eigeninteresse legitimiert wurde. Im Verlauf dieser Entwicklung verwandelte sich das Rind allmählich in ein völlig neues Geschöpf. Der Glaube an die Verkörperung der göttlichen Zeugungskraft im Rind wich der weltlichen Vorstellung eines Wohlstand schaffenden Wirtschaftsgutes. Die Kuh wandelte sich von der Gottheit zur Handelsware. Über vier- bis fünftausend Jahre erstreckte sich die Veränderung der Beziehung zwischen Mensch und Rind, in der sich der allmähliche Bewußtseinswandel in Europa vom Religiösen hin zum Weltlichen spiegelt.

4
Die heilige Kuh

Im Leben der indischen Hindu-Bevölkerung spielt das Rind eine zentrale Rolle. Es gibt gegenwärtig in Indien fast 200 Millionen Kühe, von denen viele in den Straßen der Städte und Dörfer frei umherlaufen (Reader 1988, 53). Alle werden sie mit Ehrfurcht behandelt. Die Hindus betrachten die Kuh als die Mutter des Lebens, und alles was von ihr stammt, ist ihnen heilig (Harris 1974, 6f.). Mahatma Gandhi hat die Kuh einmal »eine Mutter für Millionen von Indern« genannt (Barloy 1974, 58).

In seinem Buch *The Sacred Cow and the Abominable Pig* beschreibt Marvin Harris einige der vielen religiösen Bräuche, die mit der heiligen Kuh in Verbindung stehen:

»Aus Milch, Dickmilch, Butter, Urin und Dung mischen Priester einen heiligen ›Nektar‹, mit dem sie Statuen und Gläubige benetzen. Sie zünden in den Tempeln Lampen an, in denen *ghee,* geklärte Butter aus Kuhmilch, verbrannt wird. Die Tempelstatuen werden täglich mit frischer Kuhmilch übergossen. An Festtagen zu Ehren des Hirtengottes Krischna formen Priester das Ebenbild des Gottes aus Kuhdung, gießen Milch über den Nabel und rutschen auf den Knien im Tempel um das Bildnis herum ... An anderen Festtagen knien sich die Menschen in den Staub, der von vorüberziehenden Kühen aufgewirbelt wurde, und bestreichen ihre Stirn mit frischem Dung.« (Harris 1987, 49)

Selbst die weltlichsten Seiten des Lebens stehen im Zeichen der Rinderverehrung. Dorfärzte sammeln Erde, auf denen Kühe ihre Hufspuren hinterlassen haben, und mischen sie ihren Arzneien bei. Kuhurin, *gomutra,* der als heilige Flüssigkeit gilt, wird in Krügen aufgefangen, und man badet kranke Kinder darin (Conrad 1973, 65). In ganz Indien gibt es staatlich finanzierte Pflegestellen für über eine halbe Million Kühe, die zu alt oder zu krank sind, um noch frei herumlaufen zu können (Harris 1974, 7 u. 62). Dort haben die Tiere ein Dach über dem Kopf, werden gefüttert und versorgt – alles auf Staatskosten. Wenn wir einen Hindu nach den Kosten dieser Altersversorgung für Kühe fragen würden, so würde er uns sicher verständnislos entgegnen: »Würden Sie Ihre Mutter zum Schlachthof bringen, wenn sie alt ist?« (Harris 1987, 49)

Eine Kuh zu töten, ist für die Hindus eines der verabscheuungswürdigsten Verbrechen. In Kaschmir wurde eine solche Tat noch vor 20 Jahren mit dem Tode bestraft. Inzwischen ist das angedrohte Strafmaß auf lebenslange Haft abgemildert worden (Conrad 1973, 65). Wird eine Kuh unbeabsichtigt getötet, muß der Schuldige sich den Kopf kahlscheren lassen, und er wird für einen Monat auf eine Kuhweide verbannt, wo er sich in die Haut des getöteten Tieres hüllen muß. Täglich hat er dann den Tieren zu folgen und den Staub zu schlucken, den ihre Hufe aufwirbeln (Barloy 1974, 59).

Wenn man weiß, daß nach dem Glauben der Hindus in jeder Kuh 330 Millionen Götter und Göttinnen wohnen, dann ist die Härte, mit der das Töten einer Kuh geahndet wird, nicht verwunderlich. Nach der hinduistischen Lehre fällt jeder Mensch, der ein Rind tötet, durch 86 Seelenwanderungen auf die niedrigste Inkarnationsstufe als Teufel zurück (Harris 1987, 50)

Aber die Kuh ist in Indien mehr als nur ein Objekt der Verehrung. Das nackte Überleben der indischen Bevölkerung hängt weitgehend von diesen überaus nützlichen Tieren ab. Sie decken den größten Teil des Bedarfs an Milch und Milchprodukten. Ochsen dienen den 60 Millionen Kleinbauern, deren Land 80 Prozent der indischen Bevölkerung ernährt, als Zugtiere (Reader 1988, 53). Die Rinder Indiens produzieren jährlich 700 Millionen Tonnen Mist. Die Hälfte davon wird zur Düngung des Bodens genutzt, der Rest dient als Brennstoff für die Kochstellen. Nach Harris' Schätzung entspricht der Heizwert des Dungs, der in privaten Haushalten verbrannt wird, dem von »27 Millionen Tonnen Kerosin, 35 Millionen Tonnen Kohle oder 68 Millionen Tonnen Holz«. Mit Wasser vermischt, findet Kuhdung sogar als Fußbodenmaterial für die Häuser Verwendung. Überall in Indien kann man kleine Kinder sehen, die der Kuh ihrer Familie auf Schritt und Tritt folgen und ihre kostbaren Exkremente zur mannigfaltigen Verwendung im Haushalt einsammeln (Harris 1987, 13f.).

Die Häute der Kühe werden in der indischen Lederindustrie, der größten der Welt, verarbeitet. Das Fleisch der eines natürlichen Todes gestorbenen Kühe dient Muslimen, Christen und anderen Bevölkerungsgruppen, die nicht wegen ihres Glaubens auf den Verzehr von Rindfleisch verzichten müssen, als Nahrung (Reader 1988, 53).

Die Rinder, die zur ökonomischen Grundlage der ländlichen Bevölkerung gehören, nehmen den Menschen kein Ackerland weg, wie im Westen häufig behauptet wird. In einer Studie wurde festgestellt, daß weniger als 20 Prozent des Rinderfutters in Westbengalen sich aus für Menschen genießbaren Nahrungsbestandteilen zusammensetzen (Harris 1974, 19). Die Rinder leben dort vorwiegend von Haushaltsabfällen, Spreu, Halmen und Blättern. Sie werden auch mit Ölkuchen aus Baumwollsamen, Sojabohnen und für die menschliche Ernährung ungeeigneten Kokosnußrückständen gefüttert (Harris 1987, 56).

Die Form der Viehhaltung, wie sie sich in Indien ausgeprägt hat, trägt sowohl der religiösen als auch der weltlichen Seite der Beziehung zwischen Mensch und Rind Rechnung. Eine ähnliche Ausgewogenheit zwischen Glauben und praktischer Nutzung hat sich über die Jahrhunderte nur bei den vielen Hirtenstämmen Ostafrikas erhalten. 700 Millionen Menschen, also ein Achtel der gesamten Erdbevölkerung, leben in Indien für das Rind und mit dem Rind (ebd., 48). Ihre Einstellung zum Rind ist einmalig unter den arischen Stämmen, deren Einfluß sich von den eurasischen Steppen über den gesamten indoeuropäischen Raum ausbreitete. Die vielleicht treffendste Beschreibung dieser Einstellung stammt von Mahatma Gandhi:

»Das charakteristischste Merkmal des Hinduismus ist die Hochachtung, mit der die Kuh behandelt wird. Die Kuh zu beschützen, scheint mir eine der bewundernswertesten Äußerungen des menschlichen Fortschritts zu sein. Für mich ist die Kuh die Verkörperung der gesamten infrahumanen Welt; sie versetzt den Gläubigen in die Lage, seine Einheit mit allem Leben zu erfassen. Es ist in meinen Augen eine Wahrheit, die sich von selbst versteht, daß die

Kuh die natürliche Wahl als Symbol dieser Einheit sein muß ... Die Kuh ist ein Gedicht der Nächstenliebe ... Sie zu beschützen, heißt alle stummen Geschöpfe Gottes zu beschützen.« (Zit. n. Barloy 1974, 57)

Aber Gandhi ließ auch den praktischen Nutzen nicht außer acht, den die Kuh für die indische Nation hat. Er bemerkte einmal: »Die Kuh war die beste Gefährtin der Inder. Sie hat uns Gaben im Überfluß beschert. Sie hat nicht nur Milch gegeben, sondern sie hat auch die Landwirtschaft möglich gemacht.« (Zit. n. Harris 1987, 65)

Während sich die Verehrung der Kuh in Indien über Jahrhunderte hinweg hielt, auch wenn die Menschen im alltäglichen Überlebenskampf Nutzen aus ihr zogen, bildete sich in Europa eine ganz andere Einstellung heraus. In Mittel- und Westeuropa waren die Nachfahren der arischen Stämme gezwungen, in ihrer Beziehung zum Rind einen anderen Weg einzuschlagen, einen weltlich orientierten Weg, der zum Kolonialsystem und zur Ausbeutung der Menschen und des Bodens in mehreren Kontinenten führen sollte.

5
Machos und Matadore

Wenn wir heute an einen Stier denken, fällt uns höchstwahrscheinlich auch Spanien ein – der Pomp und die Grausamkeit des Stierkampfes, das Machogehabe der Matadore. Das Rind hat das Image des spanischen Volkes ebenso mitgeprägt wie das des indischen – aber in der Geschichte der Iberischen Halbinsel geht es um die Männlichkeit des Stieres, während die Mentalität der Inder von der Weiblichkeit der Kuh bestimmt ist.

Auf spanischen Weiden gediehen die Rinder hervorragend, mit dem Ergebnis, daß das Land zu einem wichtigen Anlaufpunkt für Handeltreibende und zu einem lohnenden Ziel für die Überfälle nomadisierender Hirtenvölker wurde. Die Phönizier eröffneten Handelsniederlassungen in Cádiz und Málaga und führten dort ihre Stiergötter ein. Händler aus dem Nahen Osten brachten den Baal-Kult mit. Auch die Griechen kamen der Rinder wegen nach Spanien. Die zehnte der zwölf Arbeiten des Herakles besteht darin, daß der Held in Spanien die besten Rinder eines dreileibigen Riesen namens Geryoneus erbeuten und nach Griechenland bringen muß. Dort werden dann die spanischen Rinder der Kuhgöttin Hera, Gattin des Stiergottes Zeus, geopfert.

Phönizische, kretische und spanische Kaufleute hinterließen ihre Spuren in Spanien, aber ihr Einfluß blieb auf die Küstenregionen beschränkt. Um 400 v. Chr. breiteten sich dann die Kelten auf der gesamten Iberischen Halbinsel aus. Sie waren die ersten, die einen kriegerischen Stierkult mitbrachten. Die neuen Götter verschmolzen im Volksglauben mit den Stier- und Kuhgottheiten der Mittelmeergebiete und des Nahen Ostens, und es entstand ein spezifischer iberischer Rinderkomplex. Die Verbreitung des Mithraskultes im Zuge der römischen Invasion fügte dem Spektrum der Rinderkulte, die das Bild Spaniens allmählich zu prägen begannen, eine weitere Variante hinzu (Conrad 1973, 161ff.).

Im spanischen Stierkampf sind die anthropologischen Elemente der Stierkultära so lebendig und stark erhalten wie sonst nirgendwo in der westlichen Welt. Obwohl Kirche und Krone immer wieder Versuche unternahmen, seinen Einfluß auf das spanische Volk zu unterbinden, hat er sich über all die Jahrhunderte behauptet. Besonders die Kirche fühlte sich durch den Stierkampf und dessen heidnische Elemente, die das Volk faszinierten, in ihrer Autorität bedroht. Und dennoch hat er überlebt. Möglicherweise verdankt er seine Beliebtheit dem hybriden Wesen des spanischen Rinderkultes. In der Stierkampfarena vermischten sich die mithraischen Blutopfer mit den kriegerischen Ritualen der Kelten.

Opferrituale, die im Mittelpunkt früher kretischer Stierkampfzeremonien standen, wichen schon in den römischen Corridas zunehmend der prahlerischen Selbstdarstellung des Menschen (ebd., 183). Als die römischen und die keltischen Einflüsse sich schließlich im spanischen Stierkampf vermischten, war die Beziehung zwischen Mensch und Stier in eine neue Phase eingetreten. Der spanische Matador behielt den kriegerischen Status, entledigte sich aber seines heiligen Gewandes. Der Stier wurde nicht länger den Göttern geopfert, sondern den Menschen. In der spanischen Stierkampfarena wurde aus dem Tieropfer, mit dem lange Zeit die Gunst der Götter beschworen wurde, ein symbolisches Kräftemessen zwischen Mensch und Natur, das im Kampf auf Leben und Tod zwischen Matador und Stier seinen Ausdruck findet. Jahrhunderte, bevor Melvilles Kapitän Ahab gegen den großen weißen Wal kämpfte, studierten spanische Toreros die neue Rolle des Menschen auf der Bühne der Welt ein, als sie sich in den staubigen Arenen unzähliger Dörfer und Städtchen der Iberischen Halbinsel mit den »Kräften der Natur« maßen.

Im 16. Jahrhundert gelangte der iberische Rinderkomplex an die Ufer Amerikas. Die spanischen Eroberer, die ihn dorthin brachten, glichen auf verblüffende Weise den verwegenen Nomadenvölkern der eurasischen Steppengebiete, die 5.000 Jahre früher ausgezogen waren,

Europa zu erobern. Genau wie damals, als die kriegerischen Horden über ganz Europa hergefallen waren, spielte das Rind auch vom Beginn des modernen Kolonialzeitalters an eine entscheidende Rolle bei der Landnahme und der Unterdrückung der eingeborenen Völker.

Das »Europa der Fleischfresser« war seit langem auf einen ununterbrochenen Strom von Gewürzen aus dem Osten angewiesen. Gewürze wie Pfeffer, Ingwer, Nelken, Muskat und Koriander wurden den Speisen auch beigemischt, um den Geschmack von verdorbenem Fleisch zu überdecken (Ritchie 1981, 68-85).

Die Wirtschaftspolitik des Osmanischen Reiches, dessen Territorium zwischen Europa und dem Orient lag, steigerte das europäische Interesse an einem neuen Seeweg zu den Gewürzinseln im Osten. Im 15. Jahrhundert begannen die Türken verstärkten Druck auf den Gewürzhandel auszuüben, indem sie die Zölle auf Waren, die vom östlichen Mittelmeer zum wichtigsten europäischen Handelshafen Venedig verschifft wurden, drastisch erhöhten. Die Preise für Gewürze stiegen um 800 Prozent und mehr (ebd., 78f.). Um ihre wachsende Abhängigkeit vom Fleisch weiter befriedigen zu können, waren die Europäer bereit, auch astronomische Gewürzpreise zu bezahlen.

Der Fleisch- und insbesondere der Rindfleischkonsum in Europa nahm zu Beginn des 15. Jahrhunderts sprunghaft zu. Die Bevölkerung war durch die Pest dezimiert, und für kurze Zeit verbesserten sich deshalb die Lebensbedingungen von Bauern und Handwerkern, denn die Lehnsherren waren gezwungen, höhere Löhne zu bezahlen, um den Bedarf an nunmehr rar gewordenen Arbeitskräften zu decken (Braudel 1985, 201). Ein Teil dieses Mehrverdienstes wurde für den zunehmenden Fleischkonsum aufgewendet (Ritchie 1981, 79). In Deutschland wurden 1482 durch öffentliche Erlasse jedem Handwerker zwei Fleischschüsseln pro Mittagsmahlzeit zugesichert. Im 16. Jahrhundert überschwemmten Schiffsladungen halbwilder Rinder aus Polen, Ungarn und den Ländern des Balkan Deutschland und Italien (Braudel 1985, 198ff.).

In der zweiten Hälfte des 16. Jahrhunderts kam es wegen des schnellen Bevölkerungswachstums zu einer Verminderung des Weidelandes, was viele Bauern in Europa zu einer weitgehend fleischlosen Ernährung zwang. Es ist sicher kein Zufall, daß die Zahl der fleischlosen Tage im katholischen Kalender in Frankreich und Deutschland bis zur Mitte des 17. Jahrhunderts fast die Hälfte des Jahres ausmachte (Harris/Ross 1987, 28). Bis weit ins 19. Jahrhundert hinein blieb Fleisch Mangelware. Dann sorgten die Verbesserung des Schiffsverkehrs über den Atlantik sowie moderne Konservierungsmethoden dafür, daß riesige Fleischmengen von Nord- und Südamerika nach Europa exportiert wurden, und zwar zu Preisen, die sich die Fabrikarbeiter und der bürgerliche Mittelstand leisten konnten.

In der entscheidenden Phase des ausgehenden 15. und beginnenden 16. Jahrhunderts jedoch, als der Fleischkonsum immer noch stetig zunahm und die Preise für Gewürze weiter stiegen, wurde die Suche nach einem neuen Seeweg zu den Gewürzinseln zu einem unerschöpflichen Gesprächsthema unter den Forschern und ehrgeizigen Kaufleuten, die sich der erpresserischen Zollpolitik des Osmanischen Reiches entledigen wollten.

Inspiriert von Marco Polos Reisebericht, überredete Christoph Kolumbus Königin Isabella von Spanien, eine Expedition zu den Gewürzinseln im Osten zu finanzieren. Statt der Gewürzinseln entdeckte er die Karibik. Zwar hatte Kolumbus sein eigentliches Ziel verfehlt, aber er hat unbeabsichtigt eine Entdeckung von viel größerer Bedeutung gemacht: unberührte Wälder und Grasflächen, die die zwei Teile des neuen Kontinents überzogen. Auf der Suche nach Gewürzen zur Verbesserung des Fleischgeschmacks hatte Kolumbus neues Weideland gefunden. Heute, ein halbes Jahrtausend später, dienen weite Landstriche in Nord-, Mittel- und Südamerika der Aufzucht von insgesamt mehr als 400 Millionen Rindern, um die Nachfrage der wohlhabenden fleischessenden Gesellschaften in Europa, Japan und den Vereinigten Staaten zu befriedigen (Food and Agriculture Organization 1990, Tabelle 89).

Kolumbus war auch der erste, der Vieh in die neue Welt brachte. Am 2. Januar 1494 warf er auf seiner zweiten Amerikafahrt in der Nähe von Cap-Haïtien vor Haiti die Anker aus. Er brachte »24 Hengste, 10 Stuten und eine unbekannte Anzahl von Rindern« an Land. Der Historiker Daniel Dary schreibt dazu: »Sie und ihre Nachkommen sollten das Gesicht der neuen Welt verändern und eine

Revolution auslösen, deren Auswirkungen ähnlich tiefgreifend waren wie die der industriellen Revolution fast drei Jahrhunderte später.« (Dary 1981, 4)

6
Das Rind kommt nach Amerika

Spanische Konquistadoren und Priester waren entschlossen, auf amerikanischem Boden ein neues Spanien entstehen zu lassen. Um dieses Vorhaben zu verwirklichen, schickten sie sich an, die Neue Welt mit spanischen Langhornrindern zu bevölkern und so in Amerika eine iberische Rinderkultur zu begründen. Die Verhältnisse im Heimatland beschleunigten diesen Prozeß. Die spanische Viehwirtschaft steckte im 16. Jahrhundert in einer schweren Krise. Die Iberische Halbinsel war durch Überweidung heruntergewirtschaftet. Um mehr Weideland zu schaffen, hatte man die Wälder gerodet. Aufgrund der starken Nachfrage nach Rindfleisch, Talg und Häuten wurde das Land so ausgelaugt, daß sich Wüsten in zuvor fruchtbaren Regionen ausbreiteten (Ferguson/Ferguson 1983, 11). In dieser Situation erwies sich das unberührte Grasland Amerikas als rettender Ausweg.

Die zähen, anpassungsfähigen Langhornrinder Spaniens waren wie geschaffen für die Lebensbedingungen in der Neuen Welt. Spanische Galeonen brachten sie nach Puerto Rico, Jamaica, Kuba und auf andere westindische Inseln. Dort liefen die Tiere frei herum, und nach wenigen Jahren gab es mehr Rinder als Menschen auf den Inseln (Dary 1981, 5).

Um 1520 führte Gregario de Villalobos eine Expedition nach Mexiko in die Gegend des heutigen Tampico. Die Männer brachten einige Rinder mit. Schon nach einem Jahr war Villalobos Vizegouverneur von Neuspanien und begann von seinem Stützpunkt in Vera Cruz aus, »die Ankunft von Siedlern, Versorgungsgütern und einer wachsenden Zahl von Rindern« zu organisieren (Hackett 1923, 41).

Im Jahre 1519 besiegten Hernando Cortés' berittene Scharen die Azteken und besetzten das heutige Mexico City. Montezumas Krieger waren beim Anblick der Männer auf Pferden, die sie »große Hunde« nannten, von Ehrfurcht ergriffen (Dary 1981, 6). Viele Indianer waren überzeugt, in den Angreifern Schimären vor sich zu haben, die halb Tier, halb Mensch waren, und sie duckten sich vor der Kavallerie der Eroberer. Den weiter vorrückenden Armeen folgten die Rinder, erst vereinzelt, dann in nicht mehr enden wollenden Wellen. Die Region zwischen Vera Cruz und Mexico City bot ideales Weideland für die spanischen Langhornrinder, und die Tiere vermehrten sich in der neuen Heimat schneller als in ihrem Ursprungsland. Der Franziskanerpriester Alonso Ponce kommentierte den Erfolg der Umsiedlungsbemühungen so: »Sie vermehren sich wie in Kastilien, nur schneller, weil das Land gemäßigtes Klima hat und weil es, anders als in Spanien, keine Wölfe und andere Tiere gibt, die die Rinder bedrohen würden«. (Zit. n. ebd., 8)

Cortés teilte die unterworfene Bevölkerung Neuspaniens auf und unterstellte sie der Aufsicht einzelner Spanier, von denen jeder eine eigene *encomienda*, ein Stück Land, erhielt, das er zu treuen Händen verwaltete. Für seine eigene *encomienda* beanspruchte Cortés 23.000 Indianer (ebd., 9). Sie wurden christianisiert, eingekleidet und als verfügbare und billige Arbeitskräfte von den spanischen Eroberern unter Vertrag genommen.

Besorgt über die wachsende Macht von Cortés und seinen Männern und darauf bedacht, die Kontrolle über Neuspanien nicht zu verlieren, ordnete die spanische Krone einige Erlasse an, um den Einfluß der *encomienda* zu schwächen. Unter anderem wurde darin den Indianern das Recht auf ein kleines Stück Land zum Bebauen sowie die gemeinschaftliche Nutzung des Weidelandes im Umkreis ihrer Siedlungen garantiert. In den folgenden Jahrzehnten kam es immer wieder zu Auseinandersetzungen zwischen den spanischen Grundbesitzern und der einheimischen Bevölkerung, weil die Viehzüchter, ungeachtet aller offiziellen Dekrete, ihre Herden über die Felder der Indianer trampeln ließen (ebd., 10).

Schließlich gab es so viele Rinder in und um Mexico City, daß die Spanier nicht mehr in der Lage waren, sie allein zu beaufsichtigen. Bis etwa 1540 war es den Indianern verboten, Pferde zu besitzen oder zu reiten, weil die Spanier befürchteten, sie könnten als geübte Reiter eine Bedrohung für die spanische Vorherrschaft werden. Spanische Priester erkannten zuerst, welchen Vorteil es haben konnte, die Indianer zu berittenen Rinderhirten zu machen. Die Kirche benötigte Männer für die Betreuung der Herden, die zu ihren Missionsstationen gehörten. Sie brachten den Indianern das Reiten bei und machten aus ihnen die ersten Cowboys des amerikanischen Kontinents.

Diese indianischen Cowboys übernahmen Sombrero, Halstuch, Lederweste und den ledernen Beinschutz von den Spaniern. Lederstiefel, Statussymbol der reichen Spanier, waren selten und teuer, darum schnallten die indianischen Vaqueros die Eisensporen, die ihnen gestattet wurden, an die bloßen Füße. Die scharfkantigen Rädchen der Sporen maßen in der Regel mehr als 15 Zentimeter im Durchmesser.

Das Tragen von Sporen war in Europa, wo es als Zeichen des gehobenen gesellschaftlichen Ranges galt, erstmals dreitausend Jahre zuvor bei den Hirtenvölkern der eurasischen Steppen üblich geworden. Sporen wurden im allgemeinen als besondere Auszeichnung an verdiente Männer verliehen. In der Neuen Welt wurden Sporen und Reitpferde zum Erkennungsmerkmal der Vaqueros, sie machten die Cowboys unter den Indianern, später unter den Schwarzen, Mestizen, Mulatten und armen Weißen zu einer halbwegs privilegierten Gruppe (ebd., 13f.).

1546 wurde in Zacatecas Silber entdeckt, und der darauf einsetzende Silberrausch trieb den Bedarf an Rindfleisch und Leder sowie an Vaqueros, die die wachsenden Herden beaufsichtigten, in die Höhe. In den Grubensiedlungen explodierten die Rindfleischpreise, ein Beispiel, das sich drei Jahrhunderte später im nordamerikanischen Westen während des kalifornischen Goldrauschs wiederholen sollte. Die Rinder lieferten nicht nur Nahrung für die Silbersucher, sondern auch Talg für die Kerzen, mit denen die Schächte beleuchtet wurden, und Leder für die Säcke, in denen das Silbererz von den Minen zum Schmelzen transportiert wurde. Außerdem wurden aus Rindsleder Sättel, Wasserbehälter, Westen, Beinschutze und unzählige andere Ausrüstungsgegenstände gefertigt (ebd., 15). Im 16. Jahrhundert war mit Rindern ein Vermögen zu machen. Es entstand ein neuer Rinderadel, der mit seinem Reichtum und seiner Macht in den folgenden vier Jahrhunderten die Richtlinien der mexikanischen Politik bestimmte.

1598 erteilte die spanische Krone dem reichen Siberminenbesitzer Juan de Õnate die Erlaubnis, den Oberlauf des Rio Grande zu besiedeln. Er führte 400 Männer mit ihren Familien in ein Gebiet, das der heutigen nördlichen Zentralregion von New Mexico entspricht. Õnate brachte überdies 7.000 Stück Vieh mit und sorgte damit für die Ausbreitung des europäischen Rindes im nordamerikanischen Südwesten (ebd., 25).

Hundert Jahre später brach unter der Führung von Hauptmann Alonso de León eine Gruppe von Spaniern zum heutigen Osttexas auf. Mit allem Notwendigen ausgerüstet, errichteten sie am San Pedro Creek eine Missionsstation und hinterließen, als sie nach Mexiko zurückkehrten, an jeder Furt »einen Bullen und eine Kuh, einen Hengst und eine Stute«. Schon im ersten Jahrzehnt des 18. Jahrhunderts durchstreiften ganze Herden von Wildrindern die texanischen Prärien. Der Historiker Herbert H. Bancroft schätzt, daß ihre Zahl um 1780 die 100.000 überstieg (ebd., 37-40).

Die Ausbreitung des Rindes in Nordamerika geht ebenso auf den Unternehmungsgeist katholischer Priester wie auf das Draufgängertum militärischer Anführer und die Intrigen mächtiger spanischer Viehzüchter zurück. Pater Eusebio Francisco Kino, ein erfahrener Rinderzüchter, führte 1687 in Arizona die Viehhaltung bei den indianischen Bewohnern der Täler südlich des Gila River und innerhalb der nächsten fünfzehn Jahre auch in den Tälern von Santa Cruz, San Pedro und Sonoita ein. Der Historiker Herbert E. Bolton schreibt dazu: »Die Viehwirtschaft an mindestens zwanzig Stellen unserer heutigen Landkarte verdankt ihre Anfänge weitestgehend den Aktivitäten dieses unermüdlichen Mannes.« (Bolton 1932, 64)

Missionare christianisierten die Indianer im Gebiet der heutigen Staaten Texas, New Mexico und Arizona und führten dort die Viehzucht im großen Stil ein. Ihr Einfluß machte sich am stärksten in Kalifornien bemerkbar, wo Franziskaner von San Diego bis nach San Francisco eine Reihe von Missionsstationen errichteten (Slatta 1990, 22). Klima und Topographie waren hier besonders günstig für die Rinderhaltung. 1770 schrieb Frater Juan Crespi in seinem Bericht über die erste spanische Expedition in dieses Gebiet: »Das Land ist großartig; es ist mit herrlichem Gras bewachsen und bietet einen ausgezeichneten Weidegrund für die Tiere.« (Zit. n. Bolton 1927, 264f.)

Die christianisierten Indianer dienten als Cowboys für die wachsenden Rinderherden der Missionen. Die Krone unterstützte die Franziskaner in ihren tatkräftigen Bemühungen, indem sie ihnen in der Hoffnung auf eine »Zivilisierung« der nordamerikanischen Westküste für Spanien immer weitere Landstriche Kaliforniens für die Viehzucht überließ. 1834 besaßen die Missionen nahezu 400.000 Rinder und 62.000 Pferde, die von 31.000 Vaqueros gehütet wurden (Slatta 1990, 23).

Nachdem Mexiko im Jahre 1821 seine Unabhängigkeit von der spanischen Krone erklärt hatte, schaute die neue Regierung neidisch nach Kalifornien, wo die franziskanischen Rinderbarone ungeheure Reichtümer und Macht gewonnen hatten. 1834 ordnete sie die Verstaatlichung der mexikanischen Missionen an. Die Priester antworteten mit der Massenschlachtung ihres Viehs und dem Verkauf der Häute (Ramirez 1979, 16 u. 22). Zwar wurde der Rinderbestand dadurch beträchtlich reduziert, aber was blieb, war das Heer von erfahrenen indianischen Vaqueros, die den spanischen und später den angloamerikanischen Viehzüchtern als billige Arbeitskräfte zur Verfügung standen.

Auch andere Gebiete des amerikanischen Kontinents wurden von den Spaniern für die Viehzucht erschlossen. 1521 brachte Ponce de León Rinder nach Florida. Seinem Beispiel folgte 1539 Hernando de Soto, der die Trockensavannen Floridas mit Hunderten von Pferden und Kühen bevölkerte. Wie im Südwesten wurden auch hier, zuerst in St. Augustine, später in Talahassee, Missionsstationen errichtet, die eine extensive Viehhaltung für den lokalen Bedarf betrieben (Slatta 1990, 10).

Jesuiten folgten den spanischen Eroberungsheeren um 1530 nach Südamerika und gründeten Missionsstationen in Argentinien, Paraguay und Brasilien. Auch sie brachten Vieh mit. Häufig wurden die Missionen von Banditen geplündert und zerstört, und die Rinder flüchteten sich in die Wildnis. Hundert Jahre später hatten sich die verwilderten Hausrinder über weite Teile der fruchtbaren Grasebenen Südamerikas verbreitet (ebd., 13). Sie waren so zahlreich, daß ihr Fleisch praktisch keinen Wert mehr hatte (Ritchie 1981, 186). In ausgedehnten Jagdexpeditionen wurden ganze Herden abgeschlachtet. Wie bei den Büffeljagden, die ein Jahrhundert später in Nordamerika stattfinden sollten, wurden von den Tieren nur die Häute und der Talg verwertet, das Fleisch blieb liegen und verweste unter der Sonne. Die Rinderkadaver wurden oft zum Trocknen an die Weidezäune gehängt, und die Leute schnitten sich, wenn sie Hunger hatten, einen Brocken Fleisch heraus. Sie wählten nur die besten Stücke und ließen den Rest verkommen. Zu dieser Zeit wurde in der Stadt Caracas, deren Einwohnerzahl ein Zehntel von der von Paris betrug, 50 Prozent mehr Rindfleisch konsumiert als in der französischen Hauptstadt (Super/Wright 1985, 5).

Rinder verbreiteten sich über den südamerikanischen Kontinent und drängten in jede ökologische Nische. Um 1870 grasten allein auf den argentinischen Pampas mehr als 13 Millionen Stück Vieh. Die Rinderzüchter häuften mit dem Export von Häuten Reichtümer an. Auch gepökeltes und getrocknetes Fleisch wurde in großen Mengen ausgeführt, um die wachsende Nachfrage der Arbeiterklasse Europas zu befriedigen. Aber die Europäer, deren Land längst durch Überweidung ausgelaugt oder zur Versorgung der Fabrikarbeiter und der städtischen Bevölkerung in Getreideäcker umgewandelt worden war, verlangten nach »frischem« Fleisch. Eine Lösung zeichnete sich 1878 ab. In diesem Jahr trat das erste Gefrierschiff, die *Frigorifique*, seine Jungfernfahrt von Argentinien nach Le Havre an, beladen mit frischem Rindfleisch. Das Fleisch wurde mit Hilfe eines Ammoniak-Kompressors auf einer konstanten Temperatur von minus 10 Grad Celsius gehalten. Als das Schiff mit 5.500 gefrorenen Rindern in Le Havre anlegte, war das eine Sensation in der Geschichte der Ernährung. Im Grand Hôtel von Paris verspeisten die Gäste das frische Rindfleisch von den Pampas, und Südamerika war als neuer Weidegrund für Europa erschlossen (Ritchie 1981, 187).

Rinderzucht, Sklavenhaltung und Kapital spielten die entscheidende Rolle bei der Besiedelung von Nord- und Südamerika. Konquistadoren, Missionare und später die reichen Großgrundbesitzer überschwemmten den Kontinent mit Vieh. Indianische und afrikanische

Sklaven, in späterer Zeit auch die mittellosen Einwanderer aus Europa, wurden zur Versorgung der Herden eingesetzt. Vom Südwesten der heutigen Vereinigten Staaten bis zur Südspitze Chiles hinunter wimmelte es von Rindern und von Sklaven im Dienste der Neuen Welt. Die Rinderhirten waren in Chile als *hausos* bekannt, in Argentinien als *gauchos*, in Venezuela als *llaneros* und in Mexiko als *vaqueros* – aber alle gehörten sie derselben neuen Klasse von schlecht bezahlten und gnadenlos ausgebeuteten Wanderarbeitern an, die sich nur durch ihre Reitpferde von der ärmsten Bevölkerung abhoben. Ohne Bildung und ohne eigenes Land waren diese Saisonarbeiter, deren Leben in der Literatur und im Film so verherrlicht wird, nur Handlanger und Dienstboten der Reichen – ihre Rindersoldaten in den Ebenen der Neuen Welt. Sie halfen den Reichtum der spanischen Krone und des neuen amerikanischen Landadels zu sichern.

Die heute in Mittel- und Südamerika herrschende Klasse stammt meist von denjenigen Familien ab, die die Rinder in die Neue Welt gebracht hatten. In Chile gewann im Laufe des 18. Jahrhunderts eine kleine Gruppe von Viehzüchtern die Macht über weite Teile des Landes. Bis zur zweiten Hälfte des 19. Jahrhunderts hatte es die Rinderoligarchie Chiles zu ausgedehntem Grundbesitz gebracht und besaß Herden von oftmals mehr als 20.000 Rindern. Die mächtige Landbesitzergemeinschaft bestimmte die politischen Geschicke der Nation. 1924 wurden 80 Prozent der landwirtschaftlich genutzten Fläche Chiles von weniger als drei Prozent der Viehzüchter des Landes kontrolliert (Slatta 1990, 104f.). In Uruguay, Argentinien und Venezuela entwickelten sich die Dinge ähnlich. Die spanische Kolonialpolitik begünstigte die Konzentration der Macht in wenigen Händen. Einige wenige Familien, die ebenso das Sagen im Land hatten wie der Landadel im spanischen Heimatland, gelangten in den Besitz riesiger Weideflächen (ebd., 105f.).

Die Rinderbarone Lateinamerikas glichen den kriegerischen Nomadenfürsten, die Jahrtausende zuvor die Wälder, Ebenen und Dörfer Europas heimgesucht hatten. Sie bauten in Mittel- und Südamerika eine hierarchische Viehzüchtergesellschaft auf, die von Gewalttätigkeit und Unterdrückung geprägt war und auf der gnadenlosen Ausbeutung der Einheimischen und ihres Landes beruhte.

7
Englische Fleischesser, irische Hungerleider und korpulente Kühe

Drei Jahrhunderte nachdem die Spanier die Neue Welt mit Rindern überschwemmt hatten, setzte in den Ebenen Nordamerikas die Viehinvasion der Engländer ein. Die Kontore der Fleet Street und Glasgows eigneten sich um 1880 herum weite Gebiete der nordamerikanischen Grasebenen an und verwandelten das meiste Land westlich des Mississippi in Weideflächen für britische Rinder. Die eigentliche Geschichte der Eroberung des amerikanischen Westens ist nie erzählt worden. Es ist nämlich die Geschichte von Finanzmanipulationen, Landraub und illegalen Geschäften unter der Hand, die von den Clubs, Kontoren und Landsitzen der britischen Aristokratie aus dirigiert wurden. Die Briten spielten bei der Besiedelung des amerikanischen Westens eine gewichtige Rolle. Während amerikanische Pioniere und Cowboys den Weg nach Westen freimachten, waren es britische Geschäftsleute, die die finanziellen Mittel aufbrachten, um aus einer Ödnis das üppigste und ertragreichste Weideland der Welt zu machen.

Wenn man verstehen will, wie die Briten zu ihrer Schlüsselrolle bei der Bezwingung des »Wilden Westens« und der Formung der amerikanischen Nation nach dem Bürgerkrieg kamen, muß man einen Blick in die ganz spezielle Geschichte des englischen Rinderkomplexes werfen – eine Geschichte, die durchzogen ist von Eroberungen, Landnahmen und der Unterwerfung anderer Völker, um den ständig wachsenden Bedarf der Engländer an Rindfleisch zu decken.

Die Engländer waren die großen Fleischesser Europas. Ihre keltischen Vorfahren hatten bereits in vorchristlicher Zeit eine Rinderkultur auf den Britischen Inseln errichtet. Die Römer brachten im Jahre 43

n. Chr., als sie die Inseln eroberten, ihre eigene Rinderkultur mit. In den Ebenen setzte sich die römische Landwirtschaft durch, während die keltischen Viehgemeinschaften sich im Norden in Schottland und im Westen in Irland hielten (Wilson 1973, 69).

Der große Fleischbedarf des in England stehenden römischen Heeres bot der einheimischen Bevölkerung einen blühenden Absatzmarkt für ihr Vieh (ebd., 69f.). Selbst nach dem Rückzug der Römer von den Britischen Inseln blieb das Vieh die wichtigste Form des Besitzes und Rindfleisch Hauptbestandteil der Ernährung.

Obwohl das europäische Festland als der Kontinent der Fleischfresser galt, verzehrten die Bewohner der Britischen Inseln wesentlich mehr Fleisch als ihre kontinentalen Nachbarn. Ihre Vorliebe für Fleisch war tief verwurzelt in der keltischen Tradition mit ihren Jagden, Schlachtfesten und üppigen Fleischgelagen. Diese Tradition setzte sich in der Feudalaristokratie und später im Landadel fort. Wenn Jakob I. auf Hirschjagd ging, pflegte er den Tieren eigenhändig die Kehle durchzuschneiden und »die Gesichter seiner Gefolgsleute mit Blut zu beschmieren, das sie nicht abwaschen durften«. Es war auch üblich, daß »die adligen und vornehmen Damen nach der Jagd warteten, bis die Tiere aufgeschlitzt wurden, um ihre Hände in das Blut zu tauchen, weil sie glaubten, daß diese davon weiß würden« (Thomas 1983, 29).

Obwohl der sakrale Aspekt der Tierschlachtung längst aus dem Bewußtsein der Engländer verschwunden war, hielt sich in ihrer Vorstellung der Glaube an die »Macht« des Fleisches, insbesondere des Rindfleisches. Besonders der Adel war überzeugt, durch den Verzehr großer Fleischmengen an Kraft und Männlichkeit zu gewinnen. Am Vorabend des amerikanischen Unabhängigkeitskrieges schrieb ein Engländer: »Man findet mehr Mut bei Menschen, die sich von Fleisch nähren, als bei solchen, die sich mit leichterer Kost begnügen.« (Zit. n. Braudel 1985, 106)

Im mittelalterlichen England wendete man im Adel ein Vermögen und unendlich viel Zeit und Energie dafür auf, sich gegenseitig in der Ausrichtung aufwendiger Fleischorgien zu übertreffen. Bei den Wohlhabenden waren das Essen und seine Zubereitung Mittel zur Demonstration des Ranges und der privilegierten Stellung. Es kursierte der Spruch, daß in England »die Armen aßen, um zu leben, während die

Reichen nur zu oft lebten, um zu essen« (zit. n. Goody 1982, 135). Die Konkurrenz unter den Adligen wurde so heftig und unerbittlich, daß sich König Eduard II. gezwungen sah, im Jahre 1283 ein Dekret auszugeben, das »die unerhörte und übertriebene Menge an Fleisch und Speisen, die die Großen des Königreiches in ihren Schlössern verschwendeten, ebenso wie Personen von niedrigerem Stand, die ihrem Beispiel in einer für ihren Rang unangemessenen Weise folgten«, einschränkte (zit. n. ebd., 141). Das königliche Dekret beschränkte die Zahl der anläßlich eines Banketts erlaubten Gänge, eine Anordnung, die beträchtliche Folgen hatte, da das politische Schicksal eines Mannes nicht unwesentlich davon abhing, ob er mächtige Gönner an seinen Tisch locken konnte.

Fleischspeisen dienten den Adligen dazu, die politische und gesellschaftliche Stellung ihrer geladenen Gäste zu dokumentieren. An der Ehrentafel wurde stets zuerst aufgetragen, dann folgten die Gäste, die im Rang etwas tiefer standen und so weiter. Die besten Fleischstücke bekamen die zuerst Bedienten. Wenn Wildbret serviert wurde, erhielten die Rangniedrigsten unter den Gästen stets die Innereien (ebd., 141f.).

Die Gefräßigkeit der Feudalaristokratie und des Landadels in England ist sprichwörtlich. Noch im Viktorianischen Zeitalter frönten Aristokratie und bürgerliche Oberschicht einem verschwenderischen Fleischkonsum. Täglich wurden auf den Landsitzen des Adels große Jagdgesellschaften und üppige Bankette gegeben, und ein Heer von Metzgern, Köchen, Butlern und Küchenhilfen wachte über die aufwendige Zubereitung der Speisen.

Während die Reichen im Rindfleisch schwelgten, hatten die Armen bis ins letzte Viertel des 19. Jahrhunderts hinein kein Fleisch zu essen. Sie mußten sich stattdessen mit dem begnügen, was in England als »weißes Fleisch« bezeichnet wurde – Käse, Milch, Butter und andere Milchprodukte. Zwischen den Armen und den Reichen gewannen die stärker werdende Arbeiterklasse und die zunehmend wohlhabendere und mächtigere Bourgeoisie an Bedeutung; sie übernahmen die Vorliebe für eine fleischreiche Ernährung von den Adligen. Bereits zu Beginn der industriellen Revolution waren die Engländer die größten Fleischkonsumenten der Welt. 1726 wurden allein im

Londoner Schlachthof etliche hunderttausend Rinder geschlachtet. Man sagte, daß die Londoner »in einem Monat mehr gutes Rindfleisch verzehren als Spanier, Italiener und Franzosen in einem ganzen Jahr«. Britische Seeleute erhielten im 18. Jahrhundert eine Essensration von sage und schreibe 95 Kilogramm Rindfleisch jährlich, weil man davon überzeugt war, daß eine fleischreiche Ernährung sie ihren Feinden gegenüber an Entschlossenheit überlegen machen würde (Thomas 1983, 26).

Ein schwedischer Reisender, der 1798 England besuchte, schrieb: »Ich glaube nicht, daß ein Engländer, der sein eigener Herr ist, je auch nur eine einzige fleischlose Abendmahlzeit eingenommen hat.« (Zit. n. ebd.) So fleischbesessen waren die Engländer, daß der Begriff »Roast beef« zum Synonym für den gutgenährten britischen Adligen oder Wohlstandsbürger wurde.

Die Vorliebe für Fleisch beeinflußte die britische Kolonialpolitik nachhaltig. Der wachsende Fleischbedarf der Aristokratie, der aufstrebenden Bourgeoisie und des Militärs zwang die britische Regierung im 17. Jahrhundert, nach neuem Weideland Ausschau zu halten. Schottland und Irland wurden die ersten kolonialen Weideländer; und im 19. Jahrhundert folgten die nordamerikanischen Prärien, die argentinischen Pampas, das australische Hinterland und die neuseeländischen Savannen.

Der wachsende Bedarf an Wolle für die englische Textilindustrie führte in der zweiten Hälfte des 18. Jahrhunderts zu einer verstärkten Ausbeutung des schottischen Weidelandes (Harris/Ross 1987, 29). Schafzucht und Rinderzucht konkurrierten nun um Weideland, und die einheimische Bevölkerung wurde nach und nach von ihren Äkkern verdrängt. Tausende verarmter schottischer Bauern, deren Land konfisziert worden war, mußten nun in die Küstengebiete abwandern und sich als ungelernte Arbeitskräfte in den dort entstandenen Fabriken verdingen.

Irland, das seit dem 12. Jahrhundert der englischen Krone unterstand, diente im 17. Jahrhundert als Lieferant von billigem Pökelfleisch für die britischen Kolonien in der Karibik. Ein Zeitzeuge schrieb 1689: »Die Inseln und Plantagen Amerikas werden fast ausschließlich mit den riesigen Mengen an Rindfleisch und anderen

Nahrungsmitteln aus Irland versorgt.« (Zit. n. ebd., 30) Aber gegen Ende des 17. Jahrhunderts wurde die irische wie die schottische Rindfleischproduktion wieder dem heimischen Markt in England zugeführt.

In England waren durch die Einfriedungspolitik Tausende von Bauernfamilien gezwungen, als Heer billiger ungelernter Arbeitskräfte in die industriellen Zentren von London, Leeds, Manchester und Bristol zu ziehen. Angesichts knapper werdender Lebensmittel und steigender Preise machte sich in der städtischen Arbeiterklasse und beim Mittelstand Unzufriedenheit breit, die in offene Rebellion umzuschlagen drohte. Die Regierung besänftigte die Unzufriedenen mit Rindfleisch aus Schottland und Irland. Historiker weisen darauf hin, daß es der britischen Regierung ohne das Weideland Schottlands und Irlands wahrscheinlich nicht gelungen wäre, die zunehmende Unruhe unter den Arbeitern während der Jahrzehnte des industriellen Wachstums unter Kontrolle zu halten. Der Historiker Eric Ross stellt fest, daß »England das eigene industrielle Wachstum erzielte, indem es Schottland und Irland als Vorratskammern für seinen Nahrungsmittelbedarf mißbrauchte«. Um die Mitte des 18. Jahrhunderts, fährt er fort, »wurde ein Großteil des Fleisches für den Londoner Markt aus Englands keltischen Randzonen importiert« (ebd.). Auch heute noch, fast eineinhalb Jahrhunderte später, stellen Schottland und Irland zu weiten Teilen das Weideland für den britischen Fleischmarkt.

Irland hatte besonders zu leiden. Vom besten Weideland vertrieben und gezwungen, kleine Landstücke in den Randgebieten zu bebauen, gingen die Iren zum Anbau von Kartoffeln über, die auch auf schlechterem Boden reichlich gedeihen. Als 1846 die Kartoffelernte durch Knollenfäule vernichtet wurde, setzten Hungersnot und Massensterben ein. Viele der Überlebenden packten die armselige Habe, die ihnen geblieben war, und schifften sich zu den Ufern der Neuen Welt ein.

Den Engländern kam die irische Hungerkatastrophe durchaus gelegen. Bankiers brachten die verlassenen Landstücke in ihren Besitz und erhöhten die Zufuhr von Fleisch in die englischen Städte, indem sie auch diese letzten Äcker in Weideland umwandelten. In den Jahren zwischen 1846 und 1874 stieg die Zahl der von Irland nach England gelieferten Rinder von 202.000 auf 558.000. 1880 war Irland tatsächlich zu einer einzigen riesigen Weide geworden. Mehr als »50 Prozent der gesamten Fläche des Landes und zwei Drittel seiner Mittel dienten der Viehzucht«. Ein Jahrzehnt später exportierte Irland 65 Prozent seiner gesamten Fleischproduktion nach England und deckte damit 30 Prozent des gesamten englischen Fleischbedarfs (ebd., 31f.).

Die Geschichte, wie die Briten zu ihrer Sucht nach fettem Fleisch kamen, ist sicher eine der groteskeren Episoden in der Geschichte der europäischen Rinderkulturen. Gegen Ende des 18. Jahrhunderts hatte zuerst der englische Landadel Geschmack an fettdurchwachsenem Rindfleisch entwickelt. Im Jahre 1800 feierten die Engländer ihre neuentdeckte Liebe mit einer landesweiten Zurschaustellung des berühmten Durham-Ochsen, eines riesigen, fetten Rindes, das beinahe 1.400 Kilogramm wog. Das legendäre Tier wurde in einem eigens gebauten Wagen sechs Jahre lang mit dem für die Briten typischen Pomp und Zeremoniell in den Städten und Dörfern Englands und Schottlands ausgestellt. Neugierige Besucher zahlten eine ansehnliche Summe, um einen Blick auf das bullige Tier werfen zu können.

Der Durham-Ochse beschäftigte die Phantasie der Menschen; er wurde zum Symbol für das neue britische Selbstverständnis. Im 18. Jahrhundert hatten die Briten ihren Machtbereich auf die ganze Welt ausgedehnt. Zu Beginn des 19. Jahrhunderts wehte der Union Jack über vielen Ländern in allen Kontinenten. Die neue Opulenz der Briten zeigte sich auf vielfältige Weise, aber nirgendwo so deutlich wie in dem neuesten Zeitvertreib des Landadels, der Zucht von Rasserindern.

Die Adligen interessierten sich zwar schon lange für das Rind, aber bisher hatten sie Zucht und Haltung ihren Hirten und den Bauern überlassen. Nun wandten sich die Gutsherren selbst der Rinderzucht mit einer Begeisterung zu, die ihre Landsleute anfänglich in Erstaunen versetzte. Zuchtvereine wurden gegründet, in deren Mitgliederlisten die Namen der vornehmsten britischen Familien prangten. Berühmt war der Smithfield Club, der 1799 zum ersten Mal seine öffentliche Zuchtausstellung veranstaltete, die in den darauffolgenden Jahren zu einem bedeutenden gesellschaftlichen Ereignis wurde, das die Creme des britischen Adels und sogar die königliche Familie anzog (Ritvo 1987, 45-50).

Wohlhabende Züchter widmeten sich der Aufgabe, vor Fett strotzende Rinder aufzuziehen, die bei landwirtschaftlichen Ausstellungen stolz vor ihren nicht weniger gut genährten Besitzern herumgeführt wurden und den Überfluß der britischen Aristokratie in augenfälliger Weise verkörperten (ebd., 49). Im 19. Jahrhundert nahm dieses Hobby zum Teil groteske Formen an. Magazine wie die *Quarterly Review of Agriculture* beschrieben die preisgekrönten Tiere mit schwärmerischen Worten, die sicher so manchem normalen Zeitgenossen ein spöttisches Lächeln entlockten:

»Unwiderstehlich anziehend ... der herrlich symmetrische Körperbau ... mit einer Haut von vorzüglichster Färbung ... geschmückt mit einem kleinen ... Kopf und auffallenden, sanft glänzenden Augen.« (Dickson 1835/36, 269)

In den Salons vieler Landsitze hingen Bilder von fetten Kühen, die inmitten einer idyllischen Landschaft grasten. Die renommiertesten Künstler des Landes malten Porträts preisgekrönter Tiere, von denen einige so fett waren, daß sie nicht mehr laufen konnten und zum Ausstellungsplatz gefahren werden mußten (Ritvo 1987, 59f.).

Die adligen Rinderzüchter gaben zwar vor, an einer Verbesserung der britischen Viehqualität im allgemeinen interessiert zu sein, aber dem äußeren Erscheinungsbild und der Abstammung der Tiere wurde doch die meiste Aufmerksamkeit gewidmet. Der Stammbaum spielte von Anfang an eine dominierende Rolle; die Züchter waren besessen von der Genealogie. Den Tieren gab man Namen, und sie wurden in ein Register aufgenommen, das genaue Angaben über ihre Abstammung enthielt, so weit diese zurückzuverfolgen war. Für den Adel, dessen eigene Legitimation auf der Familienabstammung beruhte, war der wichtigste Faktor »die Länge der Zeitspanne, über die hinweg reines Blut von Generation zu Generation vererbt worden war, ohne die geringste Vermischung mit minderwertigen Blutlinien« (ebd., 60ff.). Der beinahe fanatische Glaube der Aristokratie an die Bedeutung der reinen Abstammung spiegelte sich auch in der britischen Kolonialpolitik. Englische Philosophen und Naturwissenschaftler, einschließlich Charles Darwins und seines Vetters, Sir Francis Galton, gehörten zu den bedeutendsten Verfechtern der Rassentheorie und der neu entstandenen »Wissenschaft« der Eugenik, die eine Vermischung der vorgeblich überlegenen arischen Rasse mit den als »minderwertig« erachteten Rassen der Schwarzen und Eingeborenen zu verhindern suchte.

Schon Cäsar hatte einmal bemerkt, daß »die Rinder den eigentlichen Reichtum der Britannier ausmachen« (zit. n. ebd., 76). Nun, da England selbst ein Imperium errichtet hatte, zeigte es der Welt und dem eigenen Volk die Rinder der Lords als Unterpfand der neugewonnen Größe. Diese fett gemästeten, überfressenen Tiere mit den plumpen Beinen, dem massiven Rumpf und dem kurzen Atem waren der »sichtbare Beweis der Konsumkraft ihrer Besitzer« (ebd., 80). Indem sie ihre Rinder verzehrten, verinnerlichten sie ihre Rolle als Herrscher der Welt. Ein neues, weltliches Ritual war entstanden: der Verzehr von Fleisch, das mit dem Fett kolonialer Privilegien durchwachsen war. Fettes Fleisch wurde zum Symbol des Reichtums und zum Maßstab des Geschmacks.

Der Rindfleischkonsum geriet zum Initiationsritus des aufstrebenden Briten. Der Geschmack am Fett war gleichbedeutend mit dem Geschmack am Überfluß, an Macht und Privilegien, an den Werten, die diese Inselbewohner zu den mit Furcht und Neid bestaunten Herren der Welt machten. Mit dem Genuß von fettem Rindfleisch signalisierten die Bourgeoisie und später auch die Arbeiterklasse ihre Bereitschaft, eine Funktion in der Kolonialherrschaft ihres Landes zu übernehmen. Diese moderne Form des Stieropfers vereinigte die Klassen in einem gemeinsamen Ziel. Das englische Volk lebte nun in seiner Gesamtheit vom »Fett des Landes«. In der Zeit zwischen dem ausgehenden 18. und dem beginnenden 19. Jahrhundert hatte sich das Gewicht der Rinder mehr als verdoppelt, und bis zur Mitte des 19. Jahrhunderts hatte sich ganz Westeuropa den neuen Zuchtstandards der Briten angepaßt.

In der zweiten Hälfte des 19. Jahrhunderts hungerte der britische Markt nach fettem Rindfleisch. Das Grasland Schottlands und Irlands war überweidet, der wachsende Fleischbedarf der Menschen in den neuen industriellen Zentren Englands konnte nicht mehr befriedigt werden. Britische Bankiers und Kaufleute sahen sich nach neuem Weideland um. Um 1870 kam die Kunde nach England, daß in Amerika gewaltige, für die Viehzucht geradezu ideal geeignete Grasebenen westlich des Mississippi existierten.

8
Wie der Wilde Westen erobert wurde

In den ersten Jahrzehnten nach der Unabhängigkeitserklärung 1776 begriffen sich die wenigsten Amerikaner als kontinentale Gemeinschaft. Sie hatten auch wenig Interesse an den riesigen Landflächen jenseits des Mississippi. Fünfzig Jahre später waren die westlichen Prärien erobert und besiedelt. Die meisten der ursprünglichen Bewohner waren ausgelöscht. Diejenigen, die die Gewehrsalven und die Krankheiten der Weißen überlebt hatten, waren in Reservaten zusammengepfercht. Die Büffel der Great Plains waren abgeschlachtet, und die üppigen westlichen Prärien standen nun als Weideland für die Rinder zur Verfügung. Als das U.S. Census Bureau 1890 die Besiedlung für abgeschlossen erklärte, war ein Gebiet von der Größe Westeuropas zur größten Viehweide der Welt geworden.

Die amerikanische Rinderkultur hatte in Texas ihre Wurzeln. Das ursprüngliche, spanische Zuchtgebiet war eine weite Fläche, die im Norden an San Antonio grenzte und sich südöstlich bis zur Golfküste und südlich bis nach Laredo am Rio Grande hinzog (Webb 1931, 208). Das milde Klima, der Überfluß an Gras und Wasser machten Südtexas zum Rinderbrutkasten Nordamerikas.

Im letzten Viertel des 18. Jahrhunderts hatten die Franziskaner, die als erste in diese Region gekommen waren, mehr als fünfzig Missionsstationen errichtet, in denen gewaltige Rinderherden gehalten wurden. Nachdem Mexiko im Jahre 1821 seine Unabhängigkeit gegenüber Spanien erklärt hatte, mußten die Missionare der neuen mexikanischen Regierung einen Treueid leisten. Die meisten von ihnen weigerten sich und verließen die Missionsstationen. Ihre Rinder ließen sie entweder in der Obhut der dort ansässigen Indianer zurück oder trieben sie ins freie Land hinaus, wo sie bestens gediehen.

Im Verlauf des texanischen Unabhängigkeitskampfes mit Mexiko flohen in den 30er Jahren des 19. Jahrhunderts viele spanische Rancher in die Gebiete südlich des Rio Grande und ließen ihr Vieh, ebenso wie vor ihnen die Missionare, in der freien Wildnis zurück. 1836 erklärte die nunmehr selbständige Republik von Texas das wildlebende Vieh zum öffentlichen Eigentum und verschaffte damit ihren ehrgeizigen Bürgern eine wohlfeile wirtschaftliche Starthilfe (ebd., 208). Man sagt den Texanern nach, daß sie »ihre Viehwirtschaft nicht aufbauten, sondern einfach übernahmen« (Dobie 1941, 11f. u. 27f.).

Während des Bürgerkrieges besetzten die Truppen des Nordens den Mississippi und stoppten die Lieferung texanischer Rinder an die Soldaten der Konföderation. Die Zahl der Langhornrinder verdoppelte sich, und als nach Beendigung des Krieges Einwanderer aus den Südstaaten ins Land kamen, um in den Grenzgebieten von Texas ein neues Leben zu beginnen, fanden sie Rinder vor, wohin sie auch sahen. Der Krieg hatte unterdessen die Herden in den Südstaaten dezimiert. Der Viehbestand in den nördlichen und mittleren Atlantikstaaten war durch den Bedarf der Unionstruppen erheblich geschrumpft. Nun richtete sich die Aufmerksamkeit des Landes auf das texanische Langhorn.

Das charakteristische Merkmal der spanischen Langhornrinder war ihre hochgradige »Mobilität« (Boorstin 1974, 29). Schnell, ruhelos und immer in Bewegung, waren sie die Verkörperung des amerikanischen Pioniergeistes. Sie weideten, dem saftigen Grün des Landes folgend, die wilden Grasflächen ab. Von der texanischen Küstenebene aus wurden sie dann zu den Schlachthöfen von New Orleans und Kansas getrieben (Slatta 1990, 19). Mancher Rancher nahm die Mühe des langen Weges von Texas nach Iowa und Illinois auf sich, um seine Rinder zu den Märkten im Norden zu treiben. Aber der Weg durch die mittleren Regionen des Landes war trotz der außergewöhnlichen Mobilität der Rinder viel zu gefährlich und zu lang. Die Strapazen des langen Marsches, Naturgewalten und Überfälle durch Banditen forderten ihren Tribut; am Ziel waren die Herden zusammengeschrumpft und die Tiere oft halb verhungert.

Der Transport texanischer Rinder zu den Kunden im Norden wurde zur Herausforderung. Die Lösung fand sich, als der junge Viehhändler Joseph McCoy aus Illinois auf die Idee kam, eine Verbindung zwischen den Rindern aus Texas und der Eisenbahn im Osten, die ihr Netz gerade in die Randgebiete der Prärien ausdehnte, herzustellen. Er überzeugte die Union Pacific Eisenbahngesellschaft, an der abgelegenen Bahnstation von Abilene Rangiergleise zum Verladen von Vieh zu bauen und ihm für jede Waggonladung Rinder eine Provision zu zahlen. Auf sein Betreiben hin wurde die Einfuhr von Vieh nach Illinois durch eine Gesetzesänderung gestattet, und am 5. September 1867 gingen in Abilene die ersten zwanzig Waggons mit Rindern auf die Reise nach Osten. 1871 waren es bereits 700.000 Langhornrinder im Jahr, die die Fahrt zu den Schlachthöfen von St. Louis und Chicago antraten.

In den 70er Jahren des 19. Jahrhunderts expandierte der neue Nord-Süd-Rinderkomplex. Der Bedarf an Fleisch, Talg und Häuten schien grenzenlos. Im Norden entstanden in der Wiederaufbauphase nach dem Bürgerkrieg große Industrien. Die städtische Mittelschicht und die Arbeiterklasse lebten im Nachkriegswohlstand und verlangten nach mehr Rindfleisch. Schon bald reichte der texanische Viehbestand zur Befriedigung der wachsenden Nachfrage nicht mehr aus, und die Rancher waren gezwungen, neue Weiden für weitere Herden zu suchen. Es boten sich die westlichen Ebenen an.

Die Prärien reichten von Texas über Oklahoma, Kansas und Arizona bis nach Nord- und Süddakota, Montana und Wyoming hinauf, im Westen über Arizona und New Mexico bis nach Idaho, Kalifornien und Oregon. Die westlichen Ebenen waren meist baumlos, abgesehen von Pappeln und niedrigem Gehölz an den Ufern der Flüsse und am Fuße der sanft geschwungenen Hügel, die hier und da die Landschaft durchziehen. Bewachsen mit Dutzenden von Grasarten, niedrigen Sträuchern und Blumen, dehnten sie sich aus wie ein gewaltiger grüner Ozean. Die Wildgräser der westlichen Prärien waren einzigartig und den Grassorten im Osten insofern vorzuziehen, als sie dürrebeständig waren und nicht für den Winter in Scheunen getrocknet werden mußten. Sie trockneten direkt am Erdboden und boten so einen natürlichen Vorrat an nahrhaftem Heu für den Winter. Bedauerlich aus der Sicht der Viehzüchter war nur, daß diese verlockenden Grasebenen der angestammte Lebensraum von Büffeln und Indianern waren. Solange diese nicht von ihrem Land wichen, standen die Prärien der Ausbeutung durch den sich herausbildenden Rinderkomplex nicht offen.

Die Viehzüchter verschworen sich mit Bankiers, Eisenbahnern und der US-Armee zu einem systematischen Ausrottungskampf gegen die Büffel der westlichen Prärien. Die Aufgabe, die sie sich vorgenommen hatten, war gewaltig. Die Ebenen waren schwarz von Büffelleibern. Herden mit Zehntausenden von Tieren waren keine Seltenheit (Webb 1931, 44).

Wenige Jahre später waren die Büffel in den westlichen Prärien, die Jahrtausende ihr Lebensraum gewesen waren, bis auf das letzte Tier ausgerottet. An ihrer Stelle weideten 600.000 Hausrinder friedlich auf dem kurzen Gras, das zuvor die gewaltigen Büffelherden genährt hatte.

Wenn auch das Massenschlachten der Büffel in vielen Geschichtsbüchern als sinnloser, aus einer Laune heraus begangener Akt verharmlost wird, weisen die Tatsachen doch auf eine klar erkennbare politische Zielsetzung hin, nämlich systematisch den Büffel durch das Hausrind, den Indianer durch den Cowboy zu ersetzen. Anfang der 80er Jahre des 19. Jahrhunderts war die Nahrungsgrundlage der Indianer so gründlich vernichtet, wie es sich die kühnste Phantasie des Weißen nicht zu erträumen gewagt hätte (McHugh 1972, 279).

Die Indianer sollten sich niemals von diesem raschen und tödlichen Schlag gegen ihre Lebensgrundlage erholen. Die Stämme der westlichen Prärien hatten über Jahrtausende hinweg in einer beständigen Symbiose mit dem Büffel der Great Plains gelebt. Sie hatten ihn gejagt und immer nur soviele Tiere getötet, wie sie benötigten, um sich mit Nahrung, Kleidung und Häuten für ihre Zelte zu versorgen. Die Büffel waren ihre Lebensgrundlage, wie es die Rinder für zahlreiche europäische Völker waren. Indem die Weißen diese Lebensgrundlage zerstörten, gewannen sie die blutigen Vertreibungskämpfe in kürzester Zeit. Der Hunger zwang die überlebenden Indianer der westlichen Prärien, sich zu unterwerfen, und zu Beginn der 80er Jahre waren die meisten Stämme in Reservate deportiert, wo sie sich der Kontrolle der Regierungsvertreter und des Militärs nicht entziehen konnten. Ihrer Hauptnahrungsquelle beraubt, waren sie nun vollkommen abhängig von der staatlichen Lebensmittelversorgung. Diese unmündig gemachten Menschen zu ernähren, wurde zur wichtigen Aufgabe der Regierung und zum vielversprechenden Geschäft für die erstarkenden Viehzüchter im Westen. Die ehemaligen Büffeljäger der Prärien gehörten nun zu den neuen Rindfleischkonsumenten des nordamerikanischen Westens.

Aber damit nicht genug: Kühn geworden durch den wirtschaftlichen Erfolg, gingen die Viehzüchter noch einen Schritt weiter und eigneten sich auch die Landstriche an, die den Indianern als Reservate vorbehalten waren. Die Rancher betrachteten die von Büffeln und Ureinwohnern »befreiten« Prärien als öffentliches Eigentum und sich selbst als »geduldete Pächter« (Frink et al. 1956, 13). In jenen ersten Jahrzehnten übte die Regierung noch keine Kontrolle über staatliches Land aus, so daß den Viehzüchtern viele Millionen Hektar »freies Grasland« als Weiden für ihre Rinderherden zur Verfügung standen.

Als die Kunde vom wohlfeilen Gras der westlichen Prärien nach Osten drang, begannen die Gelder von Investoren westwärts zu fließen, zuerst zögernd, dann immer stärker. Buchstäblich über Nacht interessierte man sich für das Grasland der Great Plains. In der »großen amerikanischen Wüste« waren Reichtümer zu verdienen. Alles sprach nur noch von Rindfleisch. Einwanderer machten sich auf den Treck gen Westen, um sich ihren Teil an den grünen Goldpfründen zu sichern. Bankiers schickten ihre Vertreter zu Geschäftsverhandlungen. Eine neue Art von »Rinderfieber« erfaßte das Land; die Amerikaner hatten sich in den Kopf gesetzt, das größte Rinderimperium der Weltgeschichte zu errichten.

Nirgendwo war das Interesse an den westlichen Prärien so groß wie in England. Die Briten, Europas größte Fleischkonsumenten, verfügten durch ihre erblühende Kolonialmacht und ihre Entwicklung zur Industrienation über erhebliche Kaufkraft. Schottland und Irland konnten die Fleischnachfrage nicht mehr befriedigen. Als auch noch eine Milzbrandepidemie sich, vom europäischen Festland kommend, in den 60er Jahren über Schottland und Irland ausbreitete und die Rinderherden dahinraffte, war die Folge ein weiteres Ansteigen der Preise für das ohnehin knapp gewordene Rindfleisch auf dem heimischen Markt.

Die Briten bemühten sich um zusätzliche Fleischlieferungen aus Nord- und Südamerika. Lebendes Vieh und gepökeltes Rindfleisch wurden von 1860 an in immer größeren Mengen nach England verschifft. Dennoch reichte der Nachschub nicht aus. Die Erschließung der Prärien im nordamerikanischen Westen erwies sich daher als ein außergewöhnlicher wirtschaftlicher Glücksfall und als eine technologische Herausforderung. Hier lag das Weideland, das der britischen Nachfrage nach Rindfleisch gerecht werden konnte. Die Frage war nur, wie eine effektive Verbindung zwischen den Weiden im amerikanischen Westen und den 8.000 Kilometer weiter östlich lebenden britischen Konsumenten zustande gebracht werden konnte.

Eine Lösung dieses Problems zeichnete sich zehn Jahre später ab mit der Ausdehnung des Eisenbahnnetzes nach Westen, mit der Erfindung neuer Gefriertechniken und dem Zustrom von Investitionskapital aus dem Ausland. Beim Bau der transkontinentalen Eisenbahnlinien Nordamerikas in den 70er und 80er Jahren des 19. Jahrhunderts spielten britische Unternehmen eine maßgebliche Rolle. Die Scottish American Investment Company Limited aus Edinburgh investierte einige Millionen Dollar in den Eisenbahnbau (Frink et al. 1956, 137). Der Rindertransport wurde zur wirtschaftlichen Grundlage des mit britischem Kapital finanzierten Eisenbahnsystems. Zur selben Zeit, als das Schienennetz durch die westlichen Prärien verlegt wurde, ermöglichten technische Neuerungen zum ersten Mal die Verschiffung von frischem Fleisch über den Atlantik. Kühlschiffe bildeten das notwendige technologische Verbindungsglied für den euro-amerikanischen Rinderkomplex des kommenden Jahrhunderts.

Britische und schottische Bankhäuser begannen um 1880 herum mit der wirtschaftlichen Eroberung der westlichen Prärien. Sie gründeten gigantische Viehbetriebe und sicherten Millionen von Hektar besten Graslandes für den englischen Markt. Während amerikanische Pioniere und Armeesoldaten den Westen für die wirtschaftliche Exploration sicher machten, finanzierten englische Lords, Anwälte, Bankiers und Kaufleute die Ausdehnung des britischen Rinderimperiums bis tief in die westlichen Prärien hinein. Bis zur Mitte der 80er

Jahre hatten britische Kapitalinteressen die Oberhand in den Viehzüchtervereinigungen gewonnen, und der Westen war praktisch zum kolonialen Außenposten des Britischen Empire geworden (Frink et al. 1956, 227). In der amerikanischen Öffentlichkeit begann sich Unzufriedenheit mit der Usurpation des Westens durch die Briten breitzumachen. Die englandfeindliche Stimmung erreichte im Sommer 1884 ihren Höhepunkt, als sowohl der demokratische als auch der republikanische Parteitag die Forderung nach einer Beschränkung für »ausländischen Grundbesitz« in den Vereinigten Staaten in das Programm ihrer Wahlkampagnen setzten.

Im selben Jahr wurde dem Repräsentantenhaus ein Gesetzentwurf vorgelegt, mit dem Engländern und anderen Europäern der Landkauf im amerikanischen Westen künftig unmöglich gemacht werden sollte. Man befürchtete, daß ein weiterer Ausverkauf der amerikanischen Grasebenen an »ausländische Adlige« zu einem »Grundbesitzsystem führen« müsse, das »nicht mit den Grundsätzen und freien Institutionen der Vereinigten Staaten zu vereinbaren« sei. Nachdrücklich wurde diese neue Form des »Grundbesitzes durch Abwesende« abgelehnt (zit. n. ebd., 231f.).

Weder der öffentliche Protest noch die lautstark geäußerten Bedenken des Kongresses konnten den Strom britischer Investitionen im amerikanischen Westen eindämmen. Um 1885 war ein Großteil des amerikanischen Westens im Besitz von britischen und schottischen Bankiers und Geschäftsleuten sowie einer Vielzahl englischer Adliger. Die Briten brachten nicht nur ihr Kapital mit, sondern auch ihre Vorliebe für fettes Fleisch. Der britische Verbraucher bestand auf üppigen, durchwachsenen Fleischstücken. Um diesem Bedürfnis nachzukommen, dachten sich die britischen Rinderbarone des amerikanischen Westens einen genialen Plan aus. Erstmals in der Geschichte der Agrarwirtschaft vereinigten sie Viehzucht und Getreideanbau zu einer Produktionsgemeinschaft, einer Symbiose, die das landwirtschaftliche System und die Basis der Nahrungsmittelverteilung für zukünftige Generationen grundlegend verändern sollte.

Bereits in den 30er Jahren des 19. Jahrhunderts hatten amerikanische Bauern im Mittelwesten damit begonnen, überschüssiges Getreide an ihre Rinder zu verfüttern. Wegen seiner ungewöhnlichen topographischen Beschaffenheit war das Ohio-Tal zum Versuchslaboratorium für das neue unternehmerische Mastkonzept geworden. Der fruchtbare Boden und das Klima begünstigten den Anbau von Mais. Der benachbarte Norden Indianas dagegen eignete sich wenig für den Maisanbau, bot sich aber als ideales Weideland an. Im Ohio-Tal wurde um 1830 ein solcher Überschuß an Mais produziert, daß gewitzte Bauern und Geschäftsleute auf die Idee kamen, das Vieh von Indiana über die Staatsgrenze nach Ohio zu treiben, um es mit Mais zu mästen, bevor es zu den Schlachthöfen von Cincinnati gebracht wurde. Das Miami-Tal im Südwesten Iowas und das Zentralland von Kentucky bildeten die ersten großen Viehfutterregionen. Als die Bevölkerungsdichte zunahm und immer mehr öffentliches Land unter den Ackerpflug kam, waren die Viehzüchter gezwungen, ihre Herden immer weiter westwärts in das offene Grasland von Illinois und Iowa zu treiben (Ross 1980, 194). Auch der Maisanbau dehnte sich, der neuen Symbiose von Weidegras und Futterpflanze folgend, nach Westen aus. Am Vorabend des Bürgerkrieges gelangte ein steter Strom von Rindern von Iowa nach Illinois, wo sie vor dem Transport zu den Schlachthöfen von St. Louis und Chicago mit Mais gemästet wurden.

Das Beispiel dieser Symbiose überzeugte die Briten, deren Vorliebe sich rasch von den irischen und schottischen Rindern der Heidelandschaften den gras- und maisgemästeten Kühen Amerikas zuwandte. Bereits 1880 stammten 90 Prozent der englischen Rindfleischimporte aus Amerika (Frink et al. 1956, 235; Harris/Ross 1987, 38). Genau zu diesem Zeitpunkt traten die britischen Kapitalgeber auf den Plan. Sie kauften einen Großteil der Prärieflächen und Viehbetriebe auf und investierten enorme Summen in den maisproduzierenden Staaten. Das neue symbiotische Agrarkonzept sollte schon bald die landwirtschaftlichen und ökonomischen Beziehungen der Nationen verändern und letztendlich katastrophale Folgen für die Ökologie des gesamten Planeten haben.

Der Bedarf der Engländer an fettem Fleisch, der Wunsch der Viehzüchter im Westen, für ihre Prärierinder Spitzenpreise zu erzielen, und die Nachfrage der Bauern im Mittelwesten nach Vieh, an das sie ihren Maisüberschuß verfüttern konnten, sowie das Interesse der britischen Investoren, aus ihrem Kolonialgeschäft in den Vereinigten

Staaten einen möglichst hohen Nutzen zu ziehen, all diese Faktoren bildeten zusammen die Grundlage für den neuen euroamerikanischen Rinderkomplex. Was mit der sonderbaren Vorliebe der Briten für fettes Fleisch begonnen hatte, entwickelte sich allmählich zu einer Wirtschaftsbeziehung, die beispiellos in der Geschichte der Agrarwirtschaft ist.

Nach 1900, als das Vieh zunehmend mit Mais gemästet wurde, begannen sich die fluktuierenden Getreidepreise auf die Fleischpreise auszuwirken. Gleichzeitig beeinflußte die von Jahr zu Jahr wechselnde Viehproduktion und die schwankende Fleischnachfrage der Verbraucher nachhaltig den Marktpreis für Getreide. Damit war die Symbiose beinahe vollkommen. Tatsächlich wurde der Getreidemarkt so abhängig von der Viehwirtschaft, daß »die Getreidepreise ohne den Wiederkäuermarkt drastisch gefallen wären« (Ross 1980, 204).

Die amerikanischen Verbraucher übernahmen allmählich die Vorliebe der Engländer für fettes Fleisch. Um diese Tendenz zu fördern, führte die US-Regierung ein Bewertungssystem ein, nach dem das Rindfleisch in Güteklassen eingeteilt wurde. Dieses Bewertungssystem wurde 1927 durch das Landwirtschaftsministerium der Vereinigten Staaten (USDA) festgelegt. Es stützte sich auf die Behauptung, daß fettes Fleisch von besserer Qualität sei und von den Konsumenten höher geschätzt werde als mageres. Der britische Fleischgeschmack hatte sich also auch in der US-Regierung durchgesetzt, die ihn zum Qualitäts- und Preisstandard für den amerikanischen Rindfleischmarkt machte. Auf diese Weise trug das USDA dazu bei, den Boden für das nun fast ein Jahrhundert lang bestehende nordamerikanische System der getreideabhängigen Viehwirtschaft zu bereiten.

Heute, hundert Jahre nach der erfolgreichen Verbindung von wildem Präriegras mit dem überschüssigen Getreide des Korngürtels im Mittleren Westen werden auf 42 Millionen Hektar Ackerland 220 Millionen Tonnen Getreide für Rinder und anderes Nutzvieh produziert. Die Getreidemenge, die in den Vereinigten Staaten an das Vieh verfüttert wird, ist doppelt so groß wie die von den Menschen konsumierte (U.S. Department of Agriculture 1991, Tabellen 256-16,6). Weltweit werden etwa 600 Millionen Tonnen Getreide an Vieh, vorwiegend an Rinder, verfüttert (Brown et al. 1990, 12). Würde man die Getreideproduktion der Welt stattdessen dazu verwenden, die Menschen zu nähren, würden davon mehr als eine Milliarde Erdenbewohner satt werden.

Die getreideabhängige Viehwirtschaft hat auf der elementarsten gesellschaftlichen Ebene eine grundlegende Veränderung der sozialen Beziehungen zwischen den Menschen heraufbeschworen. Heute geht es um die Frage des Überlebens, darum, wer zu essen hat und wer nicht, wie das zur Verfügung stehende Land genutzt wird und zu wessen Vorteil.

II

Die Industrialisierung der Rinderwirtschaft

9
Das Rindfleischkartell erfindet das Fließband

In den Jahren nach dem amerikanischen Bürgerkrieg ging die Rinderwirtschaft des Landes ein festes Bündnis mit den mächtigen Konzernen ein, deren Einfluß auf allen sozialen Ebenen spürbar wurde – von der Kontrolle und Nutzung des Landes und der Rohstoffe bis zur Produktion der Nahrungsmittel und deren Verteilung an die verschiedenen Bevölkerungsgruppen und -schichten. Nachdem wir also die Kräfte, die das Land für die Rinderwirtschaft kolonisierten, beleuchtet haben, sollen nun diejenigen Menschen und Unternehmen vorgestellt werden, die sich die Macht über die Verteilung der Fleischerzeugnisse in Amerika sicherten.

Gleichzeitig mit der Konsolidierung der Kontrolle über Weideland und Kornfelder in den 70er und 80er Jahren des 19. Jahrhunderts etablierte sich in den Städten Chicago, St.Louis, Cincinnati und Kansas City, den Zentren der fleischverarbeitenden Industrie Amerikas, eine weitere Machtkonzentration. Eine neue Generation vorwiegend amerikanischer Geschäftsleute und Unternehmer sicherte sich quasi im Handstreich die Kontrolle über die Schlachthöfe, die Eisenbahnverbindungen und die Umschlagplätze. Sie wurden damit zu den alleinigen Vermittlern zwischen den Rinderhaltern im Westen und Mittelwesten und den Käufern der Fleischprodukte im Osten und im Ausland. 1850 wurde in den Vereinigten Staaten Rindfleisch im Wert von 12 Millionen Dollar verarbeitet. Schon siebzig Jahre später betrug der Umsatz der Rindfleischindustrie 4,2 Milliarden Dollar. Sie leistete damit einen entscheidenden Beitrag zum Bruttosozialprodukt und war im übrigen der zweitgrößte Arbeitgeber des Landes (Skaggs 1986, 90).

Das Rindfleisch war König in Amerika, und eine Handvoll Firmen kontrollierte die fleischverarbeitende Industrie. Den Erfolg verdankten diese Unternehmen ihrem Geschick, sich die neuen Kühltechniken beim Eisenbahntransport zunutze zu machen, die Konkurrenz auszuschalten und den Markt zu monopolisieren. Ebenso wie die Gefrierschiffe, die den Atlantik überquerten, revolutionierten auch die Kühlwaggons der Eisenbahn die Fleischindustrie. Indem sie die Rinder in Chicago schlachteten und erst das fertig zugeschnittene Fleisch verschickten, sparten die Unternehmer Millionen an Transportkosten ein. Jedes Rind, das den Weg in den Osten lebend antrat, war zu 60 Prozent wirtschaftlich wertloser Ballast, der die Kosten in die Höhe trieb. Für das Geld, das erforderlich war, um ein lebendes Rind zu transportieren, konnten jetzt drei zerlegte Tiere verschickt werden (ebd., 91ff.).

In den Jahren zwischen 1869 und 1890 setzten sich auf dem Markt fünf große Anbieter durch, die später als das »Rindfleischkartell« bekannt wurden: Gustavus Swift, Philip und Simeon Armour, Nelson Morris, die Cudahy Packing Company und Schwarschild and Sulzberger (später Wilson & Company).

Zu Beginn des Ersten Weltkrieges kontrollierten diese fünf Unternehmen zwei Drittel des Frischfleischverkaufs in den Vereinigten Staaten und die Hälfte der gesamten Rindfleischproduktion (ebd., 96ff.). Wie die britischen und amerikanischen Rinderbarone, die ihren Raubzug über die Grasebenen mit einer Mischung aus Hinterlist und Gewalttätigkeit angetreten hatten, taten sich die Fleischfabrikanten von Chicago unter Mißachtung der Gesetzesvorschriften zusammen, um die Preise abzusprechen und den Markt zu manipulieren. Selbst nach der Verabschiedung eines Antitrustgesetzes schlugen die Fleischunternehmer von Chicago alle Aufforderungen und Warnungen der Regierung in den Wind und setzten ihre ungesetzlichen Aktivitäten fort.

Nachdem der Oberste Gerichtshof der Vereinigten Staaten 1903 eine Verfügung gegen das Kartell erlassen hatte, gründeten drei der fünf Fleischriesen – Armour, Morris und Swift – einen neuen Konzern mit dem Namen National Packing Company, um den Buchstaben des Gesetzes umgehen zu können. Dieses neue Unternehmen strebte die Übernahme der gesamten amerikanischen Lebensmittelindustrie an und begann, seine direkten Konkurrenten und verwandte Branchen aufzukaufen. Bereits 1911 stellte es ein solches Machtpotential dar, daß es in der Presse als »größtes Kartell der Welt« bezeichnet wurde (zit. n. ebd., 100f.).

Obwohl die National Packing Company mehrere Strafanträge der Regierung erfolgreich abwehren konnte, wurde sie 1913 aufgelöst, allerdings erst, nachdem ein anderer Fleischkonzern, diesmal von internationaler Zusammensetzung, gegründet war. Armour, Swift, Morris und Sulzberger schlossen sich mit britischen und südamerikanischen Gesellschaften zusammen, um »den Vertrieb von Fleischwaren in den Vereinigten Staaten und nach Europa zu kontrollieren«. Zu diesem Zeitpunkt unterhielten die fünf Fleischriesen Niederlassungen in Brasilien, Argentinien und Uruguay und belieferten von dort aus Europa und Nordamerika (ebd., 105).

Gegen Ende des Ersten Weltkrieges hatte das Fleischkartell die Wirtschaft der Vereinigten Staaten in der Hand. Staatlichen Untersuchungen zufolge besaß es Anteile an Viehzuchtbetrieben, Güterbahnhöfen, Eisenbahngesellschaften, Viehhöfen, Maschinenfabriken, Lagerhäusern, Baugesellschaften, öffentlichen Versorgungsbetrieben, Verlagshäusern, Sportartikelfirmen, Banken und Hunderten von anderen Geschäften – mit einem Gesamtkapital von mehreren Milliarden Dollar (ebd., 102f.).

Auch wenn die fünf Riesen sich 1920 aufgrund einer Verordnung von einem Großteil ihrer Firmenanteile in der Fleischindustrie und in anderen Geschäftsbereichen trennen mußten, hatten Armour und Swift schon 1935 die Kontrolle über 61 Prozent des Fleischhandels im Lande zurückgewonnen. 1957 stellte ein Kongreßbericht fest, daß »die Konzentration in der fleischverarbeitenden Industrie ebenso groß ist wie vor der Verordnung« (Ross 1980, 208).

Gleich mit Beginn der Industrialisierung waren die fleischverarbeitenden Konzerne in den Vereinigten Staaten maßgeblich am Gepräge der amerikanischen Wirtschaft beteiligt. In den Jahrzehnten nach dem Bürgerkrieg und in der ersten Hälfte des 20. Jahrhunderts waren sie die allgegenwärtige Macht, die die kapitalistische Entwicklung des Landes diktierte. Mit ihrer Unternehmensführung, ihren

Vertriebspraktiken und ihrer Haltung gegenüber staatlichen Instanzen setzten die Fleischriesen Maßstäbe für das amerikanische Wirtschaftsgeschehen des 20. Jahrhunderts. Ihr Einfluß erstreckte sich auf alle Bereiche des modernen Geschäftslebens. Aber nirgendwo machte er sich so einschneidend bemerkbar wie im Produktionsprozeß selbst.

Das neue »industrielle« Denken ging wesentlich von den Union-Schlachthöfen in Chicago aus. Während die Wirtschaftswissenschaftler ihre Theorien über die Anfänge der amerikanischen Industrialisierung vor allem an der Stahl- und Automobilindustrie orientierten, kamen in Wirklichkeit viele der bedeutendsten technischen Erfindungen erstmalig in den Schlachthöfen zum Einsatz. Neben dem gigantischen Fleischverarbeitungskomplex im Süden Chicagos nahmen sich die meisten anderen Fabriken dieser Zeit zwergenhaft aus. Die riesige Anlage erstreckte sich über eine Fläche von mehr als zweieinhalb Quadratkilometern. Unternehmen wie Armour und Swift beschäftigten in ihren Anlagen innerhalb des Komplexes 5.000 und mehr Arbeitskräfte (Barrett 1987, 56). Bereits 1886 war der Schlachthofkomplex mit einem Schienennetz von über 170 Kilometern Länge umgeben, und aus den Eisenbahnwaggons strömten, Ladung um Ladung, die Langhornrinder aus dem Westen in die unzähligen Pferche (Giedion 1982, 241).

Die Schlachtbetriebe waren der erste Industriezweig in Amerika, in dem automatische Bandanlagen eingerichtet wurden. Um mit der Flut von Rindern Schritt zu halten, die täglich per Eisenbahn aus den Great Plains eintrafen, und um die Fleischnachfrage aus dem Osten und dem Ausland zu befriedigen, kamen die Branchenriesen auf den Gedanken, den Schlachtvorgang durch eine neue technische Erfindung, das Fließband, zu rationalisieren. In einer Publikation, die mit finanzieller Unterstützung einer der Firmen zustande gekommen war, wurde der Vorgang beschrieben:

»Das Schlachttier wandert, kopfüber an einer Laufkette oder einem Fließband aufgehängt, von Arbeiter zu Arbeiter, deren jeder einen bestimmten festgelegten Handgriff im Produktionsprozeß ausführt.« (Zit. n. Adams 1990, 52)

Durch den Einsatz des Fließbandes konnte ein Tier in kürzester Zeit getötet, zersägt, gereinigt und in handelsübliche Stücke zurechtgeschnitten werden. Früher wurde das Rind betäubt und abgestochen, dann ließ man es zum Ausbluten am Boden liegen. Drei Männer waren vonnöten, um das tote Tier auf einen Querträger zu wuchten, von dem dann der Kopf herunterhing. Das ganze hatte oft bis zu einer Viertelstunde gedauert. Im ersten Jahrzehnt des 20. Jahrhunderts konnte ein einziger Mann siebzig Tiere in der Minute hochhieven, indem er »einfach die Schellen um eines der Hinterbeine schloß; alles übrige wurde dann mit Dampfkraft erledigt« (Barrett 1987, 24). Henry Ford schrieb später in seinen Erinnerungen, daß die »Idee (für das Montageband in der Automobilproduktion) ganz allgemein von dem Deckenlaufband, das in den Chicagoer Fleischfabriken zum Zerlegen der Tiere verwendet wurde, inspiriert war« (zit. n. Nevins 1954, 471f.).

Die Tatsache, daß beim Schlachten der Tiere die Arbeiter durch Maschinen ersetzt wurden, brachte einen neuen Umgang mit anderen Lebewesen mit sich – eine zunehmende Versachlichung des Tötens. Zum ersten Mal wurden Maschinen zur Beschleunigung des Massenschlachtens eingesetzt, und der Mensch sah sich zum bloßen Komplizen gemacht, der sich dem Tempo und den Vorgaben des Fließbandes anzupassen hatte.

Auf das unpersönliche, mechanische Töten anspielend, bemerkte der Historiker Sigfried Giedion:

> »Was an diesem massenweisen Übergang vom Leben zum Tod erschütternd wirkt, ist die vollkommene Neutralität des Aktes... Es geschieht alles so rasch und ist so geschmeidig in den Produktionsvorgang eingegliedert, daß kein Gefühl aufkommt... Man spürt nichts mehr, man empfindet nichts mehr; man beobachtet nur.« (Giedion 1982, 276)

Mit dem Fließband hielt die moderne industrielle Produktion ihren Einzug: Arbeitsteilung, ununterbrochener Produktionsfluß, Massenproduktion und vor allem Effizienz. Das Rind war um eine weitere Stufe degradiert worden. Entweiht und zerstückelt, wurde dieser Inbegriff transzendentaler Zeugungskraft durch die neuen Hohepriester der Leistungsgesellschaft – Gustavus Swift, Philip Armour und ihresgleichen – zu einer standardisierten Produktionseinheit gemacht. An Ketten hochgezogen und an Schienen festgehakt, so wurden diese edlen Kreaturen, die man in den ersten Jahrtausenden der bekannten Geschichte in der westlichen Kultur in Ehren gehalten hatte, von Station zu Station transportiert, aufgeschnitten, zerhackt, zerteilt, zerkleinert und umgeformt, bis sie am Ende des Bandes als unkenntliche, an keinen Körper mehr erinnernde Fleischstücke herauskamen.

Es kann nicht verwundern, daß es den Historikern späterer Zeiten angenehmer war, die Vorzüge des Montagebandes und der Massenproduktion am Beispiel der Automobilindustrie hervorzuheben. In den automatisierten Schlachthallen von Chicago war der Geruch des Todes, das Klirren der von den Deckenbändern herunterhängenden Ketten, das Gedränge ausgeweideter Tiere, die in endloser Prozession vorüberschaukelten, so betäubend, daß auch die Begeisterung des überzeugtesten Befürworters der neuen Produktionskonzepte gedämpft wurde.

Die Fließbandarbeiter wurden miserabel bezahlt, die Arbeitsbedingungen hätten einem Roman von Dickens entstammen können. Die Männer mußten in schwach erleuchteten Räumen mit mangelhafter Belüftung und noch mangelhafteren sanitären Einrichtungen arbeiten. Oft standen sie in Pfützen aus Schmutzwasser und Blut. In den ersten Jahren gab es weder Kantinen noch eine medizinische Versorgung in den Schlachthöfen. Die Arbeiter schlangen ihr Mittagessen meistens in der Nähe ihres Arbeitsplatzes in aller Eile hinunter, umgeben vom Gestank sterbender Tiere, von Gliedmaßen und zerschnittenen, zersägten und zerteilten Tierleibern.

Immer wieder kam es zu Schnittverletzungen, die sich die Betroffenen, in Ermangelung irgendwelcher medizinischer Einrichtungen, schlecht und recht selbst verbinden mußten, ohne daß deshalb der Produktionsprozeß am Band aufgehalten worden wäre. Die Fleischverarbeitung war der Industriezweig mit dem höchsten Prozentsatz an Infektionen und anderen Erkrankungen. In den Kühlräumen holte man sich Lungenentzündung und Tuberkulose. Allein bei Swift in Chicago starben zwischen 1907 und 1910 dreizehn Menschen an einer dieser beiden Krankheiten (Skaggs 1986, 110).

Das Fließband nahm den gelernten Schlachtern ihre Unabhängigkeit und ihre Arbeitsplätzee. Nachdem das Schlachten in geistlose Handgriffe aufgeteilt worden war, die keine Ausbildung, sondern höchstens eine oberflächliche Einweisung erforderten, wurden die Arbeitsplätze am Band mit Arbeitern aus dem großen Heer der Einwanderer und Schwarzen besetzt. Um 1910 waren nahezu alle Metzgermeister aus den Schlachthäusern Chicagos verschwunden. An ihre Stelle waren Gruppen von über 150 Männern getreten, von denen jeder einen festgelegten Handgriff immer und immer wieder ausführte. Die Effizienz der neuen Produktionstechnik, die die Arbeitsteilung fast zur Wissenschaft erhob, fand staunende Bewunderung. »Man kann sich kaum einen anderen Industriebereich vorstellen, in dem die Arbeitsteilung so genial und minutiös ausgeklügelt ist«, bemerkte der Wirtschaftswissenschaftler John R. Commons. »Das Tier ist vermessen und kartographiert wie eine Landkarte.« (Commons 1905, 224)

Indem sie die Arbeitsgänge in immer kleinere Schritte aufteilten, hofften die Unternehmensführungen, den Beschäftigten endgültig jede Entscheidung über Ausführung und Tempo ihrer Arbeit zu entziehen und gleichzeitig den Produktionsprozeß zu beschleunigen. Ihre Rechnung ging in jeder Hinsicht auf. In einer firmeneigenen Publikation wurde das neue Schlachtkonzept so erläutert:

»Bei der Rinderschlachtung ist kein Platz für besondere individuelle Fähigkeiten. Der Arbeiter entscheidet nicht, wo oder wie er einen Schnitt ansetzt; er sieht sich nicht das Tier an, um daraufhin eine entsprechende Entscheidung zu treffen. Alle Schnitte sind vorgeschrieben; dafür gibt es ganz exakte Anweisungen.« (Zit. n. Grossman 1982, 254)

Ein Handelsblatt pries die Einführung des automatisierten Fließbandes durch Armour im Jahre 1908:

»Die Leute gehen nicht mehr zur Arbeit, sondern die Arbeit kommt zu ihnen. Sie müssen ihre Arbeit kontinuierlich und akkurat verrichten, denn sie kommt in ununterbrochener Folge. Und jeder muß seine Aufgabe in der vorgeschriebenen Zeit erledigen oder einsehen, daß er fehl am Platz ist.« (*National Provisioner*, 5. Dez. 1908)

Menschenunwürdig behandelt und gezwungen, unter gefährlichen und höllischen Bedingungen zu arbeiten, wehrten sich die Beschäftigten der Schlachthöfe schließlich und forderten bessere Arbeitsbedingungen und höhere Löhne. 1904 und 1921 legten in großen Streiks mehr als 50.000 Fleischarbeiter die Arbeit nieder. Die Auseinandersetzungen zwischen den sich organisierenden Gewerkschaften und dem Rinderkartell gehören zu den blutigsten Arbeitskämpfen Ende des 19. und Anfang des 20. Jahrhunderts.

10
Moderne Fleischwirtschaft

Veränderungen in der Fleischindustrie nach dem Zweiten Weltkrieg ermöglichten es Branchenneulingen, die seit langem bestehende Vorherrschaft der fünf großen Unternehmen zu unterwandern. Die Namen der Branchenführer änderten sich, aber betrügerische Machenschaften und Korruption bestimmten weiterhin die Geschäftspraktiken.

Durch den kometenhaften Aufstieg der Mast-»Fabriken« in den 50er und 60er Jahren, die Automatisierung des Schlachtvorgangs und die zunehmende Vorliebe der Verbraucher für abgepacktes Fleisch gewannen aggressiver operierende Unternehmen allmählich die Oberhand. Viele dieser aufstrebenden neuen Gesellschaften wählten als Standort für ihre Fleischfabriken die Nachbarschaft kommerzieller Mastbetriebe in ländlichen Gegenden. Auf diese Weise hatten sie geringere Transportkosten und profitierten von dem großen Reservoir billiger, gewerkschaftlich nicht organisierter Arbeitskräfte auf dem Lande. Die alteingesessenen Branchenriesen, in die Knie gezwungen durch einen überalterten Maschinenbestand, in die Höhe schießende Transport- und Lohnkosten, waren außerstande, mit den Emporkömmlingen länger zu konkurrieren.

1970 schlossen die traditionsreichen Union-Schlachthöfe im Süden Chicagos ihre Pforten, ein deutlicher Hinweis auf den Erfolg der neuen Strategie der Dezentralisation in der fleischverarbeitenden Industrie (Skaggs 1986, 9). Der Transport mit Lastwagen über die Interstate-Autobahnen löste weitgehend den mit Eisenbahnwaggons ab, und die Schlachtanlagen lagen nun verstreut über die Staaten des mittleren Westens und der Great Plains. Von den ursprünglichen großen Fünf konnte lediglich Swift seine führende Stellung behaupten. Alle anderen mußten forscheren und aggressiveren Firmen wie Iowa Beef und Excel das Feld räumen, die nach dem Zweiten Weltkrieg den brachliegenden Markt der Fleischindustrie stürmten.

In den 60er Jahren war die Firma Iowa Beef Packers (IBP) zum größten fleischverarbeitenden Unternehmen im Lande geworden. IBP ging einen Schritt weiter als die ersten Fleischunternehmer, die, um Kosten einzusparen, Tierhälften anstelle von lebenden Rindern verschickt hatten; das Unternehmen verlud nun fertig zugeschnittene abgepackte Fleischstücke anstelle von Tierhälften. Dies kam auch den Erfordernissen der Supermarktketten entgegen, die überall in den Einkaufszentren der Vororte an den neugebauten Schnellstraßen entstanden. Sie sparten dadurch Lohnkosten, und die Käufer fanden es bequem, ihre Ware unter den abgepackten Stücken selbst auszusuchen. Die Zahl der Einzelhändler unter den Metzgern ging in den 80er Jahren rapide zurück; es gab sie schließlich nur noch als Spezialitätengeschäfte für die gehobene Küche und für die Ausländerviertel in den innerstädtischen Bereichen. Einen zusätzlichen Gewinn konnten sich die neuen Fleischmagnaten dadurch sichern, daß sie Fett und andere beim Schlachten anfallende unverkäufliche Bestandteile der Tiere zurückbehielten und zur Herstellung von Nebenprodukten verwerteten.

IBP sparte auch durch eine offensive gewerkschaftsfeindliche Politik hohe Kosten ein. Die Firma hatte ihre Niederlassungen in Iowa, Nebraska, Kansas und Texas – in Staaten also, in denen es kaum Gewerkschaften gab – und bekämpfte jegliche gewerkschaftliche Aktivität mit allen ihr zur Verfügung stehenden gesetzlichen und ungesetzlichen Mitteln. Der Erfolg regte in den 60er Jahren andere Branchenneulinge zur Nachahmung an.

Aber die Gewerkschaften setzten sich zur Wehr. 1979 schlossen sich die zwei großen Fleischarbeitergewerkschaften mit der Gewerkschaft des Einzelhandels zur Vereinigten Lebensmittel- und Handelsgewerkschaft (United Food and Commercial Workers Union, UFCW) zusammen. Von dieser neuen Aktionsbasis aus forderte die Gewerkschaft IBP und andere gewerkschaftsfeindliche Unternehmen heraus. 1982 kam es in der IBP-Fabrik in Dakota zu einer erbitterten Konfrontation. Die Gewerkschaft rief zum Streik auf, Ziel war eine Angleichung der Unternehmensverträge an die branchenüblichen Tarife. Die Auseinandersetzung zwischen IBP und der Arbeiterschaft eskalierte, als die Nationalgarde eingesetzt wurde, um »Gewalttätigkeiten an der Streikpostenkette niederzuschlagen« (Krebs 1990, 48 u. 53f.).

Seit Upton Sinclairs packendem Bericht über die Arbeitsbedingungen in den Schlachthöfen der Jahrhundertwende hat sich nicht viel geändert. Die Menschen arbeiten dort immer noch unter Gefahren und unzumutbaren hygienischen Bedingungen. Sie werden noch immer gnadenlos von den Unternehmen ausgebeutet, die die unmenschlichen Arbeitsmethoden in Schlachthallen und Kühlräumen bis heute nicht abgeschafft haben. Die Arbeitsbedingungen sind oft primitiv, ja gespenstisch. Eleanor Kelly von der UFCW bemerkt dazu: »Zustände wie in einer Fleischfabrik gibt es sonst nirgends, es übersteigt Ihre Vorstellung. Es ist wie eine Höllenvision.« (Zit. n. ebd., 60) Unter diesen Umständen ist es kein Wunder, daß manche Betriebe eine Angestelltenfluktuation von bis zu 43 Prozent im Monat haben (ebd., 51).

Viele Unternehmen fördern den dauernden Wechsel ihrer Belegschaft, und bei der Vergabe von unqualifizierten, entwürdigenden und gefährlichen Jobs spielen sie mexikanische Einwanderer gegen asiatische Bootsflüchtlinge aus. Wegen der hohen Fluktuation sind die Firmen vor einer gewerkschaftlichen Organisation ihrer Angestellten sicher.

Die Fluktuation wird auch durch die hohe Verletzungsquote in dieser Branche verursacht. (Lediglich in der Holzwirtschaft weist die Statistik eine höhere Zahl von Verletzungen am Arbeitsplatz auf.) 1988 gab es bei insgesamt 135.000 Beschäftigten in der fleischverarbeitenden Industrie der USA 45.000 Arbeitsunfälle – eine Verletzungsrate, die um das Dreifache über dem Landesdurchschnitt in anderen Branchen liegt. Einer Schätzung der amerikanischen Arbeitsschutzbehörde OSHA zufolge liegt die Verletzungsrate in manchen Betrieben bei 85 Prozent (ebd., 61).

In den vergangenen fünf Jahren sind die Unfallzahlen dramatisch in die Höhe geschnellt. Schuld daran ist die erneute Rationalisierung und Beschleunigung des Produktionsprozesses an den Fließbändern.

Das Tempo ist atemberaubend. Die Arbeiter führen am Tag Tausende von »Schnitten« an Schlachtbändern aus, die bis zu 300 Rinder in der Stunde befördern. An manchen Arbeitsplätzen müssen fünf Schnitte in 15 Sekunden gemacht werden.

Unternehmen wie IBP spielen die Unfallgefahr herunter; sie sehen in der Verletzung eines Beschäftigten einfach einen weiteren Kostenfaktor im Produktionsprozeß. 1987 wurde dem Unternehmen vom Arbeitsministerium ein Bußgeld von 2,59 Millionen Dollar auferlegt, weil es die Unterlagen über Verletzungsfälle und Verstöße gegen die Sicherheit am Arbeitsplatz gefälscht hatte. IBP hatte 1.038 Unfälle am Arbeitsplatz und berufsbedingte Erkrankungen in einer ihrer zahlreichen Fabriken »absichtlich verschwiegen«. 1988 drohte die Arbeitsschutzbehörde der Firma John Morrell & Company wegen »ungeheuerlicher« und »wissentlicher« Verstöße gegen die Sicherheitsauflagen in ihrer Fabrik in Sioux Falls, South Dakota, eine Geldstrafe von 4,6 Millionen Dollar an (ebd., 62; *New York Times*, 29. Okt 1988).

So infernalisch die Arbeitsbedingungen in den Schlachthallen und Kühlräumen der Fleischfabriken sind, so alptraumhaft sind auch die Umstände, unter denen viele der Menschen, die dort beschäftigt sind, leben. Sehr oft liegen die Fleischfabriken in der Umgebung kleiner Städte. Die ausländischen Arbeitskräfte führen, ebenso wie die in der Landwirtschaft beschäftigten Saisonarbeiter, meist ein Wanderleben und ziehen von einer Fabrik zur anderen. Sie leben häufig in überfüllten, verwahrlosten Wohnwagenparks, wo es keine ausreichenden sanitären Einrichtungen gibt. Kindersterblichkeit und Analphabetismus sind in keiner anderen Bevölkerungsgruppe so hoch wie unter den ausländischen Beschäftigten der Fleischindustrie. Nicht selten werden sie in der Gemeinde, in der sie leben, als Außenseiter und Störenfriede betrachtet und diskriminiert.

Die Firma IBP und ihre Konkurrenten machten sich die Masse der armen Landbevölkerung und den Strom der Einwanderer aus Mexiko, Mittel- und Südamerika sowie Südostasien zunutze und bauten ihre Konzernmacht auf dem Rücken dieses Heeres billiger und gewerkschaftlich nicht organisierter Arbeitskräfte auf. 1988 gingen 29 Prozent aller in den Vereinigten Staaten geschlachteten Rinder über die Fließbänder von IBP, und das Unternehmen hatte einen

Marktanteil von 35 bis 40 Prozent am Handel mit abgepacktem Fleisch (ebd., 23).

Aber der Erfolg der Firma IBP ist nicht nur auf die zeitlich günstige Einführung neuer Techniken und die ausbeuterischen Arbeitsbedingungen zurückzuführen. Im Zuge ihres Aufstiegs zum marktführenden Unternehmen kam sie auch wegen anrüchiger Geschäftspraktiken wie Schmiergeldzahlungen ins Gerede. Im September 1974 wurden die Gesellschaft und ihr Gründer und Geschäftsführer C.J. Holman überführt, illegale Absprachen mit einem Vertreter der New Yorker Mafia getroffen zu haben. Durch die Zahlung von Bestechungsgeldern an Fleischhändler und Gewerkschaftsfunktionäre wollte man sich Zugang zum gewinnträchtigen New Yorker Fleischmarkt erschleichen, dem größten der Welt, der in den 70er Jahren fest in der Hand der Mafia war.

1981 wurde IBP für 800 Millionen Dollar von der Firma Occidental Petroleum aufgekauft (Skaggs 1986, 195). Das Interesse seiner Firma an der Fleischindustrie erklärte der Vorstandsvorsitzende damit, daß »die Lebensmittelkrise für die 90er Jahre das sein werde, was die Ölkrise für die 70er und 80er Jahre gewesen war« (zit. n. Lappé 1982, 44).

Unter den Konzernen, die IBP in den 70er Jahren nacheiferten, war die MBPXL Corporation mit Hauptsitz in Wichita, Kansas, der erfolgreichste. 1978 kaufte Cargill Industries, der größte in Privatbesitz befindliche Getreideproduzent der Welt, das Unternehmen auf, benannte es um in Excel, stellte ihm das dringend benötigte Kapital zur Verfügung und siedelte seine Produktionsanlagen in Dodge City, Kansas, an. Die Entscheidung der Firma Cargill, Fleischerzeugnisse in ihre Produktpalette aufzunehmen, lag im Trend der zunehmenden vertikalen Integration in den 70er Jahren. Sie war auch ein Zeichen für die endgültige Konsolidierung der Fleischindustrie, die nun Viehzucht, Getreidewirtschaft, Fleischverarbeitung und -vermarktung in einem einzigen Rinderkomplex vereinte.

In den 80er Jahren drängte mit der Firma Con-Agra, die Swift und kleinere Unternehmen der Branche aufkaufte, ein weiterer Lebensmittelriese auf den Fleischmarkt. Besitz und finanzielle Interessenverflechtungen von Con-Agra erstrecken sich auf Bereiche der

Getreideverarbeitung, der Futter- und Düngemittelindustrie, des Rohstoffhandels sowie der Tiefkühl- und Einzelhandelsbranche. 1989 erreichte der Jahresumsatz der Con-Agra Red Meat Company die Rekordzahl von 7,5 Milliarden Dollar (Nyberg 1989).

Heute kontrollieren die drei Fleischriesen praktisch jeden Bereich der Fleischindustrie. In ihrem Besitz befinden sich viele der Saatgutbetriebe, aus deren Erzeugnissen das für die Viehmast benötigte Getreide gezogen wird. Sie produzieren außerdem einen Großteil der Düngemittel und Chemikalien, die zur Behandlung von Ackerböden und Getreidepflanzen eingesetzt werden. Darüber hinaus kaufen sie zunehmend Viehbestände und Mastbetriebe auf. Die großen Drei ziehen ein Drittel der in ihren Betrieben geschlachteten, beziehungsweise 17 Prozent aller in den Vereinigten Staaten geschlachteten Rinder selbst auf. Man schätzt, daß 1995 etwa 30 Prozent der gesamten Fleischproduktion des Landes von diesen drei Branchenriesen in Joint-Venture-Unternehmen mit den Mastbetrieben kontrolliert werden. Schließlich beherrschen die Konzerne IBP, Excel und Con-Agra auch den Schlachtprozeß selbst; in ihren Schlachthöfen enden insgesamt 70 Prozent aller in Mastbetrieben aufgezogenen Rinder der Vereinigten Staaten. Das neue Rindfleischkartell übt in der Fleischindustrie eine weit größere Macht aus, als es sich seine Vorgänger je hätten träumen lassen.

11
Der automatisierte Dschungel

Die meisten Amerikaner wissen nichts von der verzweifelten Lage der Arbeiter in den Schlachthöfen der Vereinigten Staaten. Sie haben auch keine Ahnung, wie die Fleischprodukte, die sie essen, hergestellt und konserviert werden. 1904 enthüllte Upton Sinclair in dem aufsehenerregenden Roman *Der Dschungel* die Zustände in der fleischverarbeitenden Industrie. Er schockierte die Nation mit seiner drastischen Beschreibung der unhygienischen Verhältnisse in den Schlachthöfen Chicagos. Die Leser waren entsetzt über das, was sie erfuhren:

»Zum Beispiel, daß hier alles verdorbene Fleisch, das zu nichts anderem mehr zu verwenden war, entweder in die Konserven wanderte oder aber durchgedreht und zu Wurst verarbeitet wurde... Nie wurde auch nur im geringsten darauf geachtet, was alles in die Wurstmasse wanderte. Aus Europa kamen alte Würste zurück, die man nicht losgeworden war und die einen weißen Schimmelbelag hatten – sie wurden mit Borax und Glyzerin behandelt und dann noch mal durchgedreht, um schließlich im Inland verkauft zu werden. Fleisch, das auf den Fußboden gefallen war, in den Schmutz und das Sägemehl, auf dem die Arbeiter herumgetrampelt waren und in das sie Milliarden Tuberkulosebazillen gespuckt hatten, wanderte ebenso in den Fülltrichter; desgleichen das Fleisch, das gestapelt in Hallen lagerte, wo von lecken Dächern Wasser drauf tropfte und Tausende von Ratten auf ihm herumhuschten. Um etwas zu erkennen, war es dort zu dunkel, aber wenn man mit der Hand über diesen Fleischstapel fuhr, konnte man wahre Mengen von getrocknetem Rattenkot hinunterfegen. Die Ratten waren eine Plage, und man legte vergiftetes Brot aus, woran sie krepierten, und dann kamen Ratten, Brot und Fleisch zusammen in den Trichter.« (Sinclair 1985, 186f.)

Sinclairs Schilderung löste in der Öffentlichkeit heftige Reaktionen aus. Der aufgebrachte Kongreß handelte unverzüglich und verabschiedete 1906 ein Gesetz, das ein Reinheitsgebot für Lebens- und Arzneimittel festlegte. Im selben Jahr erließ er ein Fleischkontrollgesetz, das die Beschau aller für den einheimischen und den internationalen Handel bestimmten Tiere vor und nach dem Schlachten durch staatliche Veterinäre vorschrieb.

Nach der Jahrhundertwende ist kaum noch über die Hygienebedingungen in den Schlachthöfen geschrieben worden, und die meisten Amerikaner sind davon überzeugt, daß ihre Gesundheit durch das Fleisch, das sie verspeisen, nicht ernsthaft gefährdet sein kann. In den 60er Jahren sorgte der Kongreßabgeordnete Neal Smith aus Iowa in der Öffentlichkeit für Aufregung, als er auf die Gesundheitszustände in fleischverarbeitenden Fabriken hinwies, die nicht der staatlichen Kontrolle unterlagen. Viele der großen Fleischkonzerne umgingen die Kontrollbestimmungen, indem sie bis zu 25 Prozent ihrer Rindfleischproduktion in »innerstaatliche Betriebe« verlegten und Fleisch nur innerhalb eines Bundesstaates versandten. Auf diese Weise vermieden sie die staatlichen Fleischinspektionen, die für den Handel zwischen den Bundesstaaten vorgeschrieben waren (Skaggs 1986, 209).

Die Zustände in einigen dieser Betriebe waren beklagenswert. Einem internen Bericht des Landwirtschaftministeriums zufolge, der in die Öffentlichkeit durchsickerte, hatten Inspektoren in Delaware aufgedeckt, daß »Ratten, Insekten und alles mögliche Ungeziefer ungehindert an das gelagerte Fleisch und die Zutaten für die Fleischverarbeitung gelangen konnten«. Aus North Carolina berichteten Beriebskontrolleure, daß »ausgespuckter Kautabak und zu Boden gefallene Wurstmasse ... zusammen aufgekehrt und dann in den Wursttrichter gekippt wurden«. In Norfolk, Virginia, stießen staatliche Inspektoren auf »Rindfleisch, Rinder- und Schweineleber mit Abszessen und auf parasitenbefallene Leber, die mit genießbarem Fleisch vermischt wurde«. Bei Anhörungen erfuhren die Mitglieder des Kongresses von der weitverbreiteten Praxis der Fleischkonzerne, aus Kostengründen tote, sterbende, kranke oder verletzte Tiere zu kaufen. 1967 unterschrieb Präsident Johnson ein Gesetz, das die Bundesstaaten verpflichtete, Inspektionsrichtlinien zu erlassen, die sich an den Vorschriften für den Handel zwischen den Bundesstaaten orientierten (Skaggs 1986, 209f.).

Ungeachtet der Gesetzesvorschriften herrschten in einem Großteil der fleischverarbeitenden Betriebe weiterhin Zustände, die mit den Hygieneanforderungen nicht vereinbar waren. In einem 1985 verfaßten Bericht verkündete die National Academy of Sciences, daß die staatliche Inspektionspraxis nicht ausreichte, die Konsumenten vor Krankheiten, die durch den Fleischverzehr verursacht wurden, zu schützen. Sie gab die Empfehlung aus, »neue Schlacht- und Verarbeitungstechniken zu entwickeln und einzuführen, um die Infektionsgefahr und andere Gesundheitsrisiken zu vermindern« (U.S. Department of Agriculture 1989).

Erstaunlicherweise folgten den Empfehlungen der Akademie keine Taten. Stattdessen gingen Landwirtschaftsministerium und Fleischindustrie gemeinsam vor und schufen ein völlig neues Inspektionssystem, das darauf abzielte, auch noch die wenigen Kontrollmechanismen, die in den Überwachungsprozeß eingeschaltet waren, zu entschärfen. Gegenwärtig wird in zahlreichen großen Betrieben der Vereinigten Staaten mit einem rationalisierten, beschleunigten Inspektionssystem experimentiert, das eine Produktionssteigerung am Band um 40 Prozent zum Ziel hat. Damit dieses Ziel realisiert werden kann, hat das Landwirtschaftsministerium viele der Kontrollvorschriften geopfert, die jahrzehntelang dafür sorgten, daß wenigstens minimale Gesundheits- und Sicherheitsnormen durchgesetzt wurden.

In dem neuen Kontrollsystem inspizieren nicht mehr die staatlichen Fleischbeschauer jedes Schlachttier am Produktionsband, sondern Schlachthofangestellte führen Stichproben durch – wobei manchmal nicht mehr als drei von 1.000 Tieren untersucht werden. Diese Praxis, die sich auf Zufallskontrollen durch die Unternehmen selbst stützt, ist auf einstimmige Ablehnung aller staatlichen Fleischbeschauer gestoßen. Einer von ihnen hat das System mit einem Arzt verglichen, »der aus einer Stadt mit 1.000 Einwohnern drei Menschen untersucht, und weil diese drei gesund sind, alle übrigen auch für gesund erklärt« (ebd.).

Das rationalisierte Inspektionssystem ahmt die Praxis der Qualitätskontrolle nach, die in anderen Industriezweigen angewandt wird. Aber Tiere sind keine Waren, die durch Stichproben auf Produktionsfehler getestet werden können. In einer dem Landwirtschaftsministerium übermittelten Erklärung der staatlichen Fleischbeschauer heißt es:

»In der Fleischindustrie geht es um lebende Tiere, von denen ein jedes anders ist, ein jedes sich eine individuelle Krankheit zuziehen kann. Wir reden nicht von Maschinenteilen, die in der Presse ausgestanzt und auf Unregelmäßigkeiten untersucht werden.« (Ebd.)

Das rationalisierte Inspektionssystem beraubt die staatlichen Fleischbeschauer weitgehend ihrer Kompetenzen. Sie untersuchen nur noch weniger als ein Prozent des Schlachtviehs und überprüfen die Tiere nicht mehr auf sichtbare Zeichen für eine Erkrankung. Weder Nieren noch Lymphdrüsen, Zunge oder Kopf werden gesondert untersucht. Die staatlichen Inspektoren dürfen Tiere, bei denen sie frühe Anzeichen für Erkrankungen wie Antinomykose (Strahlenpilzkrankheit) festgestellt haben, nicht mehr aussondern, und sie haben keinen Zugang mehr zum Inspektionsbereich am Band, wo Symptome für Krebsgeschwüre und Abszesse aller Art am ehesten entdeckt werden. Sie nehmen keine Hygieneüberprüfungen der Wände, Transportwagen und Verpackungsräume mehr vor. Es ist ihnen nicht einmal mehr gestattet, die zur Feststellung einer Krankheit notwendigen Tastuntersuchungen an den Schlachttieren durchzuführen. Statt dessen stehen sie hinter einer Scheibe und betrachten den vorbeisausenden Tierkörper aus fünf Metern Entfernung durch Dampfschwaden hindurch.

An allen Stationen der Bandproduktion wurden die Kontrollbestimmungen gelockert, so daß verseuchtes, von Krankheitserregern befallenes Fleisch durchgemogelt werden kann. Vertreter des Landwirtschaftsministeriums begründen dies damit, daß das Rindfleisch nicht frei von Erregern, sondern lediglich »ästhetisch annehmbar« sein müsse. Dem Ministerium zufolge stellen »Tierkörper, deren Sauberkeitsgrad ... innerhalb der Richtwerte liegt, keine Gesundheitsgefährdung dar«. Carol Tucker Foreman, Ministerialdirektorin im Landwirtschaftsministerium unter der Regierung Carter, artikulierte die Bedenken vieler besorgter Konsumenten mit ihrer lakonischen Bemerkung:

»Tausende von Menschen, die nach dem Verzehr von Rindfleisch an einer Lebensmittelvergiftung erkrankten, werden es sehr begrüßen zu erfahren, daß das von ihnen genossene Fleisch ästhetisch annehmbar war, auch wenn es sie krank gemacht hat. Die Qualifizierung ›Schön anzusehen, gefährlich zu essen‹ wird den Verkauf von Rindfleisch nicht gerade fördern.« (Ebd.)

Das Kontrollsystem ist zum Scheitern verurteilt, meinen viele staatliche Fleischbeschauer, weil man von der Voraussetzung ausgeht, man könne den Konzernen die Überwachung ihrer eigenen Produkte anvertrauen. Also überprüfen Firmenangestellte die Schlachttiere, während die staatlichen Kontrolleure ihre Zeit mit dem Überprüfen von Papieren verschwenden.

Die Arbeiter wissen, daß es das Unternehmen Geld kostet, wenn unsauberes Fleisch aus den Schlachttieren herausgeschnitten wird. Es ist also anzunehmen, daß sie infiziertes Fleisch durchgehen lassen, um sich nicht den Unmut der Unternehmensleitung zuzuziehen. Außerdem sind die Schlachthofarbeiter oft so unerfahren, daß sie infiziertes Fleisch gar nicht erkennen würden, selbst wenn sie sich bemühten, ihre Aufgabe zu erfüllen. Viele von ihnen kommen aus Mexiko, Lateinamerika oder Südostasien und sprechen kaum ein Wort Englisch. Durch die erwähnte hohe Fluktuation in den fleischverarbeitenden Betrieben kommen die für die Fleischkontrolle zuständigen Arbeitskräfte und gehen, bevor sie auch nur mit den grundlegendsten Vorgängen vertraut sind. »Die Leute werden von der Straße weg eingestellt und zu Kontrolleuren ernannt, sobald sie in der Lage sind, ein Messer richtig zu halten«, erklärte ein Fleischbeschauer. Viele Firmen ziehen es vor, Ausländer in der Qualitätskontrolle einzustellen, die nur Spanisch oder Laotisch sprechen und daher nicht verstehen, was die Inspektoren des Ministeriums sagen.

Im Verlauf eines Pilotprogramms stellte sich heraus, daß die betriebsinternen Kontrolleure von 15 mit Finnen (Bandwurmlarven) befallenen Mandeln keine einzige erkannten, weil sie nicht wußten, wo sich die Mandeln beim Rind befinden und wie sie überhaupt aussehen. In einem anderen Fall gelang es den angestellten Prüfern nicht, »ein 5 mal 35 Zentimeter großes kotverkrustetes Stück Haut von einer Kuh herauszufinden, die im Dung gelegen hatte«. Ein Konzernangestellter, der den rationalisierten Kontrollvorgang zu überwachen hatte, hielt die Kontrolleure für so mangelhaft ausgebildet, daß »sie eine Infektion erst erkennen, wenn der Eiter aus den Abszessen trieft« (ebd.).

Vertreter des Landwirtschaftsministeriums begegneten der Kritik mit der Aufforderung an die Verbraucher, Fleisch lange genug zu kochen oder zu braten. Konsterniert über die anmaßende Haltung seiner Behörde, bemerkte ein Fleischbeschauer sarkastisch: »Wenn Sie Abszesse, Schmutz, Fäkalien und andere Scheußlichkeiten nur lange genug kochen, werden sie Ihrer Gesundheit wahrscheinlich nicht schaden.« (Ebd.)

Einigen Firmen wurde nachgewiesen, daß sie Unterlagen und Berichte gefälscht und wissentlich mit Krankheitserregern verseuchtes Fleisch durch die Bandproduktion und auf den Markt geschleust hatten. Eine Verbraucherorganisation, die eines der betriebsinternen Kontrollprogramme genauer unter die Lupe genommen hat, befragte Fleischinspektoren, die bestätigten, daß mehrere Bücher über Verstöße gegen das Reinheitsgebot geführt werden – eines für das Landwirtschaftsministerium, eines für die Akten des Unternehmens und eines schließlich, das nur für die Augen der Geschäftsführung bestimmt war. Die Aufzeichnungen für das Landwirtschaftsministeriums entsprachen am wenigsten der Wahrheit.

Häufig werden Rinderfrachten umgeleitet, damit Krankheitssymptome unentdeckt bleiben. Es wird berichtet, daß manche Betriebe angelieferte kranke Rinder auf andere, gesunde Bestände aufteilen, um so die Wahrscheinlichkeit, daß sie bei Stichproben entdeckt werden, zu verringern. In anderen Betrieben gelangen Rinder mit hohem Fieber in die Schlachthallen. Gewöhnlich wird ein Tier nicht geschlachtet, wenn es krank ist. Unter dem neuerdings praktizierten System spritzt man diese Tiere einfach mit Wasser ab, bis sie auf eine annehmbare Temperatur abgekühlt sind und schlachtet sie dann. In den Akten der Unternehmen findet man darüber keine Vermerke.

Das Abwaschen der geschlachteten Tiere dient auch dem Ziel, Verunreinigungen zu überdecken. Angeblich wäscht man die Tiere, um während des Schlachtvorgangs den Staub abzuspülen. Aber der Bericht der Fleischbeschauerin Dora Fries kommt zu einem ganz anderen Ergebnis:

»Durch die Waschanlage wird dem Fleisch Wasser zugesetzt und der Schmutz überdeckt. Nimmt man ein Stück warmen Talg, schmiert ihn mit Fäkalien ein und wäscht ihn dann unter Druck ab, wie es in der Waschanlage geschieht, so sieht er sauber aus. Wenn man diesen Talg dann mit einem scharfen Messer sehr dünn aufschneidet, sieht man, daß der Schmutz in das Fett eingedrungen ist. Ich habe diesen Test selbst gemacht. Das Waschen dient lediglich dazu, die Fäkalien zu überdecken und dem Fleisch Wasser zuzuführen, damit es mehr wiegt. In der Waschanlage wird der Schmutz nicht entfernt, sondern in das Fettgewebe hineingedrückt.« (Ebd.)

1990 erreichte das Landwirtschaftsministerium eine Flut von Protestschreiben aus dem ganzen Land, in denen Fleischinspekteure von Verstößen berichteten, die unter dem neuen Kontrollsystem passierten. In einem davon hieß es: »Ein Kontrolleur soll 30 Lebern in der Minute prüfen. Tatsache ist, daß er in den zwei Sekunden, die ihm bleiben, bis das Band die Leber weitertransportiert, nicht erkennen kann, ob sie gesund ist oder nicht.« In einem anderen berichtete der Schreiber: »Oberstes Gebot des neuen Kontrollsystems ist, daß das Band niemals stillstehen darf ... Das geht so weit, daß ein Kontrolleur nicht einmal das Band anhalten kann, um die Arbeitsflächen von Finnen zu reinigen. Auf diese Weise wird dann auch vorher unbefallenes Fleisch infiziert.« Den neuen Kontrollvorschriften zufolge sind die staatlichen Inspektoren nicht einmal dann befugt, das Band anzuhalten, wenn sie ein Problem entdeckt haben. »Sie können sich höchstens beschweren ... Das ist, als würde ein unbewaffneter Polizist versuchen, einen Raubüberfall zu verhindern.« (Government Accountability Project 1990, 2) Nur wenn das Unternehmen selbst zugibt, daß eine Gesundheitsgefährdung vorliegt oder eine Gesetzesübertretung begangen wurde, ist es den staatlichen Inspektoren möglich einzugreifen.

Die Richtlinien sind so gelockert worden, daß Fleisch mit »Krankheitssymptomen, die früher ausgereicht hätten, es auszusondern oder, was in den meisten Fällen geschah, es als Hundefutter zu verwerten, heute durch das Qualitätssiegel des Landwirtschaftsministeriums für den menschlichen Verzehr freigegeben wird«. Es wird von Tieren mit »Wasserbäuchen« berichtet; das sind Kühe, die unter Verstopfung leiden und nicht urinieren können. »In diesem Fall sammeln sich in Schenkeln, Brust und Bauch Unmengen von Urin an, der nur so herausströmt, wenn die Kuh geschlachtet wird.« (Ebd.) Den neuen Richtlinien zufolge ist der Magen der Kuh nicht mehr vom Verzehr ausgeschlossen, sondern wird routinemäßig für genießbar erklärt.

Auch Kühe mit Bauchfellentzündung, in deren Bauchhöhle sich blutiger Schleim angesammelt hat, werden heute im Gegensatz zu früheren Gepflogenheiten mit dem Gütesiegel versehen. »Heute erklären die Veterinäre das Fleisch von Tieren für genießbar, deren Atem vor dem Schlachten hörbar rasselt, deren mit Flüssigkeit gefüllte Lungen von Narbengewebe und Abszessen übersät und mit den Rippen verwachsen sind, in deren … nicht mehr funktionsfähigen Nieren sich geplatzte Blutgefäße finden.« (Ebd.)

Es wurden Rinder für den Konsum freigegeben, »aus denen halbverdaute Nahrung herausquoll«. Fäkalien, Haare, Schmutz, verklebtes Gewebe, Würmer und Nahrungsreste, alles wandert auf dem Band mit (ebd., 3).

Es verwundert nicht, daß gleichzeitig mit der zunehmenden Verschmutzung des Fleisches mit Fäkalien landesweit ein Anstieg der Salmonellenerkrankungen zu verzeichnen ist. Die Zahl der registrierten Fälle hat sich in den letzten sechzehn Jahren verdoppelt. Mehr als die Hälfte davon war der amerikanischen Gesundheitsbehörde zufolge auf verseuchtes Fleisch und Geflügel zurückzuführen. Jährlich fallen in den Vereinigten Staaten mehr als 2.000 Menschen Lebensmittelvergiftungen, unter anderem durch Salmonellen verursacht, zum Opfer. 500.000 erkranken so schwer, daß sie stationär behandelt werden müssen; die Kosten, die dem Gesundheitswesen dadurch entstehen, belaufen sich auf Hunderte von Millionen Dollar. Auch andere durch die Nahrung ausgelöste Erkrankungen wie Staphylokokkeninfektion und Listeriose verbreiten sich wegen der mangelnden Hygiene in den Schlachtbetrieben häufiger (U.S. Department of Agriculture 1989).

Die von den Fleischinspektoren beschriebenen Zustände in einigen der größten Schlachthöfe der USA sind katastrophal. Es wird von Tieren berichtet, die bei der Ankunft tot waren – und bereits so steif und kalt, daß das Blut nicht mehr herausgepumpt werden konnte. Immer wieder wandern Tiere über das Verarbeitungsband, in deren Bäuchen sich alle möglichen Fremdkörper befinden – wie Rostblättchen, abgebrochene Zähne, Nägel, Klauen, Ringe, Haarbüschel und Harz (ebd.).

In manchen Betrieben ist die Bandgeschwindigkeit so hoch, daß die Arbeiter keine Zeit haben, Kaktusdornen aus den Zungen der Rinder zu entfernen (ebd.). Manchmal setzen sich die Bänder so sehr mit Fett zu, daß sie stehenbleiben. Dann werden sie nicht etwa gereinigt, sondern man streut Salz darauf, bis der Mechanismus wieder funktioniert. Der Zwang, die Bänder am Laufen zu halten, ist so groß, daß sich die Betriebsleitung in einem Fall sogar weigerte, das Band abzuschalten, obwohl Öl aus dem Hydrauliksystem auf das Fleisch tropfte, das dann noch nicht einmal als ungenießbar gekennzeichnet wurde.

Die Wände in den Arbeitsräumen sind mit Schmutz und Schimmel bedeckt, und Schmiere tropft von den Geräten auf die Arbeiter. In den Anlagen wimmelt es von Kakerlaken, die nicht selten bis zu fünf Zentimeter groß sind. Das verarbeitete Fleisch ist manchmal so alt, daß es »bereits einen Grünstich« hat (Government Accountability Project 1990). Oft handelt es sich dabei um Ware, die von den Supermärkten zurückgeschickt wurde, weil sie verdorben war. Dieses Fleisch wird dann einfach wieder verwertet.

Rinderköpfe, die als »Kotzköpfe« bezeichnet werden, weil sie mit Panseninhalt gefüllt sind, werden von Betriebsangestellten verarbeitet; sie müssen dem Landwirtschaftsministerium nicht mehr zur Überprüfung vorgelegt werden. Infolgedessen sind mehr als 24 Prozent der Köpfe, die zur Verarbeitung auf den Verpackungstischen landen, mit Haaren, Schmutz, Haut und halbverdauter Nahrung verunreinigt. »Die Vorstellung, daß heute abend irgendwo eine Familie Hamburger, Chili oder sonst etwas ißt, das gemahlene Stücke von einem solchen Kopf enthält, ist ein wenig beunruhigend«, lautet der Kommentar eines staatlichen Fleischkontrolleurs (U.S. Department of Agriculture).

Früher sorgten die Inspekteure dafür, daß »der Fußboden vor Sauberkeit glänzte«. Heute, da ihre Kompetenzen eingeschränkt sind, bedecken »Gedärme, Urin, Fäkalien und anderer Schmutz« die Böden der Schlachthöfe, die »manchmal so glitschig sind, daß es gefährlich ist, darauf zu gehen«. Schmutz und Unrat locken Heerscharen von Ratten an. In einigen Betrieben ist die Rattenjagd »so etwas wie ein Mittelding zwischen Sport und einem schlechten Scherz für die Inspektoren. Die Angestellten berichten, daß die Ratten nachts über das gekühlte Fleisch huschen und daran nagen.« (Government Accountability Project 1990, 4)

In Fleischindustrie und -handel beginnt man laut darüber nachzudenken, daß immer mehr qualitativ schlechtes Fleisch aus den Schlachtbetrieben geliefert wird. John Krusinski's Finest Meat Products, eine Firma, die Polnische Rindswürstchen herstellt, war so erbost über die Qualität des Fleisches von Großbetrieben wie Monfort, Iowa Beef und Excel, daß Krusinski 1989 seiner Verärgerung in einer Sendung der lokalen Fernsehanstalt Cleveland öffentlich Luft machte. Er berichtete von Fleisch, das »offensichtlich schlecht und voller Bakterien war. Es stank und war mit eitergefüllten Abszessen durchsetzt. Nicht selten riecht das Fleisch so übel, daß staatliche Inspektoren raten, es auszulüften.« (U.S. Department of Agriculture 1989)

Als Krusinski eine Fleischlieferung zu einer Laboruntersuchung schickte, wurden darin große Mengen Kolibakterien und Gärstoffe gefunden. Das Fleisch war von so minderwertiger Qualität, berichtete Krusinski, daß es »beim Zerkleinern und Kochen einfach auseinanderfiel und der Eiter wie Schaum herausquoll«. In vielen Betrieben setzt man dem Fleisch Phosphat zu, um den Fäulnisgeschmack zu unterdrücken. Krusinskis Beschwerden wurden seinen Angaben zufolge von den Lieferfirmen mit der Entgegnung abgetan, »die Ware zu nehmen oder es bleiben zu lassen. Sie drohen damit, die Lieferung einzustellen, wenn ich nicht aufhöre, mich zu beklagen.«

Zugunsten von Produktionssteigerung, Kostensenkung und Profitmaximierung wurden die Sicherheits- und Gesundheitsrichtlinien in den Schlachthöfen des Landes im Einvernehmen zwischen fleischverarbeitender Industrie und Landwirtschaftsministerium unterlaufen. Konsumenten in Amerika und der ganzen Welt sind sich meistens nicht einmal im klaren darüber, welches Gesundheitsrisiko das Fleisch, das sie heute kaufen, tatsächlich darstellt.

Während ernährungsbedingte Erkrankungen bei den Menschen zunehmen, werden auch bei den Tieren immer neue Krankheiten entdeckt. Diese aber sind sind keiner Kontrolle durch betriebsinterne oder staatliche Inspektoren unterworfen, weil bis jetzt noch kein direkter Zusammenhang mit Erkrankungen beim Menschen nachgewiesen wurde. Obwohl Vertreter des Landwirtschaftsministeriums immer wieder betonen, daß diese Krankheiten wirtspezifisch sind und für den Menschen keine unmittelbare Bedrohung darstellen, legen epidemiologische Studien zumindest die Möglichkeit eines Kausalzusammenhangs nahe und machen die Notwendigkeit eingehenderer Untersuchungen deutlich.

Die als »Rinderwahnsinn« bekanntgewordene Krankheit BSE (*bovine spongeform encephalopathy*) wurde im Jahre 1986 in Großbritannien entdeckt. 1990 waren davon etwa 16.000 Tiere aus 7.000 Herden befallen. Das Gehirn der infizierten Rinder zersetzt sich und nimmt eine schwammartige Konsistenz an. Die vom Rinderwahnsinn befallenen Tiere müssen getötet werden. Wissenschaftler sehen die Ursache für die unheilbare Erkrankung darin, daß Rinder mit dem Dung von infizierten Schafen gefüttert werden.

Auch wenn nicht nachgewiesen werden konnte, daß die Krankheit auf Menschen übertragbar ist, ging nach ihrem Bekanntwerden ein Aufschrei durch die britische Öffentlichkeit. An 1.000 Schulen des Landes wurde aus Furcht vor Ansteckung das Rindfleisch vom Speisezettel gestrichen. Innerhalb weniger Wochen nach dem ersten BSE-Fall verzichtete nahezu jeder vierte Engländer auf den Verzehr von Rindfleisch, so daß es zu gravierenden Preiseinbrüchen auf dem Fleischmarkt kam (Pain 1986; 1990; Vansickle 1990)

Noch beunruhigender ist die Entdeckung zweier in den Vereinigten Staaten inzwischen weitverbreiteter Haustierkrankheiten, die als Ursache von Erkrankungen des menschlichen Organismus gelten. Der Retrovirus BLV (bovines Leukämievirus) wird durch Insekten übertragen und führt zu malignen Zellwucherungen bei Tieren. In den Vereinigten Staaten sind heute 20 Prozent der Kühe und über 60 Prozent aller Herden davon betroffen. BLV-Antikörper wurden im Blut von Leukämiepatienten entdeckt, und man hat festgestellt, daß menschliche Zellen in vitro von diesen Viren befallen werden. Zudem häufen sich in der epidemiologischen Forschung die Anzeichen für einen möglichen Zusammenhang zwischen BLV und bestimmten Formen der Leukämie. Studien haben ergeben, daß es in Ländern mit einem hohen Prozentsatz BLV-infizierter Tiere eine größere Zahl von Leukämieerkrankungen gibt. Ähnliche Studien in Schweden und der ehemaligen Sowjetunion haben einen Zusammenhang zwischen Ausbrüchen von BLV-Erkrankungen und einem Ansteigen der Leukämierate bei Menschen aufgedeckt. Wissenschaftler haben außerdem eine enge Verbindung zwischen BLV und HTLV-1 (humanes T-Zell-Leukämievirus) festgestellt, dem ersten Retrovirus, von dem erwiesen ist, daß es beim Menschen Krebs auslöst, und zwar die seltene und tödlich verlaufende T-Zell-Leukämie. Das Gen, das dafür sorgt, daß sich das Virus vermehren kann, ist bei BLV und HTLV-1 identisch.

In den 70er Jahren wurde unter den Viehbeständen der Vereinigten Staaten ein Virus entdeckt, das man heute als bovinen Immunodefizienz-Virus (BIV) bezeichnet, weil es in seiner genetischen Struktur dem HIV- oder AIDS-Virus (humaner Immunodefizienz-Virus) zum Verwechseln ähnlich ist. In wissenschaftlichen Versuchen ist es gelungen, menschliche Zellen mit dem BIV zu infizieren, und die Ergebnisse zumindest einer Studie legen nahe, daß das BIV eine Rolle bei der Entwicklung maligner oder latenter Viren beim Menschen spielt. Die Abteilung für Veterinär- und Pflanzenkontrolle des Landwirtschaftsministeriums der Vereinigten Staaten teilte 1991 die Ergebnisse einer vierjährigen BIV-Studie mit. Die Aussagen sind beängstigend. Das Rinder-AIDS-Virus ist unter Milchkühen und Mastrindern weit verbreitet. Man nimmt an, daß es das Immunsystem der Tiere schwächt, wodurch sie anfällig werden für eine Vielzahl von Krankheiten wie Mastitis und Lymphosarkom. Dem Bericht zufolge ist man sich noch nicht im klaren darüber, ob das menschliche Serum durch den Einfluß von BIV-infizierten Proteinen HIV-positiv werden kann. Die Untersuchungen werden fortgesetzt.

Unterdessen breitet sich das Rinder-AIDS-Virus weiter unter den Kühen aus, und es ist kein Ende in Sicht. Zweifellos wird BIV in den kommenden Jahren verheerende Folgen für die Fleisch- und Milchwirtschaft haben, wenn immer mehr Kühe aufgrund ihres geschwächten Immunsystems infektiösen und parasitären Krankheiten erliegen.

Trotz der Hinweise, daß es einen Zusammenhang zwischen dem bovinen T-Zell-Leukämievirus sowie dem bovinen Immunodefizienz-Virus und einer Gesundheitsgefährdung des Menschen gibt, weigert sich das Landwirtschaftsministerium der Vereinigten Staaten beharrlich, Schlachtfleisch, Milch und Milchprodukte auf Antikörper gegen diese Retroviren zu untersuchen. Täglich konsumieren die Verbraucher Fleisch und Milchprodukte von Kühen, die mit Leukämie- und

AIDS-Viren infiziert sein können, weil sie nicht wissen, ob diese Nahrungsmittel wirklich unbedenklich sind.

Die Umstellung des Kontrollsystems in den Vereinigten Staaten geht einher mit Veränderungen, die sich in anderen Bereichen der Fleischindustrie vollzogen haben, wo man im Sinne von Effizienz und Profit Tiere und Arbeiter den unwürdigsten Bedingungen aussetzt und ein erhöhtes Gesundheitsrisiko für die Konsumenten billigend in Kauf nimmt. Diese ökonomieorientierte Haltung dem Menschen und seinen Lebensmitteln gegenüber exportiert man heute in alle Teile der Welt, in dem systematischen Bemühen, einen globalen Rinderkomplex zu errichten. In diesem ehrgeizigen Projekt, an dessen Spitze Weltkonzerne, internationale Bankenkonsortien und Landesregierungen stehen, kulminiert die westliche Expansion von Rinderkulturen über indoeuropäische und amerikanische Landschaften.

12
Der Weltstier

Das letzte Kapitel in der 500-Jahre-Saga der Ansiedlung von Rindern auf dem amerikanischen Kontinent wurde nach dem Zweiten Weltkrieg geschrieben. Regierungen und multinationale Konzerne taten sich zusammen und vereinigten Nord-, Mittel- und Südamerika in einem umfassenden Rinderkomplex, einem Weidebetrieb, der sich über 6.000 Meilen von den Great Plains Nordamerikas bis in die üppigen Grasebenen der argentinischen Pampas erstreckt.

Britische Kapitalanleger kauften sich zur selben Zeit in den Grasebenen Südamerikas ein, in der sie Viehbetriebe in den amerikanischen Prärien ansiedelten. Ebenso wie in Nordamerika gaben die Ausrottung und Befriedung der einheimischen Indianer sowie die Entwicklung der transatlantischen Kühltransporte den Anstoß dafür, daß britisches Kapital in großem Ausmaß ins Land gepumpt wurde. Um 1880 waren über 20 Prozent der Viehbestände in den Pampas in britischem und schottischem Besitz (Harris/Ross 1987, 33). In den folgenden zwei Jahrzehnten errichteten die britischen Kapitalgeber in Süd- und Nordamerika einen weitverzweigten Rinderkomplex, wie sie es früher in Irland und Schottland getan hatten. Der Historiker S. Hanson schreibt:

»Im Gebiet um den Río de la Plata wurde das Vieh, durch den ständigen Import britischer Zuchttiere veredelt, von britischen Eisenbahngesellschaften in Fabriken transportiert, die von den Briten eingerichtet und finanziert waren. Von dort aus wurden die fertigen Produkte auf britischen Schiffen nach England verfrachtet, dem einzigen Exportmarkt für viele Jahre.« (Zit. n. ebd.)

Um die Jahrhundertwende kreuzten regelmäßig 278 Gefrierschiffe über den Atlantik und brachten südamerikanisches Rindfleisch nach England und Europa (Leeds/Vayda 1965, 235). So mancher britische Kaufmann verdiente ein Vermögen im Argentinienhandel. Führend im Geschäft war im ausgehenden 19. Jahrhundert die Familie Vestey aus Liverpool, die außerdem das Unternehmen Dewhurst Limited, die größte Fleischereikette in England, gründete.

Während Argentinien das Fleisch für die Aristokratie und die Mittelklasse in England lieferte, wurden uruguayische Rinder zu dem berühmten »Liebig-Fleischextrakt« verarbeitet, einer billigen Rindfleischpaste, die vor allem in der britischen Arbeiterklasse ihre Abnehmer hatte. Für viele Engländer war dieser Extrakt die einzige Quelle tierischer Proteine. In den 80er Jahren des 19. Jahrhunderts wurden in Fray Bentos am Fluß Uruguay in einem britischen Werk mehr als 150.000 uruguayische Rinder zu Liebig-Extrakt verarbeitet (Harris/Ross 1987, 33f.).

Der wachsende Fleischbedarf, der sich nach dem Zweiten Weltkrieg in Europa und den Vereinigten Staaten bemerkbar machte, belebte erneut das Interesse der Fleischindustrie an Südamerika. Mit Krediten der Weltbank und der Inter-American Development Bank begannen Regierungen in Mittel- und Südamerika, riesige Regenwald- und Getreideanbaugebiete in Weideland für den internationalen Fleischmarkt umzuwandeln. Allein in den Jahren zwischen 1971 und 1977 investierte man mehr als 3,5 Milliarden Dollar an Anleihen und technischer Unterstützung zur Förderung der Viehwirtschaft in den südamerikanischen Kontinent (Office of Technology Assessment 1984, 96f.). Ein großer Teil Mittelamerikas wurde zur Viehweide, damit Nordamerika mit billigem Fleisch versorgt werden konnte. In den Regenwäldern am Amazonas vernichtete man riesige Flächen durch Brandrodung, um Platz zu schaffen für das Vieh, mit dem vor allem die Nachfrage in England und dem übrigen Europa befriedigt werden sollte. Das alles ging so schnell vonstatten, daß es selbst die Eile der vorangegangenen Invasion der amerikanischen Prärien und argentinischen Pampas in den Schatten stellte.

Die Besiedelung Mittel- und Südamerikas mit Rindern ist Teil der Strategie multinationaler Konzerne, Produktion und Verteilung von

Rindfleisch durch einen einzigen großen Weltmarkt zu regeln. Wirtschaftsanalytiker haben, auf das »Weltauto« anspielend, den Begriff »Weltstier« geprägt (Tullis/Hollist 1986, 124). Erpicht darauf, einen »globalen Markt« zu schaffen, sind die multinationalen Konzerne dabei, die Kontrolle über alle Bereiche der Fleischindustrie an sich zu reißen, mit dem Ziel, durch eine weltweite vertikale Integration aller Unternehmenszweige Ressourcen und Marktchancen optimal ausschöpfen zu können.

Zunehmend ähnelt das Produktionsverfahren in der Fleischindustrie der Montage von Automobilen, indem sie Zulieferungen aus allen möglichen Ländern – Samen, Getreide, Pharmazeutika, Rinderföten, Rinder, automatisierte Schlachtung, Groß- und Einzelhandel – miteinander koordiniert. Der »Weltstier« ist beinahe Realität geworden, und die Bedeutung von Nord-, Mittel- und Südamerika als Standorte der größten Weideflächen und Schlachthöfe der Welt nimmt rasch zu.

Ein entscheidender Schritt zur Bildung eines »Weltstier«-Rinderkomplexes ist die Standardisierung des Endproduktes. Die wichtigsten Faktoren einer solchen Normvorgabe sind »Immunität gegen die häufigsten Ansteckungskrankheiten, ein bestimmter Fettgehalt des Fleisches, übereinstimmende Vorschriften beim Schneiden der Fleischstücke und so weiter« (ebd.). Für die Fleischindustrie bricht ein neues Zeitalter an, in welchem »das Fleisch, das auf den Tisch des Verbrauchers kommt, in Europa und Nordamerika gezüchtet, in Südamerika aufgezogen, mit dem Getreide aus den Hauptanbauländern gemästet, nach internationalen Richtlinien geschlachtet und in den Ländern gegessen wird, die dem Herkunftsland am fernsten sind« (ebd., 147).

Die Institutionalisierung des Weltstiers hat nachhaltige Auswirkungen auf die Wirtschaft der Entwicklungsländer. Staaten wie Mexiko, wo immer größere Flächen als Viehweiden für den nordamerikanischen Markt dienen, sind von dieser Form der neokolonialistischen Ausbeutung am härtesten betroffen. Von Mexiko aus gelangen Unmengen an lebendem Vieh nach Texas, wo es dann gemästet und für den heimischen Markt geschlachtet wird (ebd., 135 u. 139; Lewis 1991).

Gleichzeitig wird in Brasilien in immer weiteren Landstrichen Futtergetreide für Rinder angebaut. Ein beträchtlicher Teil davon wird nach Europa, Rußland, Japan und in die Vereinigten Staaten exportiert. In Mittel- und Südamerika selbst ist Gras die Hauptfutterpflanze der Rinder. In Brasilien werden gegenwärtig 23 Prozent der gesamten Anbaufläche für die Produktion von Sojabohnen genutzt, von denen nahezu die Hälfte für den Export bestimmt ist. Das hat weitreichende Folgen. Ein halber Hektar Ackerland bringt gewöhnlich einen Jahresertrag von etwa 1.500 Pfund Weizen, Gerste, Roggen oder Hafer. Durch die vermehrte Aussaat von Sojabohnen auf diesen Äkkern steht für die Menschen wesentlich weniger Getreide zur Verfügung; folglich steigen die Getreidepreise. Diese Preissteigerung wirkt sich einseitig zu Lasten der Armen aus. Beispielsweise werden schwarze Bohnen, schon immer ein Hauptnahrungsmittel der ländlichen Bevölkerung, ständig teurer, weil viele Bauern dazu übergegangen sind, Sojabohnen für den lukrativeren internationalen Futtermittelmarkt anzubauen (Tullis/Hollist 1986, 262ff.).

In Mexiko beansprucht der Anbau von Sorghumhirse für Futterzwecke einen immer größeren Teil der landwirtschaftlichen Nutzfläche. Noch vor 25 Jahren wurden in Mexiko weniger als 6 Prozent des im Lande geernteten Getreides an Vieh verfüttert, heute ist es mindestens ein Drittel. Und das in einem Land, in dem Millionen von Menschen an chronischer Unterernährung leiden (Lewis 1991; Sanderson 1986).

In allen Staaten Mittel- und Südamerikas, die fest in den Prozeß der Weltstier-Entwicklung eingebunden sind, sind die Armen die eigentlichen Leidtragenden dieser Jagd nach optimaler Ausbeute der Ressourcen und Beherrschung des Marktes. Das Streben nach einem einzigen Weltmarkt für Vieh- und Fleischwirtschaft wird die politische und wirtschaftliche Zukunft dieser Entwicklungsländer bestimmen und die arme Landbevölkerung, die ohnehin schon ausgegrenzt ist, noch weiter ins gesellschaftliche Abseits drängen. »Der wichtigste politische Aspekt der Entwicklung einer international organisierten Fleischproduktion ist darin zu sehen, daß die Bauern in den Staaten mit einer zahlreichen und armen Landbevölkerung, deren Überleben von der Landwirtschaft abhängt, in ihrer Existenz bedroht sind.« (Tullis/Hollist 1986, 134)

Die nahe Zukunft der ländlichen Bevölkerung sieht düster aus. Zwar sind die Rindfleischexporte in vielen lateinamerikanischen Ländern in den vergangenen Jahren zurückgegangen, aber für diese Staaten gehören sie immer noch zu den raren Eintrittskarten zum Weltmarkt. Parallel zu dieser Entwicklung werden in vielen Ländern Mittel- und Südamerikas immer größere Landflächen für den Anbau von Sojabohnen, Sorghumhirse und anderen Futtergetreiden genutzt, von denen ein Großteil für den Export bestimmt ist. Vor die Wahl gestellt, mit dem verfügbaren Getreide Menschen oder Rinder zu ernähren, haben sich Großgrundbesitzer und städtische Oberschicht für letzteres entschieden und so Millionen von *campesinos* (Kleinbauern) in Hunger und Armut gestürzt. Gleichwohl reicht die Getreideproduktion in einigen dieser Länder heute schon nicht mehr aus, so daß die Viehzuchtbetriebe auf Futtermittel aus dem Ausland angewiesen sind. Diese wiederum werden zum großen Teil von denselben multinationalen Unternehmen geliefert, denen die Viehbestände und Schlachthöfe im Lande gehören und die die Märkte und die Verteilung kontrollieren. Die Einschätzung des US-Landwirtschaftsministeriums, daß »die lateinamerikanischen Länder ... vor allem aufgrund einer Steigerung der Viehproduktion ... einen Mangel an Futtermitteln erleben und einen sich entfaltenden Markt für US-amerikanische Futtergetreide entwickeln werden«, bewahrheitete sich in den 70er und 80er Jahren in einigen Ländern (ebd., 139). Konzerne wie Quaker Oats und Purina drängten mit aggressiver Entschlossenheit in die Marktlücke, die durch das Ertragsdefizit an einheimischem Futtergetreide entstanden war.

Nachdem Regenwälder zu Weideland geworden sind und auf den Äckern Futtergetreide statt Korn für die Menschen angebaut wird, sehen sich die Bauern von ihrem angestammten Land vertrieben und ohne jede Existenzsicherung. Die moderne Viehwirtschaft ist ein kapitalintensiver Industriezweig, der mit einem minimalen Einsatz an Arbeitskräften auskommt. Während in der traditionellen Landwirtschaft bis zu einhundert Menschen von zweieinhalb Quadratkilometern Land leben können, kommt in einem durchschnittlichen Viehbetrieb im Regenwaldgebiet »ein Angestellter auf 2.000 Rinder, das macht im besten Fall ein Mann auf 30 Quadratkilometer« (Caulfield 1985, 80). Verarmt und verzweifelt, sind Millionen Bauern in der vagen Hoffnung auf Arbeit in die übervölkerten Stadtgebiete abgewandert. Die meisten von ihnen sind auf die bescheidene staatliche Unterstützung angewiesen, wohnen auf der Straße oder in den Slums am Rande der Großstädte und leben von der Hand in den Mund. In Scharen machen sie sich über den Panamerican Highway auf in Richtung Norden in der Hoffnung auf ein besseres Leben in Nordmexiko. Millionen Menschen sind in den vergangenen zwei Jahrzehnten über den Rio Grande in die Vereinigten Staaten gelangt und haben dadurch das soziokulturelle Klima im Südwesten des Landes verändert.

Der größte Teil der Schulkinder in staatlichen Schulen in Los Angeles ist heute hispanoamerikanischer Abstammung. Die Latinisierung der nordamerikanischen Kultur ist direkt zurückzuführen auf die veränderte Bewirtschaftung des Bodens in den übrigen Teilen des Kontinents, wo Weiden, Anbauflächen für Futtermittel und Schlachtbetriebe den Ackerbau für die Versorgung der einheimischen Bevölkerung mit Lebensmitteln verdrängt haben.

III

Satte Rinder und hungernde Menschen

13
Reiche essen Rinder

Auf den fünf Kontinenten der Erde gibt es heute mehr als eine Milliarde Rinder (Food and Agricultural Organization 1990, Tabelle 89). Ein Viertel der gesamten Festlandmasse dient als Weideland für Rinder und sonstiges Vieh (Ehrlich/Ehrlich 1990, 35). Aber die Ertragsfähigkeit ist sehr unterschiedlich: Von dem Gras, das auf einem Hektar fruchtbaren Weidelands wächst, kann sich ein Rind ein Jahr lang ernähren. In unfruchtbaren Gebieten braucht ein Rind bis zu 20 Hektar Land (Pimentel/Hall 1989, 80).

In Australien gibt es 40 Prozent mehr Rinder als Menschen. In Südamerika kommen auf zehn Menschen neun Rinder, in Argentinien, Brasilien, Paraguay und Uruguay gibt es mehr Rinder als Menschen. Der weltweite Rinderbestand hat im letzten Jahrzehnt um fünf Prozent zugenommen (World Resources Institute 1990, Tabelle 18.3, 282f.).

In den USA leben etwa 100 Millionen Rinder, deren Weideflächen 29 Prozent der Festlandmasse einnehmen (Ensminger 1991, 22). Ein Drittel dieser Fläche befindet sich in staatlichem Besitz und wird an die Viehzüchter im Westen verpachtet (Jacobs 1988; Free our Public Lands 1989).

Rund um den Globus beschäftigt die Fleischindustrie etwa 200 Millionen Menschen (World Resources Institute 1988, 78). 43 Prozent der gesamten Rindfleischproduktion stammen vom amerikanischen Kontinent, 22 Prozent allein aus den Vereinigten Staaten, dem weltweit wichtigsten Fleischlieferanten. 18 Prozent des Rindfleisches, das auf den Weltmarkt gelangt, wird in der ehemaligen Sowjetunion produziert, Argentinien und Brasilien steuern je fünf Prozent bei. Die westeuropäischen Länder schließlich bringen insgesamt 17 Prozent aller Rindfleischprodukte auf den Markt (Food and Agriculture Organization 1990, Tabelle 92).

In den USA boomt das Geschäft mit dem Rind. Die Fleischindustrie hat einen Jahresumsatz von 36 Milliarden Dollar, das sind fast 24 Prozent der Einnahmen auf dem Agrarsektor und sieben Prozent aller im Lebensmittelhandel erzielten Gewinne (Coats 1989, 69). Die Fleischwirtschaft ist gegenwärtig der viertgrößte Produktionszweig in den Vereinigten Staaten. Die großen Mastbetriebe sind westlich des Mississippi in den Staaten Kansas, Colorado, Nebraska, Iowa, Texas, Missouri, Oklahoma und Kalifornien angesiedelt (*Farmline*, Juni 1990).

In den USA werden jeden Tag 100.000 Rinder geschlachtet (Food and Agriculture Organization 1990, Tabelle 92). In 91 Prozent aller nordamerikanischen Haushalte wird mindestens einmal in der Woche Rindfleisch gegessen (Harris 1987, 109). Die Bewohner der Südstaaten geben, gemessen am Kaufverhalten der Gesamtbevölkerung, mehr Geld für Rindfleisch aus, im Westen wird Fleisch dagegen am sparsamsten gekauft. Die Haushalte, die zu den 20 Prozent der Spitzenverdiener im Lande gehören, geben mehr Geld für Fleisch aus als der Durchschnitt der Bevölkerung (*Beef*, Juli 1989, 30). 23 Prozent der gesamten Rindfleischproduktion der Welt fließen in die nordamerikanischen Märkte (Food and Agriculture Organization 1990, Tabelle 92). Der durchschnittliche Fleischkonsum eines Amerikaners liegt bei 33 Kilogramm pro Jahr (Putnam 1990).

Von klein auf sind amerikanische Kinder gewöhnt, Fleisch in rauhen Mengen zu essen; davon legen die Statistiken ein beredtes Zeugnis ab. Durchschnittlich 1,7 Hamburger ißt ein Kind unter 7 Jahren in der Woche; 6,2 sind es im Alter zwischen 7 und 13 Jahren. Amerikaner zwischen 13 und 30 Jahren essen durchschnittlich »nur noch« 5,2 Hamburger pro Woche; der Proteinbedarf der Erwachsenen wird im allgemeinen eher durch Steak- oder Bratenfleisch gedeckt (Boas/Chain 1976, 118). Allein die Fast-food-Ketten im Lande verkaufen mehr als 6,7 Milliarden Hamburger im Jahr (Harris 1983, 6). Im Laufe seines Lebens verzehrt der Durchschnittsamerikaner das Fleisch von sieben ausgewachsenen Rindern (Ensminger 1991, Tabelle 19-6).

Die Nordamerikaner führen weltweit die Liste der Fleischkonsumenten an, dicht gefolgt von den Australiern. In Westeuropa ist der Pro-Kopf-Verzehr an Rindfleisch etwa halb so hoch wie in den Vereinigten Staaten, in Japan beträgt er zehn Prozent davon (Meyers 1983, 135). Diese Werte werden sich im nächsten Jahrzehnt wahrscheinlich deutlich verschieben, da die Japaner offenbar zunehmend Geschmack am Rindfleisch finden. In den Jahren von 1965 bis 1990 stiegen die Verkaufszahlen für Rindfleisch in Japan um das Dreieinhalbfache (*Choices*, 4/1989, 15). 1989 verkaufte McDonalds mehr Hamburger in Tokio als in New York (Vansickle 1990b). Obwohl Rindfleisch in Japan viermal so teuer ist wie in den USA, erwarten japanische Marktexperten für die nächsten 10 bis 15 Jahre eine Verdoppelung des Verbrauchs (Richter 1989, 15).

Japan ist nicht das einzige Land, das sich den Reihen der Rindfleischkonsumenten dieser Welt angeschlossen hat. Auch in Südkorea und Taiwan ist der Rindfleischverbrauch in den letzten Jahren in die Höhe geschnellt (Lappé 1982, 90; Vansickle 1990b, 30; Ritson et al. 1986, 29). In anderen wirtschaftlich aufstrebenden asiatischen Ländern wird sich im nächsten Jahrzehnt wohl eine ähnliche Entwicklung vollziehen.

Die Tendenz jedenfalls zeichnete sich in den vergangenen fünfzig Jahren unverkennbar ab: Steigende Einkommen der Bewohner eines Landes gingen stets Hand in Hand mit einer Zunahme des Fleisch-, speziell des Rindfleischkonsums. Die Mitgliedsstaaten der OECD (Organisation für wirtschaftliche Zusammenarbeit und Entwicklung) sind hierfür ein gutes Beispiel. Für die 70er Jahre, in denen die Einkommen allgemein stiegen, belegen die statistischen Zahlen aus 20 OECD-Mitgliedsstaaten, daß die Bewohner 40 Prozent ihres Kalorienbedarfs mit tierischen Produkten deckten. Das war ein Anstieg um fünf Prozent. Besonders in den Ländern Italien, Spanien, Portugal und Japan war deutlich zu beobachten, daß sich der Rindfleischkonsum genau parallel zur Steigerung des Bruttosozialprodukts entwickelte (Ritson et al. 1986, 28f.).

Auch im Sozialgefüge der einzelnen Länder selbst ist dieser Zusammenhang zwischen der Höhe des Einkommens und dem Fleischverbrauch zu erkennen. Eine in mehr als fünfzig Ländern durchgeführte Untersuchung hat ergeben, daß Angehörige der höheren Einkommensgruppen mehr Fett, Proteine und Kalorien in Form von tierischen Lebensmitteln zu sich nehmen als diejenigen der unteren Lohngruppen. Auf Jamaika, das zu den ärmeren Ländern der Welt zählt, ist Fleisch für die 25 Prozent der Bevölkerung, die zu den Wohlhabenden gehören, die Hauptproteinquelle, während Weizenmehl abgeschlagen an siebter Stelle der Proteinlieferanten steht. Bei den armen Einwohnern der Insel gelten genau entgegengesetzte Zahlen; hier ist Weizenmehl die Nummer eins der Proteinlieferanten, während Rindfleisch erst an dreizehnter Stelle kommt. Auf Madagaskar nehmen die Mitglieder der reichen Oberschicht zwölfmal so viel tierische Proteine zu sich wie diejenigen Menschen, die am Fuße der gesellschaftlichen Pyramide stehen (Harris 1987, 25).

Der Fleischkonsum ist in vielen Ländern ein Privileg, ein sichtbares Zeichen für Wohlstand und sozialen Rang. Unter den Ländern symbolisiert die Zugehörigkeit zum Kreis der Rindfleischkonsumenten Macht und definiert aus geopolitischer Sicht die Stellung des betreffenden Staates innerhalb des Weltgefüges nicht minder deutlich, als dies die Zahl seiner Panzer und Schiffe oder die Steigerung seiner industriellen Produktion tut.

In unserem modernen Zeitalter sind Machtbeziehungen zwischen den Staaten und auch innerhalb derselben immer wieder im Zeichen der Fleischproduktion geknüpft worden. Tatsächlich war die Kontrolle über Produktion und Verteilung des Rindfleischs ein Faktor, der entscheidend zur Expansion der westlichen Zivilisation beigetragen hat. Überall, wo sich der Rinderkomplex durchgesetzt hat, ist er zumindest teilweise dafür verantwortlich, daß sich veränderte politische Herrschaftsverhältnisse herausgebildet haben. So gesehen ist der Konsum von Rindfleisch weit mehr als bloß eine Frage des »Geschmacks«. Die komplexen Probleme sozialer Gleichheit und Gerechtigkeit, mit denen wir uns konfrontiert sehen, sind unmittelbar davon betroffen.

Die Tatsache, daß einige wenige privilegierte Menschen Rinder konsumieren, die mit Getreide gemästet werden, während Millionen anderer nicht einmal die existenzielle Mindestkalorienmenge zu sich nehmen können, ist eines der gravierendsten Probleme unserer heutigen Zivilisation. Wenn wir die Frage nach dem Überleben der Menschheit im kommenden Jahrhundert stellen, kommen wir nicht umhin, die Rolle zu beleuchten, die der internationale Rinderkomplex im globalen Lebensmittel-Monopoly und in der Ernährungspolitik der Mächtigen dieser Welt spielt.

14
Thomas Malthus und das Fleisch

Vor fast zweihundert Jahren veröffentlichte der britische Nationalökonom und Sozialphilosoph Thomas Robert Malthus seine Theorien zur Bevölkerungsentwicklung. Seine pessimistischen Prognosen zur Relation von Bevölkerungswachstum und verfügbarer Ackerfläche brachten der politischen Ökonomie den Ruf ein, eine »schwarzseherische Wissenschaft« zu sein. Er ging von der These aus, daß »die Kraft der Bevölkerung, sich zu vermehren, unendlich viel größer sei als die Kraft der Erde, Nahrungsmittel für den Menschen hervorzubringen«. Zentraler Punkt seiner Theorie ist die Annahme, das Bevölkerungswachstum gehe, sich selbst überlassen, in geometrischer Progression vonstatten, während sich die landwirtschaftlich genutzten Anbauflächen nur in arithmetischer Progression vermehren ließen (Malthus 1924, 18 u. 21). Auf diese Weise wird die Fähigkeit der Erde, die wachsende Bevölkerung zu ernähren, immer überstrapaziert werden, und in der Folge wird es zu Bodenerosionen, Raubbau an den natürlichen Schätzen, Hungersnöten und Epidemien kommen. Malthus hielt diesen Prozeß für unausweichlich und selbstregulierend. Immer dann, so seine Argumentation, wenn sich ein Volk so schnell vermehrt, daß das Land nicht mehr genügend Nahrungsmittel liefern kann, um es zu ernähren, sorgen Hungersnöte, Kriege und Krankheiten für eine Dezimierung unter den Menschen, bis wieder ein angemessenes Gleichgewicht hergestellt ist zwischen der Zahl der zu fütternden Mäuler und der Größe der Bodenfläche, die für den Ackerbau zur Verfügung steht.

Mit seinen Theorien beeinflußte Malthus das Denken seiner Tage und bremste den Enthusiasmus, mit dem die Philosophen der Aufklärung in die Zukunft blickten, nachhaltig. Seine pessimistische Haltung bildete ein massives Gegengewicht zu den Visionen von kommendem Fortschritt und Überfluß, die viele seiner Zeitgenossen lautstark verkündeten. Unberührt von der neuen Fortschrittsgläubigkeit, hielt Malthus an seiner Überzeugung fest, daß der Druck einer anwachsenden Bevölkerung immer wieder auf die Grenzen stoßen müsse, die ihr durch die gegebene Größe der vorhandenen Anbauflächen gesetzt seien. Er schrieb:

»Die Produktivkraft der Erde ... mag unaufhörlich zunehmen und größer sein als jedes bestimmbare Maß. Dennoch wird, da die Bevölkerungskraft jederzeit so viel stärker ist, die Vermehrung des Menschengeschlechts ... auf dem Niveau der Nahrungsmittel festgehalten werden ... Das entscheidende Hemmnis der Bevölkerungsvermehrung scheint also Nahrungsmangel zu sein, der unvermeidlich aus dem ungleichen Verhältnis hervorgeht, in dem Bevölkerung und Nahrungsmittel sich vermehren.« (Malthus 1924, 22)

Nun ist jedoch die Menschheit – zumindest vorerst – der Malthusschen Prophezeiung entronnen. Durch die Erschließung gewaltiger Anbauflächen in der Neuen Welt und immer neue Durchbrüche auf dem Gebiet der landwirtschaftlichen Technologie, zuerst in Form verbesserter Zuchtmethoden, dann durch Entwicklungen auf dem Maschinensektor und den Einsatz von chemischen Hilfsmitteln, wurde der Tag des Jüngsten Gerichts hinausgeschoben. Nach dem Zweiten Weltkrieg, als neue Monokulturen, chemische Düngemittel und Pestizide eingeführt wurden, kam es zur größten Steigerung der Agrarproduktion in der Geschichte der Menschheit. Zwischen 1950 und 1984 stieg die Welternte an Getreide um mehr als das Zweieinhalbfache an. Wirtschafts- und Agrarwissenschaftler teilten fast ausnahmslos die Überzeugung, daß menschlicher Erfindungsgeist und neue Technologien stets über die Sorgen und Ängste der Skeptiker triumphieren würden. Ihr Glaube wurde in den 80er Jahren erschüttert, als die bereits ausgelaugten Anbauflächen der Welt durch gewaltige Bevölkerungszunahmen noch größeren Belastungen ausgesetzt wurden. Der Pro-Kopf-Ertrag an Getreide fiel zwischen 1984 und 1989 um fast sieben Prozent (Brown et al. 1990, 3f.). In Afrika, im Nahen Osten und in Lateinamerika ist die Nahrungsmittelmenge, die heute pro Kopf der Bevölkerung produziert wird, geringer als zu Anfang der 80er Jahre (ebd.; World Resources Institute 1990, 86). Die Krise in der Landwirtschaft wurde durch verschiedene umweltbedingte Faktoren ausgelöst. Dazu gehören »Bodenerosionen, schrumpfende Waldflächen, eine Verschlechterung der Grasebenen und das Vordringen der Wüstengebiete, saurer Regen, Ozonloch und zunehmender Treibhauseffekt, Luftverschmutzung und Rückgang der Artenvielfalt« (Brown et al. 1990, 10). Auch die hohen Energiekosten und die Süßwasserverknappung haben zur Beschleunigung des Prozesses beigetragen, und die von Malthus prophezeiten natürlichen Wachstumsgrenzen beginnen sich wieder abzuzeichnen. Zum ersten Mal finden sich die Fortschrittsoptimisten in der Defensive, während sich in der jüngeren Generation unter Wirtschaftswissenschaftlern und Intellektuellen im allgemeinen zunehmend eine neo-malthusianische Denkweise durchsetzt.

Die in den 90er Jahren zu erwartende Bevölkerungszunahme um 959 Millionen Menschen hat von neuem die Sorge angefacht, wie die Menschheit in Zukunft noch zu ernähren sein wird (ebd., 5). 1988 hatte der Weltgetreidebestand mit einem Vorrat, der für etwa 54 Tage ausgereicht hätte, den niedrigsten Stand in der jüngeren Geschichte erreicht (Brown et al. 1989, 55). Bevölkerungsexperten sagen zunehmende Hungersnöte in der Sahelzone, in Bangladesch und in Indien voraus und weisen darauf hin, daß immer weniger Getreide für die Menschen in Mittel- und Südamerika, in China und in weiten Teilen Südostasiens zur Verfügung stehen wird (ebd., 43-46; Ehrlich/Ehrlich 1990, 66ff.). Auf lange Sicht zeigt sich die Zukunft in noch düstererem Licht. Die Erdenbevölkerung wird sich voraussichtlich in weniger als 60 Jahren von fünf auf zehn Milliarden Menschen verdoppelt haben (World Resources Institute 1990, 254, Tabelle 16.1; Ehrlich/Ehrlich 1990, 14).

Auch wenn die Tatsache, daß zu viele Menschen sich die begrenzten Ressourcen, die zur Verfügung stehen, gegenseitig streitig machen, mit wachsender Sorge beobachtet wird, bleiben die wichtigsten Ursachen des Problems weitgehend oder sogar vollständig unbeachtet. In der gesamten Literatur, die sich mit dem Thema der Überbevölkerung auseinandersetzt, wird kaum auf die Verschiebung eingegangen, die sich im gegenwärtigen Jahrhundert weltweit in der Landwirtschaft vollzogen hat – nämlich die veränderte Nutzung des Getreides als

Futter statt als Nahrungsmittel – eine Verschiebung, die mit ihrem ungeheuren Ausmaß auf allen Ebenen des menschlichen Lebens spürbar ist. Eine neue malthusianische Gefahr braut sich, düsterer und bedrohlicher als alles, was vorher war, vor uns zusammen. Die großen Rinderkulturen in Europa und Nordamerika haben in den vergangenen 150 Jahren weltweit eine künstliche Proteinskala geschaffen, und die Überflußgesellschaften verleiben sich die Reichtümer des Planeten ein.

Es mutet verlogen an, wenn sich die intellektuelle Elite der Industrienationen lang und breit darüber ausläßt, daß in den armen Ländern der Welt zu viele Kinder geboren werden, während sie die Überweidung durch die viel zu zahlreichen Rinder und die Realitäten einer Nahrungskette, die die Armen ihrer Lebensgrundlage beraubt, um den konstanten Nachschub an Fleisch für die Reichen zu sichern, schlicht ignoriert. In der Verwandlung des Getreides vom Nahrungs- zum Futtermittel, die sich weltweit vollzogen hat, zeigt sich eine neue Seite des Bösen, das in dieser Form vielleicht schwerwiegendere und langfristigere Folgen haben wird als alle Gewalt, die in der Vergangenheit von Menschen gegen Menschen ausgeübt worden ist.

Will man das gewaltige Ausmaß des Problems erfassen, so muß man den Aufbau der Weltnahrungskette verstehen und beleuchten, auf welche Weise sie zum Nutzen einiger Privilegierter beeinflußt und zurechtgebogen wurde.

Der Chemiker G. Tyler Miller illustriert das Schema, nach dem die Energiegesetze in der Stufenleiter der Evolution auf die Lebewesen wirken, mit einer einfachen Nahrungskette, die sich aus Gras, Heuschrecke, Frosch, Forelle und Mensch zusammensetzt. Auf jeder Stufe der Nahrungskette – wenn die Heuschrecke Gras, der Frosch die Heuschrecke, die Forelle den Frosch frißt und so fort – geht Energie verloren. Beim Verzehren und Verdauen der Beute, erklärt Miller, werden »80 bis 90 Prozent der Energie einfach als Wärme an die Umwelt« abgegeben. Nur 10 bis 20 Prozent der aufgenommenen Energie werden im Körper des Essers gespeichert und gelangen so zur nächsten Stufe in der Nahrungskette. Man stelle sich nun vor, wie viele Exemplare einer Spezies vonnöten sind, um einen einzigen

Vertreter der nächsthöheren am Leben zu erhalten: »Ein Mensch müßte im Jahr 300 Forellen essen, um sein Überleben zu sichern. Die Forellen ihrerseits brauchen 90.000 Frösche, die wiederum benötigen 27 Millionen Heuschrecken, die 100 Tonnen Gras verzehren.« (Miller 1971, 271)

In den USA werden heute mehr als 70 Prozent der Getreideernte als Viehfutter verwendet (U.S. Department of Agriculture 1991, Tabellen 256-6, -7, -16, -19, -23). Das Rind ist der schlechteste Futterverwerter unter den Nutztieren. Es verbraucht Unmengen an Energie und wird darum auch als der »Cadillac« unter den Masttieren bezeichnet. Neun Pfund Futter sind notwendig, damit ein Mastrind ein Pfund zunimmt. Von diesen neun Pfund setzen sich sechs Pfund aus »Getreide und anderen Futtermitteln, drei Pfund aus Rauhfutter zusammen« (Ensminger 1991, 23). Das heißt, daß nur elf Prozent des Futters in Muskelmasse umgesetzt werden, während der Rest im Stoffwechselprozeß als Energie verbrannt, zur Aufrechterhaltung der Körperfunktionen verbraucht, als Abfallprodukt ausgeschieden oder von Körperteilen wie Fell und Knochen absorbiert wird, die für den Menschen nicht genießbar sind (ebd., Abb. 1-25). Die Rinder im Mastbetrieb beziehen »42 Prozent der aufgenommenen Proteine aus Weidefutter, den Rest liefert Getreide. Die im Futter enthaltenen Proteine werden von ihnen nur zu sechs Prozent umgewandelt. Auf diese Weise muß ein Tier 790 Kilogramm pflanzliche Proteine zu sich nehmen, um in seinem Organismus 50 Kilogramm Proteine zu erzeugen.« (Pimentel/Pimentel 1979, 588)

Bis zur Schlachtung verzehrt ein Mastrind 1.250 Kilo Getreide, und es wiegt am Ende etwa 1.000 Pfund (Ensminger 1991, 23). In den Vereinigten Staaten verfüttert man gegenwärtig im Jahr 157 Millionen Tonnen Getreide, Hülsenfrüchte und Gemüsepflanzen, die für die menschliche Ernährung geeignet wären, an Tiere, um den Jahresbedarf der Amerikaner von 28 Millionen Tonnen tierischer Proteine zu decken (Pimentel et al. 1975, 756).

Rinder und anderes Nutzvieh fressen einen Großteil des Getreides, das auf unserem Planeten produziert wird. Dies ist ein völlig neues, in der Landwirtschaft bisher nie gekanntes Phänomen. Erstaunlicherweise hat sich der Übergang vom Weide- zum Mastbetrieb ohne großes

Aufsehen vollzogen, obwohl er die Bodennutzung und die Nahrungsmittelverteilung in den letzten fünfzig Jahren nachhaltig beeinflußt hat. Nehmen wir nur die für die Vereinigten Staaten gültigen Zahlen, so stoßen wir auf schockierende Tatsachen. Die Agrarökonomin Frances Moore Lappé merkt an, daß im Jahre 1979 145 Millionen Tonnen Getreide an Nutzvieh – Rinder, Geflügel und Schweine – verfüttert wurden. Nur 21 Millionen Tonnen von diesem Futter standen den Menschen nach der Energieumwandlung in Form von Fleisch und Eiern für den Verzehr zur Verfügung. »Der Rest – etwa 124 Millionen Tonnen Getreide und Sojabohnen – war für die Ernährung der Menschen verloren.« Nach Lappés Rechnung hätten diese verschwendeten Nahrungsmittel, in Geld umgerechnet, einen Wert von etwa 20 Milliarden Dollar, und hätte man sie für die Ernährung der Menschen genutzt, »so hätte die Menge ausgereicht, jeden Menschen auf der Erde ein Jahr lang täglich mit einer Schale Getreide zu versorgen« (Lappé 1982, 694).

Überall in der Welt steigt der Bedarf an Futtergetreide, und multinationale Konzerne versuchen, aus dem hohen Fleischverbrauch der reichen Länder Kapital zu schlagen. Zwei Drittel der in den Blütejahren der Landwirtschaft zwischen 1950 und 1985 erzielten Ertragssteigerung auf dem Getreidesektor kam der Viehzucht zugute, ein Großteil davon diente als Futtermittel für Rinder (World Commission on Environment and Development 1987, 120).

In den Entwicklungsländern haben Bodenreformen wiederholt die ländliche Bevölkerung auf den Plan gerufen und zu populistischen Bewegungen geführt. Aber während die Frage nach den Besitzverhältnissen und der Kontrolle über das Land immer auf großes Interesse in der Öffentlichkeit stieß, haben sich die politischen Diskussionen erstaunlich selten mit dem Problem der Bodennutzung befaßt. Und doch hat die Entscheidung, durch die spezielle Nutzung des verfügbaren Landes eine künstliche Nahrungskette aufzubauen – eine Entscheidung, in der sich das größte Unrecht in der Geschichte der Menschheit abzeichnet –, Abermillionen Menschen in aller Welt in Not und Elend gestürzt. In einem Produktivitätsvergleich zwischen Böden, die für den Nahrungsmittelanbau genutzt werden, und solchen, auf denen Viehfutter angebaut wird, heißt es:

»Ein Getreidefeld von einem Hektar erbringt fünfmal mehr Proteine als eine ebenso große Fläche, die für den Viehfutteranbau genutzt wird; mit Hülsenfrüchten (Bohnen, Erbsen, Linsen) kann ein zehnmal, mit Blattgemüsen ein fünfzehnmal höherer Proteinertrag erzielt werden ... Spinat erbringt das Sechsundzwanzigfache an Proteinen wie Rindfleisch.« (Zit. n. Doyle 1985, 287)

Den multinationalen Konzernen, die von den Pflanzensamen über landwirtschaftliche Chemikalien bis zur Rinderzucht alles in ihrer Hand halten und die die Kontrolle über Schlachtbetriebe und Vertriebswege haben, ist natürlich daran gelegen, die Vorzüge der Getreidemast zu propagieren. In Werbe- und Verkaufskampagnen wird den Entwicklungsländern ein ursächlicher Zusammenhang zwischen dem Konsum von Mastfleisch und dem Prestige eines Landes suggeriert. Ein Aufstieg in der Skala des Proteinkonsums wird als Zeichen des Erfolgs gewertet und sichert den Zugang zu jenem Eliteverein von Fleischproduzenten, die den Platz an der Spitze der Weltnahrungskette einnehmen. Die tendenziöse Haltung der Agrarerzeuger spiegelt sich in einem Artikel des *Farm Journal*:

»Das erste Ziel eines jeden aufstrebenden Staates scheint die Erweiterung und Verbesserung der Fleischversorgung zu sein. Am Anfang steht die Einrichtung moderner Hühner- und Eierfarmen – der effektivste und billigste Weg, nichtpflanzliches Eiweiß zu erzeugen. Dann gehen diese Länder, so schnell es ihre wirtschaftliche Lage erlaubt, zur Produktion von Schweinefleisch, Milch und Milcherzeugnissen, zur Weidewirtschaft und schließlich zum Getreidemastbetrieb für Rinder über.« (*Farm Journal*, Dez. 1978)

Wenn amerikanische Agrarunternehmen die Bevölkerungen anderer Länder dazu ermuntern, die Proteinleiter Stufe um Stufe weiter zu erklimmen, so treiben sie damit ihre eigene Sache voran. Wahrscheinlich wären die meisten Amerikaner überrascht, wenn sie wüßten, daß zwei Drittel des von den Vereinigten Staaten exportierten Getreides nicht etwa dazu dienen, den Hunger von Menschen zu stillen, sondern an Vieh verfüttert werden (U.S. Department of Agriculture 1991, Tabellen 256-6, -16).

Auf der Höhe der landwirtschaftlichen Blüte, als durch die Technologie der »grünen Revolution« ein Überschuß an Getreide erwirtschaftet wurde, änderte sich in vielen Entwicklungsländern der

Proteinkonsum. 1971 veröffentlichte die UN-Sonderorganisation für Ernährung, Landwirtschaft, Forsten und Fischerei FAO einen Bericht, der in der Empfehlung an die Entwicklungsländer gipfelte, mit ihrem Getreideüberschuß einen Markt für Futtergetreide zu schaffen (Lappé/Collins 1980,163). Den Ländern, in denen vor allem Reis produziert wurde, empfahl die FAO, zum Anbau von Rauhgetreide überzugehen, das besser zur Viehfütterung geeignet war. Auch die US-Regierung folgte in ihrem Entwicklungshilfeprogramm diesem Konzept, indem sie Nahrungsmittellieferungen an den Ausbau des Futtergetreidemarktes in den Empfängerländern koppelte. Unternehmen wie Ralston Purina und Cargill erhielten günstige staatliche Kredite, mit denen sie Hühnermastbetriebe in Entwicklungsländern einrichteten und so die Voraussetzung für deren Eingliederung in die Reihe der proteinkonsumierenden Gesellschaften schufen (Lappé 1982, 92).

Ungeachtet der Tatsache, daß ein immer größerer Teil der Menschheit Hunger und Not leidet, schreitet die Umwandlung von der Nahrungs- zur Futtermittelerzeugung in vielen Ländern der Erde ungehindert fort (Harris 1987, 24). Das menschliche Drama, das daraus resultiert, zeigte sich in aller Deutlichkeit, als 1984 in Äthiopien täglich Tausende von Menschen verhungerten. Der Öffentlichkeit in der westlichen Welt war nicht bewußt, daß gleichzeitig ein Teil der Agrarfläche des Landes der Erzeugung von Leinkuchen, Baumwollkuchen und Rübsamenmehl für den Export als Futtermittel nach Großbritannien und in andere europäische Länder diente. Viele Millionen Hektar Land werden heute in der Dritten Welt ausschließlich zur Produktion von Tierfutter für europäische Mastbetriebe genutzt.

Macht und Ausbeutung, Besitz und Privilegien – das sind Größen, die sich in der modernen Welt bis hinunter zur Kalorienzufuhr eines jeden Menschen auf unserem Planeten auswirken. Das herrschende Ungleichgewicht ist alarmierend. Die Nahrung eines durchschnittlichen Asiaten setzt sich zu drei Vierteln aus Getreide zusammen, das sind, für einen Erwachsenen berechnet, im Jahr zwischen 270 und 360 Pfund. Ein Mittelschichts-Amerikaner dagegen konsumiert im Jahr eine Tonne, also 2.000 Pfund, Getreide, 80 Prozent davon über das Fleisch von Rindern und anderen Tieren, die damit gemästet wurden

(Ehrlich et al. 1977, 315; Ensminger 1991, 20 u. 22). Ein Asiate nimmt am Tag durchschnittlich 56 Gramm Eiweiße zu sich, von denen nur 8 Gramm tierischer Herkunft sind. Von den 96 Gramm Proteinen dagegen, die ein Amerikaner täglich verzehrt, stammen 66 Gramm aus tierischen Quellen (Pimentel et al. 1975, 754).

Die Konkurrenz zwischen Nahrungs- und Futtermittelproduktion wird die Politik der Nord-Süd-Beziehungen in den kommenden Jahren sicherlich in hohem Maße mitbestimmen. Wir brauchen uns nur in Erinnerung zu rufen, daß zwei von drei Bewohnern unseres Planeten sich in der Hauptsache von pflanzlichen Produkten ernähren (Pimentel/Hall 1989, 38; Doyle 1985, 288). Angesichts der Tatsache, daß ein Drittel der gesamten Getreideernte an Rinder und anderes Vieh verfüttert und die Erdbevölkerung im nächsten Jahrzehnt aller Voraussicht nach um 20 Prozent anwachsen wird, ist eine weltweite Ernährungskrise bereits vorprogrammiert (Brown et al. 1990, 5, Tabelle 1-1).

Die wohlhabenden Länder haben sich an die Spitze der Rindfleischkonsumenten auf unserem Planeten gesetzt und verzehren dessen Reichtümer durch das tierische Medium Rind. Die Frage, woher wir die Berechtigung dazu nehmen, wird kaum jemals gestellt. Wir sehen es als unser gutes Recht und als Ausdruck unserer Lebensphilosophie an. Nie wird uns bewußt oder machen wir uns Gedanken und Sorgen darum, daß auf der unrühmlichen Kehrseite unserer Rinderkultur weniger privilegierte Menschen verzweifelt um ihre nächste Mahlzeit bangen müssen, oder darum, wie sehr unser Geschmack am Fleisch das Leben und das politische Geschick in anderen Ländern beeinflußt.

15

Das Schlankheitsideal und der fette Tod

In dem Maße, in dem eine Gesellschaft Zutritt zum Club der Rindfleischkonsumenten erlangt, reichern ihre Mitglieder eine statusgemäße Menge Fett in ihrem Körper an. Die Menschen der fleischkonsumierenden Kulturen der nördlichen Hemisphäre sind im Schnitt übergewichtig bis fett.

Lange Zeit wurden Körperfülle und Fettleibigkeit mit Macht und Wohlstand gleichgesetzt. In bestimmten westafrikanischen Stämmen werden die Töchter der Oberschicht, wenn sie die Pubertät erreicht haben, in eigens dazu eingerichteten Hütten bis zu zwei Jahre lang gemästet, bevor man sie für heiratsfähig erklärt (Wurtman/Wurtman 1987, 40). Im Römischen Reich nahm die Völlerei so exzessive Formen an, daß die Regierung ein Gesetz erließ, das die Höhe der Ausgaben für Lebensmittel und die Zahl der Gäste bei privaten Anlässen regulierte. Im Mittelalter galten üppige Gelage als sichtbares Zeichen des Wohlstandes. Die Kirche dagegen mißbilligte diese Völlerei und erklärte sie zur läßlichen Sünde. Einer der zwölf Kreise der Hölle in Dantes *Inferno* ist den Gefräßigen vorbehalten. In der Kunst der Renaissance fand dieser Überfluß fleischlichen Ausdruck. Üppige, glanzvoll ausstaffierte, von wertvollem Mobiliar eingerahmte Frauengestalten beherrschten die Szene. Rubens' Modelle mußten mindestens 90 Kilogramm auf die Waage bringen (Powers 1980, 205 u. 207).

Die Puritaner setzten für die ersten amerikanischen Siedler asketischere Maßstäbe. Bei ihnen war jeder leibliche Genuß verpönt (ebd., 206). Ihre weltfremde Einstellung hinderte spätere Generationen von Einwanderern allerdings nicht, begehrlich die Hand nach den verschwenderischen Gaben des überreichen Landes auszustrecken.

Nach dem Bürgerkrieg brach eine Ära der Expansion und des Wirtschaftswachstums an, die beispiellos war in der Geschichte. Die Menschen häuften Reichtümer an und stellten ihren neuerlangten Wohlstand in unvorstellbarer Verschwendungssucht zur Schau. Es ist sicherlich kein bloßer Zufall, daß sich das »Zeitalter der Korpulenz«, wie es von Zeitgenossen genannt wurde, parallel zum Aufstieg der Rinderkultur entwickelte (ebd., 207). Der Rindfleischkonsum war das sichtbare Symbol des »guten Lebens«. Mit den Menschenmassen, die in das »neue Europa« drängten, schossen die Steakhäuser fast ebenso schnell wie die Kirchen aus dem Boden.

Mit Beginn des 20. Jahrhunderts hatten die Amerikaner die Europäer als führende Rindfleischkonsumenten der Welt überholt. Und je mehr fettes Rindfleisch aus der Mast mit fruchtbarem Getreide sie verzehrten, um so übergewichtiger wurden sie im Laufe der Zeit – was niemanden verwundern kann.

Die Gesundheitszentren der USA haben festgestellt, daß 34 Millionen Menschen im Lande übergewichtig sind, wobei die Staaten des Mittelwestens und des Südens geringfügig vor denjenigen des Westens und des Nordwestens liegen (*Wall Street Journal*, 14. Juli 1989). Andere Studien kommen zu dem Schluß, daß 24 bis 27 Prozent der US-Bevölkerung an Übergewicht leiden (Wurtman/Wurtman, 1987, 18). Neben einem zu hohen Zuckerkonsum und einer zunehmend sitzenden Lebensweise, die durch die technologischen Fortschritte begünstigt wird, gehört der Konsum tierischer Fette zu den Hauptverursachern dieser Volkskrankheit.

Das Durchschnittsgewicht der nordamerikanischen Männer hat im 20. Jahrhundert von Jahrzehnt zu Jahrzehnt zugenommen. Aus Militärakten geht hervor, daß Männer, die in den 50er Jahren ihren Militärdienst antraten, bei gleicher Körpergröße mehr Gewicht auf die Waage brachten als die Rekruten in den 40er Jahren. Soldaten im Zweiten Weltkrieg wogen im Durchschnitt mehr als diejenigen im Ersten Weltkrieg (ebd.). Für die Frauen gilt dieselbe Entwicklung. Einer Studie der University of Michigan zufolge sind die nordamerikanischen Frauen zwischen 1960 und 1980 zunehmend schwergewichtiger geworden. Bei den weißen Frauen in der Altersgruppe der 25- bis 34jährigen stieg der Anteil der als übergewichtig Eingestuften von 13,3 auf 17,7 Prozent, bei den schwarzen Frauen derselben Altersgruppe von 28,8 auf 31 Prozent (Leary 1989). In den 80er Jahren brachten Männer wie Frauen in den USA zwischen zwei und acht Pfund mehr auf die Waage als ihre Landsleute gleicher Körpergröße ein Jahrzehnt zuvor.

Im Schnitt sind die Bewohner sämtlicher westlicher Industrienationen übergewichtig, auch wenn es von Land zu Land Unterschiede gibt. Eine vergleichende Studie zwischen der Bevölkerung der Vereinigten Staaten, Kanadas und Großbritanniens kam zu dem Ergebnis, daß die Gewichtsunterschiede in direktem Zusammenhang mit dem Wohlstand der verglichenen Bevölkerungsschichten standen. Die US-Bürger erwiesen sich als die dicksten Menschen, gefolgt von den Kanadiern und schließlich den Engländern. Die Verantwortlichen der Untersuchung folgerten daraus, daß

»das Maß allgemeiner Übergewichtigkeit in der Reihenfolge der drei Nationen ihrem jeweiligen Wohlstand entspricht. Daraus ergibt sich die wichtige Frage für das öffentliche Gesundheitswesen, ob der zunehmende Wohlstand, den jedes Land anstrebt, nicht zu einem Ansteigen der allgemeinen Übergewichtigkeit in der Bevölkerung des betreffenden Landes führen wird.« (*American Journal of Public Health*, Nr. 77 (1), Jan. 1987, 40f.)

Nie gab es in der Geschichte so viele übergewichtige Menschen wie heute. Die Rindfleischesser der nördlichen Hemisphäre schleppen so viel überschüssiges Fett mit sich herum, daß sich in unserem Jahrhundert ein neues Phänomen herauskristallisiert hat, das zum integralen gesellschaftlichen Bestandteil der westlichen Welt geworden ist – die Schlankheitskur.

Das Fasten galt in vielen Kulturen als Mittel der Reinigung und war Bestandteil des Glaubens. Es war eine Opferhandlung, durch die die Menschen Buße taten und ihre Götter beschwichtigten. Heute haben die Menschen ihr eigenes Ego an die Stelle der Götter gesetzt, und die Diät nimmt die Stelle des Fastens ein, wenn wir uns das Essen verwehren, um unserem Selbstbild zu huldigen. In ihrem Bemühen abzunehmen, geben die Nordamerikaner jährlich fünf Milliarden Dollar aus (Wurtman/Wurtman 1987, 39). Die überwiegende Mehrzahl der Menschen, die abzunehmen versuchen, nennt äußere Erscheinung und Schönheit als Motivation für ihre Diäten. Aus den Meinungsumfragen von mehreren Jahrzehnten geht hervor, daß 44 Prozent der nordamerikanischen Frauen und 21 Prozent der Männer gern weniger wiegen würden (Rothblum 1990, 9). Jede zweite Frau hält fast ständig Diät (Freedman 1989, 174). In der jüngeren Generation hat diese Gewohnheit fast zwanghafte Züge angenommen. 63 Prozent der Mädchen und 16,2 Prozent aller Jungen, die eine amerikanische High-School besuchen, gaben bei einer bestimmten Umfrage an, gerade eine Diät zu machen. Mädchen sind im Durchschnitt elf Wochen des Jahres mit irgendwelchen Diäten beschäftigt (Rothblum 1990, 12f.). Ärzte wissen von Fünfjährigen zu berichten, die unbedingt »überschüssige Pfunde« loswerden wollen, um ihr Aussehen zu verbessern: »Ich habe Fünf- und Sechsjährige gesehen, die sich Sorgen um ihr Gewicht machten … Ein kleines Mädchen brach in Tränen aus, weil ihre Mutter mit ihr schwimmen gehen wollte. Das Mädchen fand sich im Badeanzug zu dick, obwohl sie ein völlig normales Gewicht für ihre Größe hatte.« (Zit. n. Ewen 1988, 181)

Die fast krankhafte Fixierung auf das Schlankheitsideal hat dazu geführt, daß die heranwachsenden Töchter der Mittelschicht und der oberen Mittelschicht immer häufiger unter Eßstörungen wie Magersucht und Bulimie leiden. Und obwohl diese Eßstörungen engagierte Diskussionen in der Öffentlichkeit auslösen, bleibt die Tatsache bestehen, daß freiwilliges Hungern und gelegentliche Abführkuren für die Mehrheit der Frauen und für einen kleineren Prozentsatz der Männer in den USA zum Alltag gehören. Bei einer Umfrage der Zeitschrift *Glamour* unter 33.000 Frauen gaben 50 Prozent der Befragten an, »gelegentlich« oder »häufig« zu Abmagerungspillen zu greifen. 27 Prozent der Befragten benutzten ein flüssiges Diätpräparat, 18 Prozent nahmen Diuretika (Entwässerungsmittel) ein, 45 Prozent machten Fastenkuren oder »Null-Diäten«. Auch das künstliche Abführen (oft in Verbindung mit Freßanfällen) ist erstaunlich weit verbreitet; 18 Prozent der Befragten benutzten regelmäßig Abführmittel, um schneller abzunehmen, 15 Prozent praktizierten selbstinduziertes Erbrechen (*Glamour*, Feb. 1984; Ewen 1988, 181f.).

Anthropologen, Soziologen und Psychologen haben sich Gedanken gemacht, was die Gründe für die Verschiebung des Schönheitsideals von der Korpulenz zur Schlankheit sein mochten. Der Übergang von der bäuerlichen zur industriellen Gesellschaft, zunehmende Verstädterung, die Beschleunigung des Transport- und Kommunikationswesens – all das trug zum allmählichen Aussterben des geruhsamen Kleinstadtlebens bei.

Im 20. Jahrhundert geriet alles in Bewegung, Funktion siegte über Konstruktion, Energie über Materie. Eine korpulente Erscheinung paßte wenig zum hektischen Tempo der Zeit. Das Fließband mit seinem rasanten linearen Zeitrahmen gab die Geschwindigkeit an, nicht mehr der behäbigere bäuerliche Rhythmus, der durch die jahreszeitlichen Zyklen bestimmt war. Sicherheit drückte sich nicht mehr in der Gemeindezugehörigkeit, sondern in der Mobilität aus, und »Effizienz« wurde zum zentralen Begriff. In Architektur und Technik kam die Stromlinienform in Mode. Das New Yorker Chrysler-Gebäude im Art-Deco-Stil und die schnittigen neuen Zweisitzer symbolisierten einen völlig anderen Zeitgeist als die viktorianischen Gutshäuser und die Dampfmaschinen einer früheren Ära. Mit dem Übergang von der Maschinentechnik zur Computertechnologie beschleunigte sich die Entwicklung von der Muskel- zur Geisteskraft hin. Dicksein galt nun weniger als Zeichen von Wohlstand und Überfluß, sondern wurde als Indiz für Trägheit und Nachlässigkeit gewertet. Wer dick war, mußte auch schwerfällig, langsam und begriffsstutzig sein. In einer Welt, in der Stechuhren, Produktionspläne und wissenschaftliche Prinzipien der Unternehmensführung und -effektivität die Norm setzten, galt der Dicke bald als altmodisch. Nachdem Körperfülle und Wohlstand lange Zeit mit Erfolg gleichgesetzt worden waren, galt nun in einer neuen Generation der Wahlspruch der Herzogin von Windsor: »Man kann nicht zu reich oder zu schlank sein.« (Zit. n. Freedman 1989, 178)

Stewart Ewen charakterisierte das Schlankheitsideal treffend als ein Nebenprodukt der Moderne. Die Damenmode der 20er Jahre spiegelte das neue Lebensgefühl der Frauen wider, die den konventionellen Rahmen einer altmodischen Gesellschaft sprengten (Ewen 1988, 173f.). Die Modeschöpfer entwarfen flotte, stromlinienförmige Frauenkleider, die Beweglichkeit, Flexibilität und forsches Selbstbewußtsein ihrer Trägerinnen suggerierten – Eigenschaften und Werte, die sich als prägende Elemente im gesamten Kulturkreis durchsetzten.

Als sich die moderne Werbeindustrie des Schlankheitsideals anzunehmen begann und »schlank« zum Synonym für »schön und sexy« wurde, waren die üppigen Formen des viktorianischen Zeitalters bald hoffnungslos überholt. Das »Playgirl« verdrängte die Erdmutter als Schönheitsideal. Tatsächlich sind die Faltblattschönheiten des *Playboy* seit der Gründung der Zeitschrift immer schlanker geworden. Von 1954 bis 1978 wurden die Siegerinnen der »Miss America«-Wahl im Durchschnitt um drei Zentimeter größer und fünf Pfund leichter (Freedman 1989, 177).

Immer mehr Nordamerikaner und Europäer der wohlhabenderen Nationen erstreben die Schlankheit als Idealzustand, aber die Wirklichkeit sieht ganz anders aus. Schwergewichtigere Menschen als die Bewohner der reichen Länder dieser Welt gab es noch nie in der Geschichte, und die Tendenz ist ungebrochen steigend. Die Bewohner der nördlichen Hemisphäre sind die Erben einer sechstausendjährigen Geschichte des Rindfleischkonsums, der im Laufe des letzten Jahrhunderts zu einer wahren Orgie der Verschwendung ausgeartet ist. Außerstande, ihre ererbte Gier nach fettem Fleisch mit den Anforderungen ihres neuen stromlinienförmigen Selbstbildes in Einklang zu bringen, sind sie gefangen in einer nie gekannten und tödlichen Falle zwischen krankhaftem Konsum und extremer Selbstkasteiung.

Als 1917 die Alliierten eine Blockade über die von Deutschland besetzten Territorien Nordeuropas verhängten, waren die Dänen von dieser Maßnahme besonders stark betroffen. Nachdem die gewohnten Versorgungswege abgeschnitten waren, sah sich die dänische Regierung gezwungen, eine Lebensmittelrationierung in Kraft zu setzen, die die vorwiegende Versorgung der Bevölkerung mit Kartoffeln und Gerste vorsah und Fleisch praktisch von ihrem Speisezettel strich. Über Nacht waren drei Millionen Dänen zu Vegetariern wider Willen geworden, was ganz erstaunliche Folgen hatte. Im Jahr der Lebensmittelrationierung verminderte sich die krankheitsbedingte Sterberate um 34 Prozent (Hindhede 1920, 381).

Die dänische Erfahrung konnte nicht viel beweisen, legte aber die Vermutung nahe, daß es zwischen Fleischkonsum und bestimmten Krankheiten des Menschen einen Zusammenhang gibt. Nach siebzigjähriger Forschungsarbeit geht die Wisssenschaft heute davon aus, daß eine fleisch- und cholesterinreiche Ernährung das Risiko erhöht, an einer der »Wohlstandskrankheiten« – Herz- und Gefäßerkrankungen, Krebs und Diabetes – zu sterben. Durch die Aufnahme großer Mengen gesättigter Fettsäuren und Cholesterin mit dem Fleisch erhöht sich der Cholesterinspiegel im Blut. Das Cholesterin wird in Form von proteingebundenen Lipidmolekülen, die als Lipoproteine niedriger Dichte (LDL – Low Density Lipoproteins) bezeichnet werden, im Blut transportiert. Diese Lipoproteine lagern Cholesterin an den Gefäßwänden ab, wo sie sich in Form von Plaque ansammeln und allmählich die Durchlässigkeit verringern. Darüber hinaus fördern Lipoproteine niedriger Dichte die Bildung von Thrombozyten im Blut, die sich zu Klumpen verdichten und zu Arterienverschlüssen führen können (Vines 1989, 44).

Die Bewohner der Länder mit hohem Proteinverbrauch leben gefährlich, sie sterben zu Millionen durch den übermäßigen Verzehr von Fleisch aus Getreidemastbetrieben. Die Zahl der Todesfälle, die ursächlich mit einer allzu fett- und cholesterinreichen Ernährung zusammenhängen, steigt jährlich. Einem Bericht des Gesundheitsministeriums der USA zufolge waren von den 2,1 Millionen Sterbefällen im Jahre 1987 etwa 1,5 Millionen auf solche ernährungsbedingten Faktoren zurückzuführen. Bei den drei Spitzenreitern unter den zehn häufigsten Todesursachen in den Vereinigten Staaten – Herzinfarkt, Krebs und Schlaganfall – kommt der fett- und cholesterinreichen Ernährung eine Schlüsselrolle zu (Corson 1990, 70; *New Scientist*, 4. Aug. 1988, 28; U.S. Department of Commerce 1990, Tabelle 115). Die Tendenz der Nordamerikaner und Europäer, durch übermäßigen Konsum von Fleisch und anderen fetthaltigen Produkten immer mehr Gewicht anzusetzen, erhöht ihr Risiko, vorzeitig an einer oder mehreren der genannten Krankheiten zu sterben. Der Bericht schließt mit der Bemerkung:

»Eine sehr fettreiche Ernährung steht im Zusammenhang mit ... einigen Krebsarten und vielleicht auch mit der Entstehung von Gallenblasenleiden. Epidemiologische und klinische Studien sowie Versuche an Tieren haben konkrete und eindeutige Beweise dafür erbracht, daß es einen Zusammenhang zwischen dem Konsum an gesättigten Fettsäuren, einem erhöhten Cholesterinspiegel im Blut und der Entstehung von Herzerkrankungen, ... Brust- und Darmkrebs gibt.« (U.S. Public Health Service 1989)

Die wissenschaftlichen Beweise für einen ursächlichen Zusammenhang zwischen Übergewichtigkeit und einer Zunahme an lebensbedrohlichen Erkrankungen sind heute nicht mehr von der Hand zu weisen. Die Betreiber einer Studie, die über 25 Jahre hinweg mit 5.000 Bewohnern der Stadt Framingham, Massachusetts, durchgeführt wurde, kamen zu dem Ergebnis, daß dem Übergewicht eine entscheidende Rolle bei der Entstehung von Herz- und Gefäßkrankheiten zukommt. Sie folgerten aus ihren Beobachtungen, daß »es 25 Prozent weniger koronare Herzerkrankungen und 35 Prozent weniger Fälle von Herzversagen und Schlaganfall gäbe, wenn alle Bürger des Landes ihr Idealgewicht hätten«. Eine großangelegte Studie der Amerikanischen Krebsgesellschaft, die 750.000 US-Bürger erfaßte, erbrachte ebenfalls einen Zusammenhang zwischen übermäßigem Körperfett und tödlichen Herzerkrankungen (Wurtman/Wurtman 1987, 21).

In anderen Untersuchungen wurde ein Zusammenhang zwischen Übergewichtigkeit und Diabetes nachgewiesen. Dicke Menschen erkranken eher an Diabetes als schlanke, und ihr Risiko, an dieser Krankheit zu sterben, liegt deutlich höher als bei Normalgewichtigen. Es wird vermutet, daß ihre höhere Anfälligkeit für Diabetes auf die Tatsache zurückzuführen ist, daß »Fettgewebe weniger insulinempfindlich« ist. Fettleibigkeit fördert außerdem die Bildung von Gallensteinen. Da Gallensteine zu 90 Prozent aus Cholesterin bestehen, kann es kaum verwundern, daß die meisten Frauen, die an Gallensteinen leiden, bevor sie das 50. Lebensjahr erreicht haben, mindestens elf Kilogramm Übergewicht haben (Powers 1980, 39).

Eine Fülle neuerer Untersuchungen bringt einen Zusammenhang zwischen einer fleischreichen Ernährung und dem Darmkrebs zutage, der gegenwärtig in den Vereinigten Staaten auf der Liste der tödlichen Krebserkrankungen an zweiter Stelle steht. Jedes Jahr werden hier 100.000 neue Fälle von Darmkrebs diagnostiziert, allein im Jahre 1990 starben 50.000 Menschen an dieser Krebsform. Die bisher umfassendste Studie zum Zusammenhang zwischen Darmkrebs und Ernährungsgewohnheiten erstreckte sich über sechs Jahre und erfaßte 88.751 Frauen im Alter zwischen 30 und 59 Jahren. Die Verantwortlichen kamen zu dem Resultat, daß Frauen, die täglich dunkles Fleisch essen, ein »zweieinhalbmal größeres Risiko eingehen, an Darmkrebs zu erkranken, als Frauen, die sehr selten oder nie Fleisch essen«. Der Leiter der Studie erklärte dazu: »Wenn man die Zahlen in aller Ruhe betrachtet, so wird deutlich, daß man am besten überhaupt kein dunkles Fleisch essen sollte.« (Zit. n. Kolata 1990) In den Ländern der westlichen Welt mit einem hohen Pro-Kopf-Fleischverbrauch liegt die Darmkrebsrate um bis zu zehnmal höher als in den Staaten Asiens und der Dritten Welt, in denen praktisch kein Rindfleisch gegessen wird (Willett et al. 1990, 1664).

Auch zwischen dem Konsum von dunklem Fleisch und Brustkrebs wird heute ein Zusammenhang vermutet. Jede zehnte Frau in den USA erkrankt irgendwann in ihrem Leben an Brustkrebs. Seit 1960 ist das Auftreten der Krankheit bei Frauen über 44 Jahren jährlich um zwei Prozent angestiegen (*Science News*, 21. Apr. 1990, 245). Wissenschaftler vom staatlichen Krebsinstitut analysierten die in einhundert Tierversuchen gewonnenen Informationen und kamen dabei zu dem Schluß, daß »die Aufnahme von Fett und Kalorien gleichermaßen« das Risiko einer Brustkrebserkrankung erhöhte. Neuere Studien mit skandinavischen und kanadischen Frauen kamen zum selben Ergebnis. Die Mehrzahl der an den Studien beteiligten Frauen, die an Brustkrebs erkrankt waren, nahmen »im Schnitt einen deutlich höheren Prozentsatz der täglichen Kalorien über fetthaltige Nahrungsmittel auf« (*Science News*, 10. Nov. 1990, 302; Howe et al. 1991). Einige Wissenschaftler sind überzeugt, daß ein überhöhter Fettkonsum Krebs auslösen kann, indem er die Ausschüttung von Prolactin bewirkt, dem Hormon, das den Fettstoffwechsel und die Milchsekretion reguliert (Fox/Wiswal 1989, 20). Die Leiter einer in Toronto durchgeführten Studie gehen davon aus, daß eine Senkung der Fettaufnahme auf neun Prozent der gesamten Tagesration an Kalorien – der gegenwärtige Wert liegt für nordamerikanische Frauen bei 37 Prozent – das Risiko für eine Frau, nach dem Klimakterium an Brustkrebs zu erkranken, um zehn Prozent senken würde (*Science News*, 21. Apr. 1990). Rindfleisch und andere tierische Nahrungsmittel sind zwar nicht die einzigen Fettlieferanten in unserer Ernährung, steuern aber vor allem in reichen Industrienationen wie den USA den Hauptanteil bei.

Den wohl überzeugendsten Nachweis eines Zusammenhangs zwischen Fett- und Cholesterinzufuhr und bestimmten Erkrankungen lieferte 1990 ein Team nordamerikanischer und chinesischer Wissenschaftler, als sie die Ergebnisse einer Studie über Ernährungsgewohnheiten und Gesundheit der Chinesen veröffentlichten. In der Studie, die eine Journalistin der *New York Times* als »Grand Prix« der Epidemiologie betitelte, wurden die Eßgewohnheiten von 8.000 Chinesen aus 69 Regionen, die sich über 25 Provinzen verteilten, unter die Lupe genommen (Brody 1990).

Chinesen nehmen im Durchschnitt 20 Prozent mehr Kalorien zu sich als Amerikaner, aber die Amerikaner bringen 25 Prozent mehr Gewicht auf die Waage. Schuld daran ist die Tatsache, daß die US-Amerikaner 37 Prozent ihrer täglichen Kalorienmenge aus Fett beziehen, während der Fettanteil in der Ernährung der ländlichen Bevölkerung Chinas weniger als 15 Prozent ausmacht. Außerdem stammen 70 Prozent der von US-Amerikanern aufgenommenen Proteine von tierischen und 30 Prozent von pflanzlichen Nahrungsmitteln, während die Chinesen nur 11 Prozent aus tierischen und 89 Prozent aus pflanzlichen Produkten beziehen (*USA Today*, 6. Juni 1990).

Die oben genannte Studie wies, wie viele andere in den letzten Jahren in westlichen Ländern durchgeführte Untersuchungen, einen engen Zusammenhang zwischen Fleischkonsum und der Häufigkeit von Herz- und Krebserkrankungen nach. Es stellte sich heraus, daß bei zunehmendem Fleischverbrauch in einem Bezirk dort auch die Zahl der Herz- und Kreislauferkrankungen drastisch anstieg. In manchen Fällen lag die Erkrankungsquote bis zu fünfzigmal höher als in den Regionen, in denen noch durchschnittlich weniger als 15 Prozent der Nahrung aus tierischem Fett bestanden. Auch Darmkrebs trat bei steigendem Konsum von tierischem Fett vermehrt auf. Colin Campbell von der Cornell University, einer der Leiter dieser bisher einzigartigen Studie, zog daraus den Schluß: »Wenn die Leute erst einmal tierische Produkte in ihren Speiseplan aufnehmen, ist dies der Anfang allen Übels.« (Moffat 1990, 553f.)

Nach der Auswertung des umfassenden Datenmaterials durch sein Team gab Campbell die gewonnen Erkenntnisse wieder:

»Der erste Schritt im Prozeß der wirtschaftlichen Entwicklung eines Landes besteht im allgemeinen darin, einen großen Viehbestand zu schaffen. Unsere

Daten offenbaren, daß dies sehr unklug ist, und die Chinesen nehmen sich diese Erkenntnis zu Herzen. Ihnen wird bewußt, daß eine auf der Viehhaltung basierende Landwirtschaft nicht der richtige Weg ist. Wir sind im Grunde eine Spezies von Pflanzenfressern und täten gut daran, abwechslungsreiche pflanzliche Lebensmittel und weniger tierische Produkte zu uns zu nehmen.« (Zit. n. Brody 1990, C14)

Der Preis an Menschenleben, den wir dafür zahlen, daß wir der exklusiven Gesellschaft der Rindfleischkonsumenten angehören, ist hoch. Die britische medizinische Fachzeitschrift *Lancet* berichtete kürzlich über einen dramatischen Anstieg der durch die »Wohlstandskrankheiten« verursachten Todesfälle in Japan. Diese seit 25 Jahren zu beobachtende Tendenz verläuft parallel zum Anwachsen des Rindfleischkonsums im Lande. In den USA haben die Kosten, die dem Land durch den übermäßigen Konsum von Fleisch aus Getreidemastbetrieben erwachsen, schwindelnde Höhen erreicht. Alljährlich sterben hier fast eine Million Menschen an Herz- und Gefäßerkrankungen, was Kosten in Höhe von 100 Milliarden Dollar im Jahr verursacht (American Heart Association 1991, 1 u. 4). Darm- und Brustkrebs folgen mit 20 Milliarden Dollar im Jahr (National Cancer Institute 1989; Fox/Wiswall 1989, 27).

Zahlreiche amerikanische medizinische und wissenschaftliche Vereinigungen haben sich für eine Veränderung der Ernährungsgewohnheiten stark gemacht: Weniger tierisches Fett und Cholesterin, dafür mehr pflanzliche Proteine auf dem täglichen Speiseplan. Der Ernährungs- und Gesundheitsausschuß der National Academy of Sciences rät dazu, den Proteinkonsum insgesamt um zwölf Prozent zu senken und tierisches durch pflanzliches Eiweiß zu ersetzen:

»Menschen, die Proteine in Form von Sojabohnen anstelle von tierischen Eiweißen zu sich nehmen, haben einen niedrigeren Cholesterinspiegel ... und vieles spricht für die Annahme, daß der Cholesterinspiegel von Menschen, die sich rein vegetarisch ernähren, niedriger ist als im repräsentativen Durchschnitt der Bevölkerung.« (Zit. n. *Beef*, April 1989, 34)

Die American Academy of Pediatrics geht noch einen Schritt weiter. Sie gibt die Empfehlung aus, daß die gesamte Aufnahme an gesättigten Fettsäuren bei einem Menschen ab dem dritten Lebensjahr nicht mehr als zehn Prozent der gesamten Kalorienzufuhr betragen sollte.

Es wird davon ausgegangen, daß sich der Cholesterinspiegel der US-amerikanischen Bevölkerung dadurch im Schnitt um zehn Prozent senken ließe und daß Herz- und Gefäßkrankheiten um 20 Prozent zurückgehen würden (*Science News*, Nr. 137, 3. März 1990, 132).

Nordamerikaner und Europäer essen sich buchstäblich zu Tode, schlingen fettes Fleisch und andere tierische Produkte, massenweise gesättigte Fettsäuren und Cholesterin in sich hinein. Die Fettsubstanzen reichern sich im Blut an, verstopfen die Arterien, lagern sich an den Gefäßwänden ab, lösen Veränderungen im Stoffwechsel und Hormonhaushalt aus, regen das Zellwachstum an und zersetzen die Organe. Das durch die Rinderkultur verheißene »gute Leben« hat sich für die Bewohner Nordamerikas und Europas auf makabre Weise verkehrt – fettsüchtig und von Wohlstandskrankheiten heimgesucht, haben sie schwer an den Folgen ihrer Maßlosigkeit zu tragen.

16
Kühe fressen Menschen auf

Während die Reichen an Wohlstandskrankheiten sterben, gehen die Armen dieser Welt zugrunde, weil es ihnen am Notwendigsten zum Leben fehlt. Das 20. Jahrhundert mit seiner künstlich geschaffenen Proteinkette hat auf der Welt für beispielloses Unrecht gesorgt; eine Milliarde Menschen schwelgen im Überfluß und stopfen das Fett in sich hinein, nur um es dann mit Hilfe von Abführmitteln schleunigst wieder loszuwerden, während eine weitere Milliarde Menschen nicht einmal die Möglichkeit haben, sich mit dem Minimum dessen zu versorgen, was der Körper zum Leben braucht. Dazwischen befinden sich etwa 3,5 Milliarden Menschen auf der heiklen Gratwanderung zwischen Erlösung und Verzweiflung, immer in der Hoffnung, eine Stufe voran zu kommen auf der Skala des Proteinkonsums. Und für jeden, der dieses Ziel erreicht, wird ein anderer ganz nach unten gezwungen, wo Hunger und Tod auf ihn warten.

Die Weltbank schätzt, daß auf der Welt zwischen 700 Millionen und einer Milliarde Menschen in tiefster Armut leben. Entgegen der allgemeinen Annahme werden die Armen von Jahr zu Jahr ärmer. 43 Entwicklungsländer standen am Ende der 80er Jahre ärmer da als zu Anfang des Jahrzehnts (Brown et al. 1990, 136f.). Mit zunehmender Armut hat auch die Mangelernährung immer mehr um sich gegriffen. Jeder vierte Bewohner des afrikanischen Kontinents ist unterernährt, in Lateinamerika geht jeder Achte allabendlich hungrig zu Bett. 22 Prozent der Menschen in Asien und in den Anrainerstaaten des Pazifischen Ozeans sind chronisch unterernährt, quälender Hunger ist ihr ständiger Begleiter. Im Nahen Osten leidet jeder Zehnte an Unterernährung. Statistiken der Weltgesundheitsorganisation WHO zufolge sind mehr als 1,3 Milliarden Menschen von chronischem Hunger betroffen – eine Zahl, die um so mehr erschreckt, als wir ein Drittel des Getreides, das auf der Erde produziert wird, an Rinder und anderes Schlachtvieh verfüttern. Nie zuvor in der Geschichte hat ein so hoher Anteil der Menschheit – nämlich fast 20 Prozent – Hunger gelitten (Okie 1989, 11).

Das Zeitalter des Fortschritts hat nur für die Bewohner der nördlichen Hälfte des Planeten stattgefunden. Allen übrigen hat dieses Jahrhundert nur Hunger, Krankheit, wachsende Resignation und Verzweiflung beschert. Es ist schwer, sich das Ausmaß der Not vorzustellen; 500 Millionen hungernde Menschen in Süd- und Ostasien, 160 Millionen in Afrika (ebd.).

Alljährlich sterben auf der Erde etwa 20 Millionen Menschen an Unterernährung und dadurch mitverursachten Krankheiten. Die Kinder dieser Welt zahlen den höchsten Preis: Fast 40 Prozent aller Kinder in den Entwicklungsländern leiden an Unterernährung, und es wird geschätzt, daß die dortige Kindersterblichkeit in 60 Prozent aller Fälle unmittelbar damit zusammenhängt. Mehr als 15 Millionen Kinder werden jährlich von Krankheiten dahingerafft, die durch Mangelernährung verursacht oder dramatisch verschärft werden (Lappé/Collins 1980, 3).

Während Millionen von Jugendlichen in den USA panisch auf überschüssige Pfunde achten und Zeit, Geld und Energie darauf verwenden, dieselben loszuwerden, vegetieren die Kinder in anderen Teilen der Welt dahin – durch den permanenten Mangel an lebensnotwendigen Nährstoffen an Körper und Geist verkümmert und durch Parasiten und Infektionskrankheiten geschwächt.

Akute Unterernährung manifestiert sich in einem Zustand körperlicher Auszehrung, der durch unzureichende Nahrungszufuhr und eine extrem hohe Anfälligkeit für Infektionskrankheiten, insbesondere Durchfallerkrankungen, verursacht wird. Chronische Unterernährung führt zu einer Verlangsamung des Wachstums und zur Verringerung der Widerstandskraft gegen Infektionskrankheiten (Viedma 1988, 11).

Die Mangelerscheinungen zeigen sich im allgemeinen, sobald ein Kleinkind von der Mutterbrust entwöhnt wird. Die Muttermilch enthält die lebenswichtigen Nährstoffe, die den Säugling vor Infektionskrankheiten schützen. Die Nahrung, die dann später anstelle der Muttermilch tritt, hat oft nicht den Nährwert, der für das Wachstum und die Gesundheit des Kindes notwendig wäre. Das hat zur Folge, daß ein Kind gerade zu einem Zeitpunkt, zu dem es beginnt, sein Umfeld zu erforschen, besonders anfällig ist für alle möglichen umweltbedingten Erkrankungen.

In den Entwicklungsländern leiden extrem viele Kleinkinder an schwerer Diarrhö, dem Hauptverursacher der Kindersterblichkeit in aller Welt. Diarrhö tritt im allgemeinen in Begleitung von häufigem Erbrechen auf – beides Folge unhygienischer Lebensbedingungen, die eine günstige Brutstätte für alle möglichen Krankheitserreger bilden. Durch den Brechdurchfall gehen dem Kind die wenigen Nährstoffe, die es aufgenommen hat, verloren, und die Folgen der Mangelernährung werden verstärkt. Eine extreme Mangelversorgung an Eiweiß und Kalorien führt dazu, daß sich das Kind im Alter von einem Jahr bereits eine oder mehrere parasitäre Erkrankungen des Magen-Darmtrakts zugezogen hat. Die Parasiten entziehen dem kindlichen Körper den ohnehin minimalen Vorrat an Eiweiß und Kalorien. Dadurch wird das Zellwachstum gehemmt, Gewichtszunahme, Knochenaufbau und Entwicklung des Gehirns verlangsamen sich.

Kinder, die an chronischer Mangelernährung leiden, sind gewöhnlich von kleinerer Statur und haben sehr häufig ein kleineres Gehirn als ausreichend ernährte Kinder. Wenn die Unterernährung bereits vor Vollendung des ersten Lebensjahrs eintritt, ist die daraus resultierende Verlangsamung der körperlichen und geistigen Entwicklung irreversibel (Balagura 1973, 155). Da bereits die Mütter schwere Mangelerscheinungen aufweisen, ist die Wahrscheinlichkeit groß, daß ihre Kinder mit Mißbildungen auf die Welt kommen, die noch dadurch verstärkt werden, daß die unzureichende Nahrungszufuhr nach der Geburt die Entwicklung der Gehirnzellen hemmt. »Die DNS-Masse des Gehirns von an Unterernährung gestorbenen Kindern unterernährter Mütter beträgt in manchen Fällen nur 40 Prozent der bei normalen Neugeborenen festgestellten Anlage.« (Ebd., 158)

Millionen Kinder sind heute ihrer genetischen Anlage, ihres physischen und geistigen Wachstums beraubt. Sie alle sind Opfer des denkbar grausamsten Schicksals, der Unterernährung. Es ist schwer für die Satten der westlichen Welt, sich das Gespenst von Abermillionen Menschenwesen mit abnormal kleinen Köpfen vorzustellen, die vom Säuglingsalter an in einem unvollkommen entwickelten Körper gefangen sind, außerstande, auf ihr Schicksal, ihre physische und geistige Entwicklung Einfluß zu nehmen. Es sind dies Kinder, die mit verminderter geistiger Anlage, von Krankheiten gepeinigt aufwachsen, die auf Dauer so sehr geschwächt sind, daß sie sich nie im Leben aus Lethargie und Apathie werden befreien können. Für sie ist das Leben ein kurzer, qualvoller Leidensweg. Viele leiden an erheblichem Vitamin-A-Mangel, der zur Xerophtalmie, einer Austrocknung der Horn- und Bindehaut, und in vielen Fällen zur Erblindung führt. Mehr als 250.000 Kinder erblinden oder sind für den Rest ihres Lebens in ihrer Sehfähigkeit eingeschränkt. Weitere sechs bis sieben Millionen Kinder leiden an A-Hypovitaminose, durch die die körpereigene Abwehr, insbesondere gegen Erkrankungen des Magen-Darm-Trakts und der Atemwege, herabgesetzt wird. Millionen andere sind von Anämie, einem hochgradigen Mangel an roten Blutkörperchen, betroffen. Mehr als 1,5 Milliarden Menschen – das sind 30 Prozent der gesamten Erdbevölkerung – leiden gegenwärtig an Anämie und sind dadurch anfällig für chronische Erschöpfungszustände und eine Vielzahl von Ansteckungskrankheiten (Viedma 1988).

Die Körperfunktionen unterernährter Kinder sind in hohem Maße herabgesetzt, so daß ihre Gesundheit auch durch geringfügige negative Umweltreize bedroht wird. Der Natriumgehalt in den Zellen steigt, während der Kaliumgehalt absinkt. Der Absorptions- und Aufspaltungsprozeß der Eiweiße verlangsamt sich. Der Körper ist außerstande, eine ausreichende Menge an Magnesium, Zink, Kupfer, Mangan, Selen und Eisen zu speichern. Kleinste Temperaturschwankungen lösen beim Kind Fieberzustände oder Unterkühlung aus. Das Immunsystem ist praktisch ausgeschaltet. Wunden verheilen nicht, auch wenn das Kind unter Umständen keinen Schmerz spürt. Sie sind auch nicht geschwollen oder gerötet, und es bildet sich kein Eiter. Nieren, Leber, Herz und andere Organe werden geschwächt und verlangsamen ihre Funktion.

Dieses Schicksal teilen Millionen von Kindern, vor allem auf der südlichen Hälfte unseres Planeten. Ihr Leben unterscheidet sich in physischer, emotionaler und geistiger Hinsicht so vollkommen von dem der Kinder auf der wohlhabenden nördlichen Halbkugel der Erde, daß sie ebensogut einer anderen Spezies angehören könnten. Wir machen uns nur selten Gedanken über ihr Schicksal, und noch seltener nehmen wir Anteil an ihrem Überlebenskampf. Sie gehören zur Masse der Leidenden, deren Gesichter uns gelegentlich in den Nachrichten begegnen. Ihr Leben vollzieht sich im Abseits; es ist, bequem aus der Sicht unserer Alltagsroutine verdrängt, für uns nur in den ordentlich verpackten Statistiken und Berichten der Vereinten Nationen gegenwärtig. Wenn wir überhaupt an sie denken, dann im allgemeinen deshalb, weil sie uns an die dunkle Seite der menschlichen Existenz erinnern, an die Abgründe des Elends und der Not, die wir nie zu erleben hoffen.

Die Tatsache, daß die Reichen Abmagerungskuren machen, während die Armen verhungern, daß die Menschheit zunehmend in zwei Lager gespalten ist – deren eines an der Spitze, das andere am unteren Ende der künstlich geschaffenen Proteinskala zu finden ist –, muß selbst für das Empfinden des modernen Menschen, dessen Leben oft von nacktem Egoismus und uneingeschränktem Zweckdenken geprägt ist, monströs erscheinen. In einer von der Elektronik bestimmten Welt, in der die Zeit fast bis zum simultanen Ablauf komprimiert und der Raum zur »virtuellen Realität« zusammengeschrumpft ist, in der Grenzen weichen, um einem globalen Markt, einem globalen Einkaufszentrum Platz zu machen, ist es der Menschheit nicht gelungen, die folgenschwerste aller Grenzen zu beseitigen – die Grenze, die die Besitzenden von den Besitzlosen, die Satten von den Hungernden trennt. Auch heute noch, in unserer hochkomplizierten postmodernen Welt der Nachrichtensatelliten und der Informationstechnik, der Weltraumwaffen und der Gentechnologie, bleibt die Menschheit auf primitivste Weise und gegen ihr ureigenstes Interesse geteilt, verwehrt der eine Teil dem anderen das Recht, an den reichen Gütern der Erde teilzuhaben und sich davon zu nähren.

Der moderne Rinderkomplex und die künstlich geschaffene Proteinskala bleiben das sichtbare Wahrzeichen eines früheren Bewußtseins, das von der Gnadenlosigkeit der Jagd, der Eroberung und der Unterwerfung, der Kolonisation und der Habgier genährt wurde.

Der maßlose Fleischkonsum der Bewohner unserer nördlichen Hemisphäre geht weit zurück auf die fernen Tage der Vergangenheit, als der donnernde Hufschlag der Reitersleute und Rinderherden aus den eurasischen Steppen über das antike Europa und die Neue Welt hinwegrollte. Nun stürmen wir mit demselben Hufgedonner in das 21. Jahrhundert, angetrieben von multinationalen Konzernen, die entschlossen sind, den Geist des Kolonialismus und die Zweigeteiltheit der Welt zu erhalten. Der Weltstier nimmt rasch Realität an und sorgt dafür, daß die Kluft zwischen den wenigen Privilegierten und den vielen Rechtlosen unter den Menschen im kommenden Jahrhundert noch größer wird.

Die Opfer, die es die Menschheit gekostet hat, einen weltweiten Rinderkomplex und die damit verbundene künstliche Proteinskala aufrechtzuerhalten, sind gewaltig und würden allein schon die Überlegung rechtfertigen, ob wir die Rinderkultur im bevorstehenden Jahrhundert um jeden Preis aufrechterhalten wollen. Und doch sind sie nur ein Teil einer noch gravierenderen Gefahr, die vom Rinderkomplex mitverursacht wird – einer Umweltbedrohung, die die Überlebensfähigkeit des gesamten Ökosystems und der Biosphäre, von der all die vielfältigen Lebensformen auf unserem Planeten abhängig sind, in Frage stellt.

Der globale Rinderkomplex hinterläßt eine Spur der Verwüstung im ökologischen System der Erde, er zerstört ganze Lebensräume, die dem wahnwitzigen Streben nach immer größerer Fleischproduktion zum Opfer fallen. Wir können die Folgen der Fleischproduktion und der fleischorientierten Ernährungsgewohnheiten nur in ihrem vollen Ausmaß bewerten und erfassen, wenn wir sie unter dem Aspekt ihrer Auswirkungen auf die Ökologie der Erde betrachten. Denn hier tritt das Vermächtnis einer Jahrtausende währenden Verbreitung des Rindes zutage, werden ganze Landstriche kahlgefressen von diesen Tieren, die mit dröhnenden Hufen wie Heuschrecken ausschwärmen auf ihrer unersättlichen Suche nach Gras und Getreide. Als nächstes müssen wir unsere Aufmerksamkeit darauf richten, in welch vielfältiger Weise der moderne Rinderkomplex die Ökosysteme der Erde angreift und wie Produktion und Vermarktung des Fleisches heute die Evolution, die sich über Jahrmillionen vollzogen hat, gefährden.

IV

Rinder und globale Umweltkrise

17

Ökologischer Kolonialismus

Unser Jahrhundert ist gekennzeichnet von ständigen Angriffen auf die Ökosysteme der Erde. Dämme, Kanäle, Eisenbahnschienen und seit neuerer Zeit Autobahnen zerschneiden kreuz und quer die Erdoberfläche, durchtrennen lebenswichtige ökologische Adern und weisen Flora und Fauna in neue, künstliche Grenzen. Die Petrochemie hat das Innerste der Natur vergiftet, ihre Abfallprodukte dringen in Tiere und Pflanzen, durchtränken Organe und Gewebe mit dem Teer des Kohlenstoffzeitalters. Die Abgasschwaden der Energie, mit der die industrielle Revolution angetrieben wurde, schließen sich erstickend um unseren Planeten – Kohlenmonoxid, Kohlendioxid, Schwefelsäure, FCKW, Stickstoffoxid, Methan und andere Gase vergiften die Luft, hindern die Wärme daran aufzusteigen und sind verantwortlich dafür, daß Flora und Fauna den tödlichen ultravioletten Strahlen zunehmend ungeschützt ausgesetzt sind.

Wissenschaftler, Politiker und Massenmedien in aller Welt haben viel Zeit und Energie darauf verwendet, die Folgen dieser durch die Menschen verursachten Gefahren zu untersuchen und der Öffentlichkeit vor Augen zu führen. Sie warnen eindringlich vor den schwerwiegenden Konsequenzen, die es für den Planeten und seine Bewohner hätte, wenn wir die zunehmend irreversible Klimaentwicklung ignorierten.

Aber in allen öffentlichen Diskussionen, die gegenwärtig um die globale Umweltbedrohung kreisen, findet das Thema Viehzucht eigenartigerweise kaum Erwähnung, obwohl es sich hierbei doch um eine der Hauptgefahren für die Umwelt in unserer Zeit handelt. Unser Hausrind trägt eine nicht unerhebliche Mitschuld an den

Bodenerosionen in den gemäßigten Klimazonen. Weidevieh ist die wichtigste Ursache dafür, daß die Wüste immer weiter vordringt und mittlerweile ganze Kontinente umschließt. Rinderherden sind dafür verantwortlich, daß auch die letzten tropischen Regenwälder der Erde zerstört werden. Die Rinderzucht ist mitverantwortlich, daß die Süßwasservorräte des Planeten rapide zur Neige gehen und einige Reservoire den niedrigsten Stand seit dem Ende der letzten Eiszeit erreicht haben. Rinder gehören zu den Hauptverursachern der organischen Umweltverschmutzung; Seen, Flüsse und Bäche in aller Welt werden durch Kuhdung vergiftet. Stetig anwachsende Rinderherden setzen das Gleichgewicht der natürlichen Ökosysteme nie gekannten Belastungen aus und drängen ungezählte Lebensformen an den Rand der Vernichtung. Die Viehzucht trägt in zunehmendem Maße die Verantwortung für die Erwärmung unseres Planeten, und die Rinder stellen mit ihrer enormen Zahl eine wachsende Gefahr für die dynamischen Prozesse der Biosphäre dar.

Diesen heiligen Tieren vergangener Zeiten haftet heute ein Hauch von Pestilenz an, wenn sie wie hufscharrende Heuschrecken über die Weideflächen Europas, Amerikas, Afrikas und Australiens ausschwärmen und das, was in einer Jahrmillionen währenden Entwicklung entstanden ist, verschlingen. Die meisten Nordamerikaner und Europäer in ihren selbstgeschaffenen städtischen und kleinstädtischen Enklaven haben keine Ahnung, welche Verwüstung die Rinderherden in aller Welt anrichten. Über eine Milliarde an der Zahl, streifen diese altertümlichen Huftiere heute durch die Lande, zerstampfen den Boden, fressen alles kahl und hinterlassen eine Spur der Zerstörung in weiten Teilen der belebten Natur.

Wir haben bereits die kolonisatorsche Allianz zwischen Menschen und Rindern beleuchtet, die zur Unterdrückung und Dezimierung der amerikanischen Indianer und zur Nutzbarmachung der unverbrauchten Energievorräte des amerikanischen Kontinents beitrug. Die Ausbreitung der Rinder in Amerika und in anderen Ländern hatte einen Effekt, der mindestens ebenso schwer wog wie die wirtschaftlichen Folgen. Während mit Hilfe der Rindermassen das Land kolonisiert und in Weideland zur Versorgung der Fleisch- und Ledermärkte in Europa umgewandelt wurde, fand auf anderer Ebene eine

Kolonisierung statt, die sich noch lange nach Beendigung des Kolonialzeitalters auf zukünftige Generationen auswirken sollte. Die Einführung des Rindes in der Neuen Welt bewirkte eine grundlegende Veränderung der Ökologie und Topographie in Nord-, Mittel- und Südamerika. Die Rinder schleppten einen ganzen ökologischen Komplex ein, der sich in der Alten Welt entwickelt hatte – Gräser, Unkrautpflanzen, Getreide und Hülsenfrüchte. Diese europäischen Pflanzen gediehen prächtig auf dem amerikanischen Kontinent und verursachten dort, indem sie einen Pflanzenstandort nach dem anderen überwucherten, tiefgreifende Veränderungen im ökologischen System. Hatten Menschen und Rinder die eingeborenen Völker und ihre angestammten Gebiete kolonisiert, so haben europäische Pflanzen nicht weniger effektiv die Biologie des neuentdeckten Kontinents kolonisiert und Amerika zum ökologischen Stiefkind Europas gemacht.

Schon im 16. Jahrhundert berichtete der Dominikanermönch Bartolomé de Las Casas darüber, wie riesige Herden europäischer Rinder die Vegetation der Westindischen Inseln zerstörten und wie sich in ihrem Gefolge aus Spanien stammende Pflanzen wie Disteln, Farne, Nesseln, Nachtschattengewächse, Riedgras und Wegerich ausbreiteten (Crosby 1991, 150f.). Mitte des 16. Jahrhunderts hatte sich der europäische Klee über ganz Mexiko ausgesät und bildete für die dort grasenden spanischen Rinder einen vertrauten Futterteppich. Die europäischen Pflanzen nisteten sich in der Landschaft der Neuen Welt ein; sie verdrängten die einheimischen Gräser und setzten damit ein ökologisches Signal für das unaufhaltsame Vordringen der europäischen Kolonisatoren und ihrer Rinderherden. Der vertraute Anblick von Windhafer, Roggentrespe, Italienischem Raigras und Fuchsschwanzgras auf den Hängen und in den Tälern von Nordmexiko und Kalifornien setzte die spanischen und englischen Siedler späterer Jahre in Erstaunen.

Viele dieser Pflanzen wurden mit den ersten Rindern ins Land gebracht: Ihre Samen schlummerten in deren Mägen oder hatten sich in ihrem Fell festgesetzt. Auch spanische Priester säten auf ihren missionarischen Wegen kleinere Pflanzungen an Bachläufen oder Berghängen aus. Sie führten die Vegetation Europas im Norden Amerikas bis nach San Francisco, im Süden bis in die argentinischen Pampas ein. Den Schwarzen Senf brachten Franziskanermönche bereits im 16. Jahrhundert nach Kalifornien. Dem Ökologen Alfred Crosby zufolge hatten sich um 1860 allein in Kalifornien 91 in Europa heimische Gräser angesiedelt (ebd., 153).

In seinem Buch *Die Früchte des weißen Mannes* beschreibt Crosby die symbiotische Beziehung zwischen den Rindern und Pflanzen der Alten Welt, die zu einer fast vollständigen Europäisierung der Ökosysteme auf dem amerikanischen Kontinent führte. Es gibt insgesamt mehr als 10.000 verschiedene Grasarten auf der Erde, »aber ganze 40 von ihnen machen 99 Prozent des Grasweidelandes der ganzen Welt aus« (ebd., 232). Die meisten dieser Gräser stammen aus Europa, Nordafrika und dem Nahen Osten und dienten vom ersten Jahrtausend der Jungsteinzeit an als Futter für die Viehherden der Menschen. Sie entwickelten sich in enger Gemeinschaft mit den Rindern; Pflanzen und Tiere paßten sich im Laufe der abendländischen Geschichte einander an.

Als die Rinder im Gefolge der europäischen Eroberer den amerikanischen Kontinent zu bevölkern begannen, brachten sie die Gräser mit. Diese erwiesen sich als wesentlich widerstandsfähiger als die einheimischen Pflanzen, weil sie an direkte Sonneneinwirkung, kahlen Boden und das Abgrasen bis auf die Wurzeln gewöhnt waren. Es machte ihnen auch nichts aus, von den Rindern zertrampelt zu werden. Wenn die Tiere in ein neues Ökosystem einfielen und alles auffraßen, was ihnen in den Weg kam, bereiteten sie damit unbeabsichtigt den Boden für ihre pflanzlichen Begleiter aus der Alten Welt, die die Gunst der Stunde nutzten und in der kahlgefressenen Erde Wurzeln schlugen.

»Dazu kam, daß sie [die Pflanzen] über mehr als nur eine Fortpflanzungs- und Ausbreitungsmethode verfügten. Ihre Samen hatten z.B. häufig Widerhaken, die im Fell vorbeiwandernder Tiere hängenblieben und so weitertransportiert wurden. Oder sie waren so robust konstruiert, daß sie die Reise durch den Magen- und Darmtrakt überstanden und sich ein Stückchen weiter absetzen ließen. Wenn das Vieh dann nach dem Winter an diese Stelle zurückkehrte, fand es bereits Futtergras vor. Und wenn der Viehhirte seine Tiere suchte, fand er sie grasend an eben diesen Stellen gesund und munter wieder.« (Ebd., 233)

Rinder spielten eine wesentliche Rolle für die Veränderungen, die sich in der Ökologie des amerikanischen Kontinents zu dieser Zeit vollzogen. Schon bevor der Strom der Siedler kam, trugen die Rinder dazu bei, die Pflanzenwelt Europas in der Neuen Welt heimisch zu machen und den Weg für die nachfolgende »Zivilisation« zu bereiten. So waren das Rind und seine Pflanzenwelt die eigentlichen Pioniere und Wegbereiter der Neuen Welt.

Der Vorstoß über die Appalachen in den Mittelwesten Nordamerikas ging einher mit dem unaufhaltsamen Vormarsch zweier aus Europa stammender Pflanzen, dem Weißklee und dem Wiesenrispengras. Als die ersten englischen Siedler in Kentucky eintrafen, lachten ihnen europäische Gräser entgegen, die bereits Jahre früher per Anhalter in den Mänteln von Handeltreibenden und im Fell von Pferden und Maultieren angekommen waren. Die Siedler gaben diesen europäischen Pflanzen den Namen *Kentucky bluegrass*. Später förderten die Wagentrecks gen Westen die Ausbreitung europäischer Pflanzen wie Hanf, Kornrade, Berberitze und Johanniskraut (ebd., 158). Ein Pionier, der im Jahre 1818 Illinois durchquerte, weiß zu berichten:

»Wo die kleinen Siedlerkarawanen bei ihrem Zug durch die Prärie gelagert und ihr Vieh mit dem Heu dieser ausdauernden Grasarten gefüttert haben, bleibt für immer ein Stück grüner Grasnarbe für anpassungsfähige Neuankömmlinge zurück.« (Zit. n. Schery 1965, 41ff.)

Von diesen Oasen aus überzogen die europäischen Gräser fast das gesamte Mississippi-Gebiet. Eine Zeitlang wurde ihr Vormarsch am Rande der großen westlichen Prärien aufgehalten. Wie die Cowboys und ihre Rinder mußten sie abwarten, bis die Regierungstruppen Büffel und Indianer aus ihren angestammten Gebieten vertrieben hatten, bevor sie ihren Weg fortsetzen konnten. Das in den Prärien heimische Büffel- und Moskitogras hielt der Invasion eher stand, nachdem es sich über die Jahrtausende hinweg an eine andere Rindergattung gewöhnt hatte. Die Ausrottung des Büffels sorgte für die ökologische Nische, durch die europäische Rinder und Pflanzen weiter nach Westen vordringen konnten. Von den ungefähr 500 wichtigsten Grasarten, die es heute in Nordamerika gibt, stammen 258 aus Europa und Nordafrika (ebd., 163).

In Südamerika fand ein ähnlicher Prozeß statt. Europäische Rinder breiteten sich über die Savannen aus, fraßen die einheimische Vegetation ab und säten gleichzeitig mit ihrem Dung europäische Samen aus. Peru wurde im 16. Jahrhundert von einer europäischen Kleeart überwuchert, die man *trébol* nannte. Dieser Klee war eine ideale Futterpflanze, breitete sich aber so schnell aus, daß die Inkas ihm das notwendige Ackerland für den Getreideanbau abtrotzen mußten (ebd., 154).

Auf seiner berühmten Südamerikaexpedition mit der *Beagle* stellte Darwin in den argentinischen Pampas einen abrupten Übergang von »rauher Vegetation« in einen »saftiggrünen Pflanzenteppich« fest. Darwin schrieb: »Die Einheimischen dort versicherten mir, daß ... das Ganze durch den Dung grasender Rinder entstanden war.« (Darwin 1962, 119)

1877 wurden in Patagonien 153 europäischstämmige Pflanzenarten gezählt. Die wilde Artischocke wucherte in manchen Landstrichen Argentiniens, Uruguays und Chiles so dicht, daß Hunderte von Quadratkilometern nicht mehr zu Fuß oder zu Pferde zu durchdringen waren. Darwin schrieb dazu: »Ich glaube nicht, daß ein anderes Beispiel für eine so nachhaltige Verdrängung der einheimischen Vegetation durch eine einzige Pflanze bekannt ist.« (Ebd., 119f.) Die aus dem Mittelmeerraum stammende zweijährige Riesendistel, die praktisch überall gedieh, wurde bis zu zwei Meter groß und überwucherte die gesamte heimische Pflanzenwelt. Ihre vertrockneten Überreste entzündeten sich leicht und lösten häufig riesige Flächenbrände aus. 1920 war nur noch ein Viertel aller in den argentinischen Pampas anzutreffenden Pflanzen heimischen Ursprungs (Crosby 1991, 161).

Die europäische Vegetation breitete sich überall auf der Welt in den Spuren der Kolonisatoren aus. 1788 gingen britische Marineschiffe in australischem Gewässer vor Anker und entließen zwei Bullen und sechs Kühe an Land. Im Jahre 1830 gab es auf dem Kontinent mehr als 31.000 Rinder. Eine Generation später hatten sie sich auf mehr als eine Million Exemplare vermehrt, von denen viele frei in den unbesiedelten Regionen umherstreiften (ebd.,179f.). Ihre Trampelpfade rund um die Wasserlöcher in den Savannen waren so breit und festgetreten, daß sie »wie regelrechte Straßen« aussahen. Der Forscher

Thomas T. Mitchell beschrieb seine erste Begegnung mit ihnen im Jahre 1836, als er und seine Begleiter »im Nu ... von einer glotzenden Herde von wenigstens 800 wilden Tieren umringt« waren. Die unerwartete Begegnung mit den Nachfahren der eigenen europäischen Hausrindherden empfanden sie als überraschendes, aber durchaus beruhigendes Erlebnis: »So wurden unsere sehnsüchtigen Augen und erst recht unsere Mägen durch den Anblick der Rinder ... ergötzt«, erinnert sich Mitchell (zit. n. ebd., 181).

Die Briten brachten Hunderte von Pflanzenarten aus Europa mit, die sich in jeder verfügbaren ökologischen Nische ansiedelten. Der Weißklee, der im feuchten Klima von Melbourne prächtig gedieh, verdrängte dort viele einheimische Pflanzen. Auch andere Pflanzen wie Knöterich und Sauerampfer erwiesen sich als so aggressive Kulturen, daß mit ihrem Auftauchen einheimische Arten aus der Flora vieler Wiesen verschwanden. Der in Europa häufig vorkommende Windhafer schlug an den Hängen der australischen Alpen Wurzeln, der Natternkopf begleitete die Kolonisatoren und ihre Herden auf ihrem Vorstoß nach Tasmanien (ebd., 162). In Neuseeland eilten die Gräser der Alten Welt den Siedlern voraus und empfingen diese mit einer gebrauchsfertigen europäischen Landschaft. Der Botaniker William Colenso berichtet, daß er in einer abgelegenen Gegend der Insel auf ein Exemplar einer Klette stieß, auf das er »mit etwa derselben Verblüffung starrte wie Robinson Crusoe auf den Abdruck eines Europäerfußes, den er im Sand entdeckt hatte« (zit. n. ebd., 234).

Bis zur Mitte des 19. Jahrhunderts hatten sich 139 Pflanzenarten der Alten Welt in Australien angesiedelt, hundert Jahre später waren es bereits 381 Gattungen. Ebenso wie in Amerika waren viele der einheimischen Pflanzen den Rinderherden der europäischen Siedler nicht gewachsen. Das australische Känguruhgras, das einst so hoch gewachsen war, daß es einem Reiter »bis an den Sattelriemen« reichte, wurde von den Eindringlingen aus Europa buchstäblich erstickt und ist heute nur noch in kleinen Büscheln an Bahndämmen, Friedhöfen und anderen von Menschenhand geschaffenen Standorten zu finden (ebd., 163). Um 1930 siedelten sich in Victoria pro Monat zwei neue europäische Pflanzenarten an. »Im südlichen Drittel Australiens, das den größten Teil der Bevölkerung beherbergt, sind die meisten der heute vertretenen Unkrautarten europäischen Ursprungs.« (Ebd., 163)

Der europäische Rinderkomplex hat die Ökologie der Erde nachhaltig verändert. Der unaufhaltsame Marsch gen Westen, der vor Tausenden von Jahren in den eurasischen Steppengebieten seinen Anfang nahm, hat die natürliche Evolution ganzer Kontinente unwiderruflich verändert. Europäische Kolonisatoren mit ihren Pferden, Rindern und Pflanzen haben die Weiten des Westens erobert, eingeborene Völker unterworfen, einheimische Flora und Fauna verdrängt und vernichtet und die genetische Vielfalt auf einigen Kontinenten bedenklich unterminiert. Die Eindringlinge haben ganze Ökosysteme europäisiert und in ihrer Profitgier dem Gemeinbesitz riesige Landflächen entzogen.

Aber der Druck immer weiter anwachsender Rindermassen auf natürliche wie künstlich geschaffene Ökosysteme und die zunehmende Abhängigkeit vom Futtergetreide für deren Erhaltung sorgt für eine Umweltveränderung, die von noch größerem Ausmaß ist. Während die Kolonisatoren früherer Zeiten die einheimische Pflanzen- und Tierwelt vernichteten und fremde Arten in verwurzelte Lebensgemeinschaften einbrachten, zerstören die heutigen Übergriffe die Biosphäre selbst und gefährden die zukünftige Stabilität und Lebensfähigkeit gewachsener biologischer Systeme in aller Welt. Die Rinder zählen zu den größten ökologischen Gefahren, denen unser Planet heute ausgesetzt ist. Wenn die Menschheit die Hoffnung behalten will, die Gesundheit und das Gleichgewicht der Ökosysteme unseres Planeten im 21. Jahrhundert wiederherstellen zu können, so müssen wir uns vorbehaltlos klar machen, welche Rolle die Rinder bei der Zerstörung der Biosphäre spielen.

18
Weiden statt Regenwald

Seit 1960 sind mehr als 25 Prozent der Wälder Südamerikas abgeholzt worden, um Weideflächen Platz zu machen (Caulfield 1985). Gegen Ende der 70er Jahre dienten zwei Drittel der gesamten landwirtschaftlich genutzten Fläche in Mittelamerika als Weideland für Rinder und anderes Vieh, von denen der weitaus größte Teil für den Export nach Nordamerika bestimmt war (*Revista de Biologia Tropical,* Nr. 24, Beilage 1, 1976, 124). Während die nordamerikanischen Verbraucher fast fünf Cent an jedem importierten Hamburger einsparten, war der Preis, den die Natur in Mittelamerika dafür zahlte, enorm und unwiderruflich. Für jeden Hamburger mußten sechs Quadratmeter Urwald in Weidefläche umgewandelt werden. 1979 importierten die USA 110.000 Tonnen Rindfleisch aus den Ländern Mittelamerikas. Bis zum Jahre 1990 ging die Menge zwar auf 48.000 Tonnen pro Jahr zurück, aber dennoch ist die Weidekultur immer noch eine der Hauptursachen für die in ganz Mittelamerika fortschreitende Entwaldung.

An der Entstehung eines immensen Rinderkomplexes in Mittelamerika haben sich einige wenige bereichert, aber weite Teile der ländlichen Bevölkerung sind durch ihn verarmt, und er hat tiefgreifende soziale und politische Unzufriedenheit mit sich gebracht. Von den Bauernfamilien Mittelamerikas – das sind etwa 35 Millionen Menschen – sind mehr als die Hälfte inzwischen ohne Grundbesitz, oder ihr Land ist so klein, daß es nicht ausreicht, sie zu ernähren, während der Landadel und internationale Konzerne gleichzeitig jeden verfügbaren Hektar Boden an sich reißen, um Weideland zu gewinnen (Meyers 1983, 133f.; Lewis 1991).

In Costa Rica haben die Großgrundbesitzer die tropischen Wälder in nur zwanzig Jahren zu 80 Prozent abgeholzt und die Hälfte der landwirtschaftlich nutzbaren Bodenfläche in Rinderweiden verwandelt. Heute ist die Hälfte des ertragsfähigen Landes in Costa Rica im Besitz von 2.000 mächtigen Viehzüchterfamilien, auf deren Weiden über zwei Millionen Rinder grasen (Caulfield 1985, 79; Meyers 1983, 134). Obwohl die Fleischexporte nach Nordamerika in den 80er Jahren zurückgegangen sind, ist die Fleischproduktion insgesamt immer noch sehr hoch. In Guatemala befinden sich 70 Prozent des landwirtschaftlich nutzbaren Landes, auf dem zum großen Teil Vieh gehalten wird, in den Händen von weniger als drei Prozent der Bevölkerung (Meyers 1983, 133; Lewis 1991). 1990 wurde fast ein Drittel der gesamten Rindfleischproduktion in die Vereinigten Staaten exportiert. In Honduras stieg der Anteil an Weideland von 40 Prozent der Landfläche im Jahre 1952 auf 60 Prozent im Jahre 1974. Die gesamte Rindfleischproduktion wurde in diesem winzigen Land im Zeitraum zwischen 1960 und 1980 auf 62.000 Tonnen im Jahr verdreifacht (De Walt 1983, 19; Lewis 1991). Honduras exportierte 1990 ein Drittel seiner Rindfleischerzeugnisse in die Vereinigten Staaten. In derselben Zwanzigjahresspanne verdreifachte Nicaragua seine Fleischproduktion und verfünffachte seine Rindfleischexporte (Meyers 1983, 133). Mitte der 80er Jahre grasten in Mittelamerika 80 Prozent mehr Rinder als zwanzig Jahre zuvor, und die Rindfleischproduktion war um 170 Prozent gestiegen (De Walt 1983, 19).

Viele US-amerikanische Firmen, unter ihnen Borden, United Brands und International Foods, investierten in den 70er und 80er Jahren überall in Mittelamerika große Summen im Rindfleischgeschäft. Und multinationale Konzerne wie Cargill, Ralston Purina, W. R. Grace, Weyerhauser, Crown Zellerbach und Fort Dodge Labs lieferten die Technologie, auf der die Fleischindustrie aufbaute, angefangen von tiefgefrorenem Samen bis hin zu Gefriervorrichtungen, Grassämereien, Mastfutter und Medikamenten.

Der Prozeß der Waldrodung, Landkonzentration und Vertreibung der ländlichen Bevölkerung wiederholt sich nach dem gleichen Muster in ganz Lateinamerika mit der systematischen Zielsetzung, die Festlandmasse eines halben Kontinents zur Weidefläche zu machen, um die fleischreiche Kost der wohlhabenden Lateinamerikaner, Europäer, Nordamerikaner und Japaner zu sichern. In Mexiko sind von 1987 bis heute zwölf Millionen Hektar Wald vernichtet und in Weideflächen für Rinder umgewandelt worden. Der mexikanische Ökologe Gabriel Quadri drückte die Sorgen vieler seiner Landsleute aus, als er bemerkte: »Wir exportieren die Zukunft Mexikos zum Nutzen einer kleinen Zahl mächtiger Viehzüchter.« (Zit. n. Barry 1987, 84)

In Kolumbien, dessen landwirtschaftlich nutzbare Bodenfläche einer Studie der Weltbank zufolge zu 70 Prozent im Besitz reicher Großgrundbesitzer ist, wird vorrangig Weidewirtschaft betrieben (Parsons 1988, 45). Als Pläne für eine Landreform entwickelt wurden, zäunten viele Kolumbianer ihr Land ein und stellten Rinder darauf, um zu demonstrieren, daß es nicht brach lag (Lappé/Collins 1980, 52; Jarvis 1986, 157).

Nirgendwo aber hat die Viehzucht dem Land und seinen Bewohnern nachhaltiger ihren Stempel aufgedrückt als in Brasilien. Die brasilianische Verstrickung in die Rinderindustrie wurde vielen erst bewußt, als die Medien vom gewaltsamen Tod des brasilianischen Kautschukzapfers Chico Mendes berichteten, der von brasilianischen Großgrundbesitzern im Streit um ihre unterschiedlichen Interessen am Regenwald ermordet worden war. Der Regenwald hatte lange Zeit die Kautschukzapfer und ihre Familien ernährt. Dann versuchten die Viehzüchter, die am Amazonas durch Waldrodung Weideflächen gewinnen wollten, die Kautschukzapfer aus dem Gebiet zu vertreiben. Mit der Erschießung von Mendes, dem Führer der Kautschukzapfer-Gewerkschaft, spitzte sich im Jahre 1987 der seit langem schwelende Kampf zwischen Großgrundbesitzern und Kautschuksammlern gefährlich zu (Revkin 1990).

Der Mord an Mendes unterstrich die wachsende Interessenspaltung zwischen der bäuerlichen Bevölkerung und den reichen Viehzüchtern, die nichts unversucht ließen, die Regenwälder am Amazonas zugunsten von Weideflächen zurückzudrängen. Wie zahlreiche andere Staaten Lateinamerikas verfügt Brasilien über ein großes Potential an Reichtümern, die im Besitz einer kleinen herrschenden Oligarchie konzentriert sind. Gegenwärtig besitzen 4,5 Prozent der brasilianischen Einwohner 81 Prozent der Agrarfläche des Landes, während 70 Prozent der ländlichen Familien über keinen Grundbesitz verfügen (Caulfield 1985, 49).

1966 verabschiedete die brasilianische Regierung unter der Bezeichnung »Operation Amazonia« ein Programm mit dem Ziel, das letzte große Tropenwaldgebiet in wirtschaftlich nutzbares Land umzuwandeln (Denslow/Padoch 1988). Einheimische und ausländische Konzerne wurden durch Steuervergünstigungen angereizt, im Amazonasgebiet zu investieren. Über Nacht drangen multinationale Unternehmen ins Innere Brasiliens vor und schlugen breite Breschen in ehemals dichte Regenwälder, nicht zuletzt, um Weideflächen zu gewinnen. Amerikanische Multis wie Swift, Armour, Dow Chemical, United Brands, W. R. Grace, Gulf & Western und International Foods tätigten hohe Investionen am Amazonas. Ihrem Beispiel folgten europäische und japanische Konzerne wie Volkswagen und Mitsui (Meyers 1983, 138). Alle diese weltweit operierenden Unternehmen hatten nichts Eiligeres zu tun, als sich ein Stück dieses letzten unberührten Landes unseres Planeten zu sichern und erhielten für dieses Unterfangen großzügige finanzielle Schützenhilfe von der Weltbank, der Inter-American Development Bank und vom USAID, dem Amt für Entwicklungshilfe der Vereinigten Staaten, die allesamt die wirtschaftlichen Verheißungen einer riesigen Viehweide im Amazonasbecken begeistert begrüßten.

Von 1966 bis 1983 wurden fast 100.000 Quadratkilometer Regenwald am Amazonas abgeholzt und für kommerzielle Zwecke erschlossen (ebd., 137). Von Seiten der brasilianischen Regierung wurde geschätzt, daß etwa 38 Prozent des in dieser Zeitspanne vernichteten Regenwaldes den Weideflächen für eine großangelegte Rinderwirtschaft weichen mußten (Parsons 1988, 44; Caulfield 1985, 49). Heute grasen in diesem Gebiet Millionen von Rindern. Die bittere Ironie dieser Entwicklung liegt darin, daß das gerodete Land nicht einmal besonders gut als Weideland geeignet ist. In einem tropischen Ökosystem ist die Humusschicht sehr dünn und enthält wenige Nährstoffe. In diesen uralten Lebensgemeinschaften wird die Energie sehr schnell aus den Wurzeln an das Kronendach zurückgegeben, und es bleibt nur wenig verwertbare Energie im Boden zurück, der schon nach kurzer Zeit – gewöhnlich nach drei bis fünf Jahren – von der Weidewirtschaft ausgelaugt ist, so daß die Viehzüchter gezwungen sind, weitere unberührte Waldflächen zu erschließen (Rifkin 1991, 51).

Wer Anspruch auf ein öffentliches Stück Land erheben möchte, muß es nach brasilianischem Recht zuerst roden, um zu beweisen, daß er ernsthaft entschlossen ist, sich darauf niederzulassen (Denslow/ Padoch 1988, 169). Große Konzerne warten häufig, bis die Bauern ein Waldgebiet abgeholzt oder abgebrannt haben und kaufen das gerodete Land dann gegen eine geringe Summe, um es als Weideland zu nutzen. Da es sich für sie wirtschaftlich nicht lohnt, das Holz der gefällten Bäume zu vermarkten, wird es meist einfach angezündet (Meyers 1983, 137). Astronauten berichten immer wieder von Hunderten von Bränden, die ihnen beim Überfliegen des südamerikanischen Kontinents aus den Amazonaswäldern entgegenleuchten (Rifkin 1991, 51). Der ökonomische Verlust, der durch das Abbrennen des Holzes entsteht, ist zwar groß, verblaßt aber gegen den ökologischen Schaden, der damit angerichtet wird.

Vor 2.000 Jahren waren noch zwei Milliarden Hektar Land oder zwölf Prozent der Festlandmasse der Erde mit tropischem Regenwald bedeckt. In der nachfolgenden Zeit wurde die Hälfte der tropischen Ökosysteme durch Menschenhand zerstört, das meiste hiervon in den letzten zwei Jahrhunderten der kolonialen Expansion Europas. 57 Prozent der heute noch bestehenden Regenwälder liegen in Lateinamerika, vor allem im Amazonasbecken (Caulfield 1985, 42).

Der Regenwald am Amazonas nimmt eine Fläche von sieben Millionen Quadratkilometern ein, das ist annähernd die Größe der USA. Neben Brasilien durchfließt der Amazonas acht weitere Staaten, seine Nebenflüsse und Wälder reichen im Süden bis nach Bolivien, im Norden nach Venezuela und im Westen nach Peru. Der Pflanzenwuchs am Amazonas ist so dicht, daß »ein Affe am Fuße der Anden in die Baumkronen klettern und sich in 70 Meter hohem Geäst 3.500 Kilometer weit bis zur Atlantikküste schwingen könnte« (Linden 1989, 77).

Der Amazonas ist der zweitgrößte Strom der Erde; er schlängelt sich mit einer Länge von 6.400 Kilometern durch tropisches Regenwaldgebiet und wird von mehr als 10.000 Nebenflüssen und Bächen gespeist. Zusammengenommen würde er mit seinen Nebenflüssen den Erdäquator zweimal umschließen. Der Amazonas führt sechsmal so viel Wasser wie der Nil und elfmal so viel wie der Mississippi. Ein Fünftel allen Flußwassers der Erde fließt im Amazonas, der an manchen Stellen breiter ist als der Ärmelkanal (Meyers 1983, 47).

Der Amazonaswald besteht wie alle Regenwälder aus mehreren Vegetationsschichten, deren Hierarchie unten beginnt, wo kleine Bodenpflanzen und Sträucher das Bild beherrschen. Lianen und Epiphyten winden sich um die Baumstämme und bilden an vielen Stellen ein undurchdringliches Labyrinth. Die Bäume wachsen in Stockwerken, deren oberstes 50 Meter Höhe und mehr erreicht. Das Kronendach des unteren Stockwerks befindet sich in einer Höhe von etwa 15 Metern.

Besucher, die zum ersten Mal den Regenwald betreten, wundern sich oft über die Stille, die dort herrscht. Der Waldboden selbst ist kaum belebt. Die meisten Insekten, Vögel und Säugetiere leben in einem der verschiedenen Baumstockwerke. Boden und Kronendächer sind unterschiedliche und voneinander getrennte Lebensräume, deren Bewohner oft das ganze Leben lang auf eines der Stockwerke beschränkt sind. Zwischen oberem Kronendach und Waldboden herrschen beträchtliche Klimaunterschiede. An manchen Stellen ist das Blattwerk so dicht, daß nicht einmal zwei Prozent des Sonnenlichts bis zum Boden durchdringen. Das untere Strauchstockwerk ist schattiger, feuchter und kälter als das Kronendach; die Temperatur weist Abweichungen von bis zu acht Grad Celsius auf. Das uralte Ökosystem der tropischen Regenwälder ist die komplexeste und empfindlichste ökologische Nische der Erde. Die Beziehungen der Spezies untereinander sind so fein aufeinander abgestimmt, daß die geringste Störung des Gleichgewichts eine Kettenreaktion auslösen kann, die einen ganzen Lebensraum gefährdet (Caulfield 1985, 52).

So kompliziert sind diese tropischen Ökosysteme und so wenig verstanden, daß es nach Aussage des Biologen Peter Raven »nicht mehr als zwei Dutzend Wissenschaftler auf der Welt« gibt, die in der Lage sind, ihre Dynamik zu erforschen. Und doch beheimaten diese Urwälder über 50 Prozent aller lebenden Spezies (ebd., 53). Im Amazonasbecken wurden auf einer Fläche von einem Hektar mehr als 350 Spezies gezählt, im Regenwaldgebiet an der Grenze zu Panama und Costa Rica zählte man 500 Vogelarten auf 750 Quadratkilometern – das sind viermal so viele Arten wie im ganzen nordamerikanischen Osten (ebd., 54). Im noch bestehenden Regenwald Panamas gibt es so viele Pflanzenspezies wie auf dem gesamten europäischen Kontinent. Einem Bericht der National Academy of Sciences zufolge existieren in einem Regenwaldabschnitt von 10 Quadratkilometern

> »1.500 blühende Pflanzenarten und 750 Baumarten; in einem solchen Abschnitt sind darüber hinaus 125 Säugetier-, 400 Vogel-, 100 Reptil-, 60 Amphibien- und 150 Schmetterlingsarten vertreten« (ebd.).

Insekten sind so vermehrungsfähig, daß sie es auf 10 Quadratkilometern auf bis zu 42.000 Arten bringen. Ein einziger Baum kann bis zu 1.700 Insektenspezies beheimaten. Auf einem Quadratmeter Blattwerk leben oft bis zu 50 Ameisenarten. Im Fell eines einzigen Faultiers haben Wissenschaftler »drei Käfer-, sechs Milben- und drei Mottenarten« entdeckt (ebd., 62).

Es gibt sehr seltene Tropenspezies, die nur an einem bestimmten Berghang oder nur in einem begrenzten Waldgebiet vorkommen. Schätzungen gehen davon aus, daß es immer noch bis zu 15.000 unentdeckte Pflanzenarten in den tropischen Regenwäldern geben könnte (ebd., 65). Die Regenwälder Lateinamerikas sind Heimat für eine Million Spezies, das ist vielleicht ein Fünftel der gesamten belebten Natur unseres Planeten.

Das Ausmaß der ästhetischen, ökologischen und wirtschaftlichen Folgen, die das Roden und Abbrennen von Abermillionen Hektar Regenwald nach sich zieht, ist für die Menschheit gar nicht zu ermessen. Ohne den Artenreichtum, den wir in mittel- und südamerikanischen sowie in anderen Regenwaldgebieten auf der ganzen Welt finden, wird es zukünftigen Generationen nicht möglich sein, neue Nahrungsmittel, Medikamente, Textilrohstoffe und Energiequellen zu erschließen.

Die meisten Bewohner der Industrieländer sind so befangen in ihrem Glauben an die Wunder der Erdöl- und Kunststoffrevolution, daß sie völlig übersehen, wie sehr sie im täglichen Leben auf Pflanzen angewiesen sind, die zu einem großen Teil in den tropischen Regenwäldern beheimatet sind. Beinahe ein Viertel aller Arzneimittel und pharmazeutischen Produkte wird aus tropischen Pflanzen gewonnen (ebd., 7). 70 Prozent aller Pflanzen, denen das National Cancer Institute der USA eine krebsbekämpfende Wirkung bescheinigt, stammen aus tropischen Regenwäldern. Bei vielen Operationstechniken ist ein Wirkstoff aus der Rinde südamerikanischer Kuraregewächse unverzichtbar. D-Tubokurarin und andere aus der Rinde verschiedener Strychnosearten und Mondsamengewächse gewonnene Alkaloide werden bei komplizierten operativen Eingriffen als Muskelrelaxans eingesetzt. Die in Kontrazeptiva wirksamen Steroidhormone werden zu einem großen Teil aus tropischen, in Guatemala und Mexiko vorkommenden Spezies der wilden Yamswurzel gewonnen (Caulfield 1985, 59ff.).

Naturkautschuk, Latex, Harze, Gummilösungen, Färbestoffe, Wachse und Öle von tropischen Pflanzen kommen in Industrieprodukten und als chemische Grundstoffe für Gebrauchsartikel vom Lippenstift und Deodorant bis zum Cellophan und zur Möbelpolitur zur Verwendung (Meyers 1983, 8).

Aber trotz der damit verbundenen gewaltigen Zerstörung von biologischen Grundstoffen fahren multinationale Konzerne, Staatsregierungen und einheimische Viehzüchter unbeirrt fort, ihre Breschen in die Regenwälder zu schlagen. Indem sie Hektar um Hektar der reichsten Biomasse der Erde vernichten, setzen sie einer seit Jahrmillionen stattfindenden Evolution ein Ende.

Heute treten die Bulldozer des Caterpillar-Konzerns überall in Lateinamerika zum Kampf gegen die Urwälder an. Täglich fordern sie ihren Tribut, fressen sich weiter und weiter in den Dschungel hinein und zerstören alles, was ihnen im Wege steht. Der Lärm der kraftvollen Motoren, abwechselnd hochgejagt und im Leerlauf dröhnend, zerschneidet die Stille der ursprünglichen Lebensräume. Frances Moore Lappé beschreibt das Szenario: »... planieren Legionen von gewaltigen, 35 Tonnen schweren Raupenschleppern mit Pflugschaufeln, von denen jede 1150 kg wiegt, den Urwald mit 2,5 km Stundengeschwindigkeit und entwurzeln alles, was in ihrer Reichweite ist« (Lappé/Collins 1980, 58).

In Mexiko und Mittelamerika, wo es einst 400.000 Quadratkilometer tropischen Regenwald gab, sind heute noch 130.000 Quadratkilometer übriggeblieben, nachdem ein großer Teil des Gebietes zur Gewinnung von Weideland gerodet wurde. Auch dieser noch verbliebene Waldbestand wird aller Voraussicht nach innerhalb der nächsten 25 Jahre vernichtet sein (Nations 1988, 98).

Die Brundtland-Studie der Vereinten Nationen sagt voraus, daß »mehr als 15 Prozent aller Pflanzenarten bis zum Jahr 2000 von der Erde verschwinden werden«, wenn die Abholzung der Amazonaswälder im gegenwärtigen Tempo fortgesetzt wird (World Commission on Environment and Development 1987, 151).

Jeder von uns trägt ein Stückchen Verantwortung für die Zerstörung der tropischen Urwälder der Erde. Beispielsweise gehen Schätzungen davon aus, daß für jeden Hamburger, dessen Fleisch von einem mittel- oder südamerikanischen Rind stammt, 75 Kilogramm lebende Materie vernichtet werden, »darunter etwa zwanzig verschiedene Pflanzenarten, einhundert Insektenarten und Dutzende von Vogel-, Säugetier- und Reptilarten« (Denslow/Padoch 1988, 169).

Da die Kosten für die Rodung des Waldes so niedrig sind, machen sich die Viehzüchter kaum Gedanken über immaterielle Werte wie die Erhaltung des biologischen Gleichgewichts und des Artenreichtums. Sie würden es für eine Verschwendung von Zeit und Geld halten, den dünnen und wenig ergiebigen Regenwaldboden zu pflegen. Die Kosten für die Behandlung mit Kunstdünger und andere bodenverbessernde Maßnahmen übersteigen oft den wirtschaftlichen Wert des Landes. Abholzen, Niederbrennen, Abweiden und Weiterziehen ist der einfacherere Weg, der sich in endlosem Zyklus wiederholt. Die Geographin Susanna Hecht berichtet, daß 90 Prozent der neuen Viehbetriebe im Amazonasgebiet innerhalb von acht Jahren wieder schließen, weil ihr Grund und Boden durch Überweidung ausgelaugt ist. Der Staat baut seine Straßen immer tiefer ins Landesinnere hinein, und die Viehzüchter folgen auf dem Fuß. Nach wenigen Jahren fährt der Besucher auf diesen Straßen »durch viele Hundert Kilometer von verlassenem Strauchland« (zit. n. Parsons 1988, 44). Die Haltung der neuen Rinderherren drückt sich in der Bemerkung eines nordamerikanischen Viehzüchters und Besitzers von Weideland am Amazonas aus:

»Du kannst das Land da draußen jetzt zu demselben Preis wie ein paar Flaschen Bier pro Acre kaufen. Wenn du eine halbe Million Acres hast und 20.000 Rinder, dann kannst du diese lausige Gegend verlassen und dich in Paris, Hawaii, in der Schweiz niederlassen oder wo immer du leben willst.« (Zit. n. Lappé/Collins 1980, 63)

Die Zerstörung der Amazonaswälder ist keineswegs beispiellos in der Geschichte der Menschheit. Der viertausendjährige Zug der Rinderkultur nach Westen war gekennzeichnet durch Raub und Plünderung und durch die bewußte Mißachtung der ursprünglichen Natur, der einheimischen Bevölkerung und der Bedürfnisse zukünftiger Generationen. Die arrogante Haltung der Viehzüchter in Brasilien erinnert durchaus an die Einstellung der Pioniere in den Prärien des amerikanischen Westens. Der Ruf nach »freiem Gras« wird zukünftigen Generationen vielleicht wie eine Erkennungsmelodie des nord- und südamerikanischen Kontinents in den Ohren klingen.

19
Heuschrecken mit Hufen

Die Zerstörung der Natur durch Rinderherden beschränkt sich nicht auf die Regenwälder, sondern betrifft riesige Landflächen in aller Welt. Die Rinderwirtschaft gehört heute zu den Hauptursachen für die Ausbreitung der Wüstenregionen, die im Umweltprogramm der Vereinten Nationen definiert ist als

»Verödung der Ökosysteme in Trocken- und Halbtrockengebieten und ihren Übergangsregionen aufgrund von Eingriffen durch die Menschen. Dieser Prozeß führt zur Verminderung der Reproduktionsfähigkeit nützlicher Pflanzen, zu Veränderungen der Biomasse und der Artenvielfalt, zu einer beschleunigten Bodenverschlechterung und zu wachsenden Gefahren für die menschlichen Bewohner.« (Zit. n. Pimentel/Hall 1989, 100f.)

Die Ausdehnung der Wüste (Desertifikation) ist auf Überweidung, landwirtschaftlichen Raubbau, Waldzerstörung und falsche Bewässerungstechniken zurückzuführen. Von den vier genannten Ursachen kommt der Viehwirtschaft die herausragende Rolle zu. Einer Schätzung der Vereinten Nationen zufolge sind gegenwärtig 29 Prozent der gesamten Landmasse unseres Planeten »geringfügig, mittelschwer oder ernsthaft« von der Desertifikation betroffen (World Commission on Environment and Development 1987, 127). Fast 33 Millionen Quadratkilometer Halbtrocken- und Trockengebiete in aller Welt, also eine Fläche, die viermal so groß ist wie die USA, werden heute als »mittelschwer desertifiziert« eingestuft – das heißt, daß das Land ein Viertel seiner potentiellen Ertragsfähigkeit eingebüßt hat (Ehrlich/Ehrlich 1990, 127). Weitere 15 Millionen Quadratkilometer gelten als ernsthaft desertifiziert und bringen nur noch weniger als die Hälfte ihrer ursprünglichen Erträge hervor. Etwa 850 Millionen Menschen leben in Regionen, die von der Ausdehnung der Wüste bedroht sind (Corson 1990, 77). Mehr als 230 Millionen Menschen sind in Gegenden beheimatet, in denen die Desertifikation so weit fortgeschritten ist, daß das Land seine vom Hungertod bedrohten Bewohner nicht mehr ernähren kann (Ehrlich/Ehrlich 1990, 127).

Jedes Jahr gehen 600.000 Hektar fruchtbaren Landes in der ganzen Welt durch die fortschreitende Desertifikation verloren. Auf weiteren 20 Millionen Hektar ist die Bodenerosion so stark, daß das Land nicht mehr als Weide- oder Anbaufläche genutzt werden kann (Corson 1990, 77). In den vom Menschen geschaffenen Wüstengebieten sind Millionen von Familien in einer tödlichen Spirale zunehmender Not gefangen. Massenweise treten die Bewohner ländlicher Gebiete, die sich von den ausgedörrten Böden nicht mehr ernähren können, den Exodus in die verwahrlosten Slums am Rande der Großstädte an. Die Verödung von Savannen, Wäldern und Agrargebieten hat eine der größten Migrationsbewegungen in der Geschichte unseres Planeten ausgelöst. Um die Jahrtausendwende herum wird mehr als die Hälfte der Menschheit in städtischen Gebieten leben.

Die Zahl der Opfer, die die Ausbreitung der Wüste unter den Menschen fordert, ist unvorstellbar: Abermillionen Menschen ziehen, besitzlos und von ihrem Land vertrieben, auf der Suche nach einem sicheren Zufluchtsort über verdörrte Felder, durch unfruchtbare Wüsten und kahlgerodete ehemalige Waldgebiete und finden am Ende ihrer sinnlosen Wanderung nichts als überfüllte Slums, Barackensiedlungen oder einen Schlafplatz am Straßenrand. Das Umweltprogramm der Vereinten Nationen entwirft ein düsteres Bild der Situation:

»Überall in der Dritten Welt ist die Verschlechterung des Bodens die Hauptursache für die Abwanderung der ackerbauenden Bevölkerungsschichten in die Slums und Barackensiedlungen am Rande der Großstädte, wo sie verelenden, von Krankheiten, Naturkatastrophen und vom Abrutschen in die Kriminalität bedroht sind ... Ein solcher Exodus verschärft die ohnehin drängenden Probleme der Großstädte ... und behindert gleichzeitig die Bemühungen um den Wiederaufbau ländlicher Gebiete – durch das Fehlen von Arbeitskräften und die zunehmende Verwahrlosung des Landes.« (Zit. n. Jacobson 1988, 10)

Es kann nicht verwundern, daß die am stärksten von der Desertifikation bedrohten Gebiete ohne Ausnahme Viehzuchtregionen sind, darunter die westliche Hälfte der USA, Mittel- und Südamerika, Australien und die Sahelzone in Afrika.

Milliarden Rinder zertrampeln überall auf unserem Planeten die seit langem dort beheimateten wie die neu angesiedelten Gräser und fressen einen Großteil der Vegetationsdecke von den noch existierenden Grasflächen der Erde. Wenn der Pflanzenbewuchs fehlt, der die Humusschicht mit seinen Wurzeln festhält, das Wasser speichert und Nährstoffe produziert, ist das Land zunehmend durch witterungs- und regenbedingte Erosionen bedroht. Mehr als 60 Prozent der Steppengebiete der Welt wurden im Laufe der letzten 50 Jahre durch Überweidung zerstört (Repetto 1989, 228f.).

Darüber hinaus werden Millionen von Hektar Ackerland durch Bodenerosionen vernichtet, weil die Bauern die Ertragskapazität ihrer Felder überstrapazieren, um Futtergetreide für die Mast von Rindern und anderem Vieh für die immer zahlreicher werdende Erdbevölkerung zu produzieren. Der jährliche Verlust an Mutterboden wird von den Vereinten Nationen auf 25 Milliarden Tonnen geschätzt (Corson 1990, 76). Durch diesen Verlust hat sich die Ertragskapazität der Ackerflächen in den vergangenen Jahren weltweit um über 29 Prozent verringert (Milas 1984, 11). Die Bodenerosion ist eines der größten ökologischen Probleme, mit denen sich der australische Kontinent konfrontiert sieht. Fast zwei Drittel allen bebaubaren Landes sind hier davon betroffen (Brown et al. 1990, 60). In der ehemaligen Sowjetunion, in Indien und Amerika ist die Nutzbarkeit des Ackerlandes wie des Weidelandes durch Bodenerosionen bedroht. Auch auf dem afrikanischen Kontinent sind Bodenerosionen und Ausdehnung der Wüste die Umweltfaktoren, die den Menschen am meisten zu schaffen machen.

Dem Worldwatch Institute zufolge entspricht dem jährlichen Verlust von 25 Milliarden Tonnen Mutterboden weltweit ein Rückgang der Ernteerträge um sechs Prozent, das sind neun Millionen Tonnen Getreide im Jahr (ebd., 61). In Ländern, die besonders schwer von der Bodenerosion betroffen sind, sehen sich die Bauern gezwungen, immer weitere Flächen für den Ackerbau zu bearbeiten, um die erforderlichen Erträge zu erzielen, was die Verschlechterung des Bodens nur beschleunigt. Die reicheren Nationen bessern ihre ausgelaugten Böden mit großen Mengen an Düngemitteln auf Erdölbasis künstlich auf. Ein großer Teil des Getreides wird heute, in dem verzweifelten Bemühen, die Produktion zu steigern und so mit der wachsenden Nachfrage nach Nahrung für die Menschen und Futter für die Tiere Schritt zu halten, im wahrsten Sinne des Wortes auf Erdöl angebaut.

Unter natürlichen Bedingungen bilden sich in 200 bis 1.000 Jahren zweieinhalb Zentimeter Humusschicht (Postel 1984, 25). Die sprunghaft ansteigende Zahl von Menschen und Rindern auf der Erde hat zur Folge, daß buchstäblich jeder Quadratkilometer Weide- und Ackerland ohne Rücksicht auf zukünftige Generationen ausgelaugt, ausgebeutet und der Zerstörung anheimgegeben wird.

Vor zweihundert Jahren hatte Ackerland in den USA im allgemeinen eine Humusschicht von mindestens 50 Zentimetern. Heute hat der Mutterboden des Landes infolge von Überweidung, Raubbau und Waldrodung fast ein Drittel seiner ursprünglichen Tiefe verloren. In manchen Gegenden reicht er nur noch 15 Zentimeter tief (Fox/Wiswall 1989, 29; Lappé 1982, 80). In Iowa, das einst als fruchtbarstes Ackerland der Welt galt, ist die Humusschicht in einem einzigen Jahrhundert um mehr als die Hälfte zurückgegangen (Pimentel 1989, 5). Alljährlich werden in den Vereinigten Staaten vier Milliarden Tonnen Mutterboden durch Regenerosionen und drei Milliarden Tonnen durch Winderosionen abgetragen (Lappé 1982, 80).

Schätzungen gehen davon aus, daß von diesen sieben Millionen Tonnen Humus, die in den USA durch Erosionsprozesse vernichtet werden, fast sechs Millionen auf das Konto von Weidewirtschaft und Futtergetreideproduktion gehen (ebd.). Leider fließen die ökologischen Kosten, die durch die Erhaltung einer Rinderkultur an der Spitze der proteinkonsumierenden Gesellschaften entstehen, nicht in den Verbraucherpreis für das Fleisch selbst ein. Die zunehmende Bodenerosion und die Ausdehnung der Wüste werden vielmehr als »externe Faktoren« eingestuft, als Produktionsnebenkosten, die sich in Form einer ökologischen Schuld für zukünftige Generationen anhäufen dürfen. Die mittelbaren und unmittelbaren Kosten der Bodenerosion und -abtragung in den Vereinigten Staaten werden auf mehr als

44 Milliarden Dollar im Jahr geschätzt, und jeder Rindfleischkonsument trägt persönlich zu diesen Kosten bei (Pimentel 1989, 6). Schätzungen des Worldwatch Institute zufolge fallen für jedes Steak aus einem Rindermastbetrieb etwa 15 Kilogramm Mutterboden der Erosion zum Opfer (Durning 1986).

Teile der Great Plains im nordamerikanischen Westen entwickeln sich rasant zu unfruchtbaren Wüstenstrichen. Millionen Hektar staatseigenen Landes gehen alljährlich durch die zunehmende Desertifikation verloren. Ökosysteme, in denen einst Gabelböcke, Elche, Wildpferde, Esel, Kojoten, Wölfe, Hunderte von Vogelarten, Süßwasserfische und Wasserlebewesen, Prärieblumen und -gräser in üppiger Fülle beheimatet waren, gehen heute zugrunde – der Preis der Überweidung durch die Rinderzüchter, die mehr am schnellen Profit als an einer langfristigen Erhaltung interessiert sind und waren. Das Ausmaß der Zerstörung ist erschreckend. Gewaltige Flüsse und Ströme sind zu dünnen Rinnsalen verödet, viele sind völlig ausgetrocknet, und zurückgeblieben sind ausgedehnte Schlammebenen und viele Tausend Meilen trockener Flußbetten, die sich wie rissige Narben durch die Landschaft ziehen. Uferregionen, einst die Oasen der Prärie, sehen nun aus wie ökologische Geisterstädte. Pappeln sind aus dem Bild vieler Landstriche seit langem verschwunden. Ebenso Wildblumen und Nagetiere. Die Zahl der noch wildlebenden Tierarten nimmt mit jedem Tag ab.

In den elf westlichsten Staaten der USA grasen gegenwärtig auf einer Fläche von etwa 125 Millionen Hektar zwischen zwei und drei Millionen Rinder. Ihr Weideland umfaßt etwa 40 Prozent der Landmasse des nordamerikanischen Westens und zwölf Prozent der gesamten Festlandmasse der Vereinigten Staaten, wenn man von Alaska und Hawaii absieht (Jacobs 1988; Lancaster 1991). Die Rinderherden des Westens liefern zwar nur einen geringen Prozentsatz der gesamten Fleischproduktion der Vereinigten Staaten, sind aber weitgehend für die Umweltzerstörung in der westlichen Hälfte des Landes verantwortlich (Luoma 1986, 104).

Auf öffentliches Land losgelassen, frißt sich jedes Rind allmonatlich durch 400 Kilogramm Vegetation (Lancaster 1991). Die Tiere verschlingen die Reichtümer an Gräsern und Kräutern, fressen Sträucher und Bäume kahl, und nicht einmal Kakteen und Baumrinde bleiben von ihnen verschont. Mit einem Druck von vier Kilogramm pro Quadratzentimeter trampeln sie Pflanzen und Erdreich nieder (Fox/Wiswall 1989, 29; Jacobs 1988, 15). Durch das Zusammenpressen der Erde vermindern sich die Luftzwischenräume im Boden, und seine Fähigkeit, Wasser aufzunehmen, verringert sich. Das Wasser, das die Schneeschmelze im Frühjahr mit sich bringt, kann nur noch in geringerem Maße gespeichert werden, und das Erdreich wird durch Oberflächenüberflutungen ausgewaschen. In Colorado entstehen auf abgeweideten Flächen durch Wassereinwirkung 76 Prozent mehr Gesteinsablagerungen als in Gebieten, die nicht als Weideland genutzt wurden (Ferguson/Ferguson 1983, 61).

Das Trommelfeuer der Rinderhufe auf den Boden wirkt sich zwar weniger sichtbar, aber nicht weniger nachhaltig auf die Welt der Kleinlebewesen in den Prärien aus. Milliarden von Organismen – Bakterien, Einzeller, Pilze, Algen, Nematoden, Insekten, Regenwürmer und Motten – bevölkern die obersten fünf Zentimeter der Erdschicht und spielen eine entscheidende Rolle für die Fruchtbarkeit und Neuentstehung von Mutterboden. Diese Kleinstlebensräume werden durch die trampelnden Hufe der Rinder nachhaltig gestört, wodurch die ohnehin geschädigte Humusschicht eine weitere Belastung erfährt (ebd.).

Das Zusammenwirken von Überweidung und gewaltsamer Komprimierung des Bodens hat das Präriebiom aus dem Gleichgewicht gebracht und der dort beheimateten Flora und Fauna gewaltige Schäden zugefügt. Indem sie die Pflanzendecke zerstören, haben die Rinder die übrige Tierwelt – Insekten, Vögel und Säugetiere – ihrer Nahrung und ihres Schutzes beraubt. Die Humusschicht, die nicht mehr durch Pflanzen verankert und vor Sonneneinwirkung geschützt ist und auch keine ausreichenden Mengen Wasser mehr aufnehmen kann, wird in erschreckendem Tempo durch Wind und Regen abgetragen.

Einige Studien kommen zu der Schätzung, daß heute in den westlichen Prärieebenen nicht einmal halb so viel Biomasse produziert wird wie vor 100 Jahren, als die Rinder noch nicht frei umherstreifen durften. In den Uferregionen sind die Auswirkungen der Weidewirtschaft am nachhaltigsten zu spüren. In diesen schmalen

Streifen am Rande von Flüssen, Bächen und Teichen gibt sich ein Großteil der einheimischen Flora und Fauna ein Stelldichein. In Staaten wie Nevada sind mehr als 80 Prozent der wildlebenden Erdtiere unmittelbar auf den ufernahen Lebensraum angewiesen, obwohl diese kleinen Oasen weniger als ein Prozent der Landfläche einnehmen (Luoma 1986, 92). Die Ufervegetation spielt eine entscheidende Rolle für die Reinhaltung der fließenden Gewässer in der westlichen Ebene. Sie bietet den dort beheimateten Tieren Nistplätze und Schutz vor Sommersonne und Winterschnee.

Die Viehzüchter haben sich der meisten Uferregionen bemächtigt und diese ursprünglichen Lebensräume in kahlgefressene und verödete Wasserlöcher und Futterplätze für ihre Herden verwandelt. Den Angaben der Naturschutzbehörde von Arizona zufolge sind mehr als 90 Prozent der Ufervegetation in Arizona und New Mexico verschwunden, ähnliches gilt für Colorado und Idaho (Wuerthner 1990, 40).

Das Übergreifen der eurasischen Rinderkultur auf ein kompliziertes und prekäres Biom im Norden des amerikanischen Kontinents, dessen vielschichtige Verflechtungen sich in über tausendjähriger Evolution entwickelt hatten, hat sich als katastrophal erwiesen. Selbst die geringfügigsten Veränderungen ziehen schwerwiegende Folgen nach sich. Wenn beispielsweise die Rinder in die Bäche und wieder heraus waten, treten sie mit ihrem Gewicht große Erdbrocken aus der Uferböschung los. In manchen Gegenden Utahs sind die Bäche durch grasende Rinder auf das Doppelte ihrer ursprünglichen Breite vergrößert (Ferguson/Ferguson 1983, 74f.). Dadurch bietet sich der Sonneneinwirkung eine größere Oberfläche, und das breiter und flacher gewordene Gewässer wärmt sich stärker auf. Das durch Wärme und Kuhdung sauerstoffärmere Wasser beeinträchtigt Süßwasserfische, die kühles, sauerstoffreiches Wasser benötigen, insbesondere die Forelle (Fradkin 1979, 102). Da sich die Forellen nicht gegen Karpfenfische und andere Arten durchsetzen können, die mit weniger Sauerstoff und wärmeren Wassertemperaturen auskommen, ist ihre Zahl überall in den westlichen Prärien drastisch zurückgegangen.

Auch viele Pflanzenarten sind der Rinderinvasion zum Opfer gefallen. Durch die Weidewirtschaft sind die Pflanzenspezies in den USA stärker bedroht als durch irgendeinen anderen Faktor. Drei der fünf Pflanzen, die im August und September 1989 neu in die nationale Liste der bedrohten Spezies aufgenommen wurden, »waren Opfer der Viehwirtschaft« (Wuerthner 1990, 41). Winterharte Staudengräser, einst die verbreitetsten Pflanzen in den westlichen Ebenen, sind in Staaten wie Idaho durch Überweidung um bis zu 85 Prozent zurückgegangen und durch europäischstämmige Arten verdrängt worden, die sich zwar ausgezeichnet als Futtergräser eignen, aber sehr leicht in Brand geraten, wenn sie getrocknet sind. Sie sind Hauptverursacher der Flächenbrände, die immer wieder in den westlichen Prärien toben und viele Millionen Hektar des Lebensraums für wildlebende Tiere vernichten (Ferguson/Ferguson 1983, 94).

Für viele Vogelarten hat sich die Lebensqualität in den Prärien durch die Rinderwirtschaft derartig verschlechtert, daß ihre Zahl drastisch zurückgegangen ist oder sie ganz und gar ausgerottet sind. Die Montezuma-Wachtel beispielsweise ist aus dem texanischen Grasland nahezu vollständig verschwunden, und in weiten Teilen Arizonas trifft man keine Wildtruthühner mehr an. Rauhfußhühner wie das Präriehuhn sind infolge der Überweidung des öffentlichen Landes selten geworden (ebd., 101f.). Vogelpopulationen – vor allem Singvögel – haben sich in Landstrichen mit geringer Weidewirtschaft als wesentlich fruchtbarer erwiesen als in solchen mit starkem Herdenbestand.

Die vielleicht beunruhigendste Folge der Überweidung zeigt sich im deutlichen Rückgang des Bestandes an großen Säugetieren. Elche, Dickhornschafe, Gabelböcke und Antilopen sind praktisch aus den westlichen Prärien verschwunden. Die Zahl dieser Tiere ist einer Schätzung zufolge auf »weniger als fünf Prozent ihrer ursprünglichen Bestände« zurückgegangen (Wuerthner 1990, 41f.). Von den 15 Millionen Gabelböcken, die es vor 100 Jahren gab, sind heute nur noch etwa 270.000 übriggeblieben. Die Zahl der Dickhornschafe ist von einst zwei Millionen auf weniger als 20.000 geschrumpft. Die Elchbestände haben sich von ursprünglich zwei Millionen auf 455.000 verringert (Ferguson/Ferguson 1983, 116).

Zum Teil ist das Bureau of Land Management (BLM) schuld am rapiden Rückgang der Wildtierbestände. Von ihren Gründungstagen an hat diese staatliche Behörde vor allem die Viehzüchterinteressen berücksichtigt, wenn es um die Nutzungskonzessionen für verpachtetes Staatsland ging. Allein im Burns-Distrikt in Oregon erhält die Viehwirtschaft »114 Millionen Kilogramm Futtergräser, gegenüber 3,5 Millionen Kilogramm, die den wildlebenden Tieren zugestanden werden« (Wuerthner 1990, 41f.). Tausende von großen Säugetieren, die im Kampf um das Futtergras nicht gegen die Rinder bestehen können, werden so in die Randgebiete der Prärie abgedrängt, wo sie dem langsamen Hungertod ausgesetzt sind. Andere müssen sterben, weil sie sich in Stacheldraht verfangen. Immer wieder stößt man in den westlichen Prärien auf ihre knöchernen Überreste, die unheimlich wie Totems auf einem vorzeitlichen Grabhügel aus den Zäunen ragen.

Auch der Einsatz von Unkrautvertilgungsmitteln, die Bäume und Sträucher vernichten, hat einen entscheidenden Teil zum Niedergang der Wildtierbestände beigetragen. Die Viehzüchter versprühen das Gift häufig mit Unterstützung des BLM auf Tausenden von Hektar gleichzeitig und zerstören so Sträucher und Gehölze, die die Tiere zum Überleben brauchen. Wenn große Flächen von ihrer ursprünglichen Vegetation befreit sind, legt der Staat Monokulturen importierter Gräser an, die als Futterpflanzen für die Rinder geeignet sind. Durch diese künstlich angelegte Weidevegetation werden die natürlichen Lebensräume zusätzlich geschwächt, und die Wildtierherden sind schutzlos dem Hungertod ausgesetzt.

Seitdem der Staat die Aufsicht über die westlichen Prärien führt, hat er die Politik verfolgt, den wildlebenden Tieren in diesem Gebiet ihre Lebensräume zu nehmen. Staatsbeauftragte haben die Viehzüchter in ihrem Bestreben unterstützt, das natürliche Grasland in eine riesige Rinderweide zu verwandeln. Um die absolute Vorrangstellung der Rinder zu sichern, wurde ein systematischer Feldzug gegen alle nur erdenklichen Raubtiere geführt, die eine mögliche Gefahr für die Rinderherden darstellen konnten. Im Laufe des letzten Jahrhunderts wurden Tiere wie Berglöwen, Kojoten, Bären, Luchse, Rotluchse und sogar Adler auf die Liste der auszurottenden Spezies gesetzt.

Die Geschichte der staatlichen Raubtierpolitik im 20. Jahrhundert steht der Ausrottung der Büffel durch die Regierung im 19. Jahrhundert an Grausamkeit keinen Deut nach. Die Autoren und Tierschützer Denzel und Nancy Ferguson beschreiben in ihrem Buch *Sacred Cows at the Public Trough* ein Jahrhundert des Mordens und Massenschlachtens unter den Raubtierbevölkerungen der Prärien.

Zu Beginn unseres Jahrhunderts töteten Fallensteller in staatlichem Auftrag mit Hilfe von Fußeisen, Schlingen und Gewehren Zehntausende von Tieren. Das »Ausräuchern« erfreute sich großer Beliebtheit und wird heute noch von staatlichen Beauftragten praktiziert. Zu diesem Zweck wird Kerosin in die Gänge eines Tierbaus gegossen und angezündet, so daß die Jungen in ihrer Höhle verbrennen. In den 40er Jahren wandte sich die Regierung einer neuen Tötungsvorrichtung zu, dem sogenannten »Kojotenhäscher«: eine mit Zyanid gefüllte Pistolenpatrone (Ferguson/Ferguson 1983, 135f.). Kojoten und andere Raubtiere werden durch einen mit Duft präparierten Docht angelockt, und wenn sie daran ziehen, schießt ihnen Zyanid ins Maul. Die Tiere verenden qualvoll. Heute ist eine moderne Version des Zyanidgewehrs im Einsatz, mit der jährlich Tausende von Kojoten und anderen Raubtieren erlegt werden.

In den späten 40er Jahren fügte die US-Regierung ihrem Jagdarsenal eine weitere Waffe hinzu, ein unter dem Handelsnamen »Compound 1080« vertriebenes chemisches Präparat auf der Basis von Natrium-Monofluorazetat. Diese gefährliche Chemikalie zerstört das Nervensystem der Tiere und führt zum Herzstillstand. In den Jahren zwischen 1961 und 1970 inszenierte die Regierung eine wahre Schlachtorgie unter den Raubtieren der westlichen Ebenen – jedes nur greifbare Tier wurde in Fallen gefangen, vergast, vergiftet, erschossen, verbrannt oder ertränkt. Im Laufe von zehn Jahren wurden 141.000 mit »Compound 1080« vergiftete Köder in den Prärien ausgelegt. Die Giftplätze waren als riesiges Netz in Abständen von jeweils zehn Kilometern über das Grasland verteilt (Ferguson/Ferguson 1983).

Die Massenabschlachtung von Raubtieren hat zu einer ungehemmten Vermehrung von »schädlichen« Kleintieren – wie Kaninchen, Eichhörnchen, Beutel- und Taschenratten und anderen Nagern – geführt. Um die Nagetierbestände unter Kontrolle zu halten, wurde im Regierungsauftrag vergiftetes Getreide abgeworfen, statt daß man versucht hätte, das seit altersher gewachsene ökologische Gleichgewicht zwischen Raubtier- und Nagetierpopulationen wiederherzustellen.

Die Überweidung und ökologische Verschiebung hat darüber hinaus eine sprunghafte Vermehrung von Heuschrecken, Grashüpfern, Ernteameisen und anderen Insekten mit sich gebracht. Wie nicht anders zu erwarten, hat die Regierung auf diese neuerliche Seuche mit dem massiven Einsatz von Insektiziden reagiert und damit der Desertifikation des Gebietes weiteren Vorschub geleistet.

Der Rinderkomplex hat dem nordamerikanischen Kontinent große und irreparable Schäden zugefügt. Dennoch hat sich angesichts der Zerstörung uralter natürlicher Lebensräume und ganzer Ökosysteme selten und nur vereinzelt Widerspruch geregt. Kein Sturm der Entrüstung ging durch das Land. Im großen und ganzen ist es den Viehzüchtern hervorragend gelungen, ihre Interessen zu wahren – die Kontrolle über viele Millionen Hektar öffentlichen Landes, das von ihnen zum Nutzen der Fleischindustrie gnadenlos vergewaltigt und ausgebeutet wird.

Heute sind weite Teile der westlichen Prärien der USA zerstört, andere bewegen sich am Rande des ökologischen Zusammenbruchs. Ein 1991 im Auftrag der Vereinten Nationen erstellter Bericht besagte, daß der Boden zu 85 Prozent – das sind fast 275 Millionen Hektar – durch Überweidung und andere Faktoren geschädigt und seine Ertragskapazitäten auf einer Fläche von 172 Millionen Hektar um 20 bis 50 Prozent gemindert waren (*New York Times*, 20. Aug. 1991).

Im Jahre 1989, kurz bevor sechs der westlichen Bundesstaaten ihr hundertjähriges Bestehen feierten, enthüllte die Zeitschrift *Newsweek* in einem Beitrag über den nordamerikanischen Westen die lange Geschichte ökologischer und politischer Mißwirtschaft, die aus dieser Region den »am meisten ausgebeuteten und vernachlässigten« Teil der Vereinigten Staaten gemacht hat. Trotz massiver Investitionen, von Roosevelts Politik des New Deal bis zu deren Nachkömmlingen – riesigen Subventionen für Bewässerungsprojekte und landwirtschaftliche Betriebe –, ist die Region in einem stetigen Abstieg begriffen. Auch Arbeitsplätze werden rar in den westlichen Staaten. Bis zu 60 Prozent der Collegeabgänger wandern aus der Region ab, und die statistischen Zahlen lassen für das kommende Jahrzehnt eine Massenmigration der zwischen 17 und 24 Jahre alten Bevölkerung vermuten (*Newsweek*, 9. Okt. 1989).

Einige Fachleute haben mittlerweile den Vorschlag unterbreitet, den Desertifikationsprozeß, der den Westen zum unfruchtbaren Ödland gemacht hat, durch die Wiederansiedelung von Büffeln in einem riesigen Wildparkgelände umzukehren. Sie stellen sich einen ausgedehnten Nationalpark vor, der Teile von zehn östlich der Rocky Mountains gelegenen Bundesstaaten einbezieht. Die Initiatoren des Projekts würden ein Gebiet, das ein Fünftel der Gesamtfläche der USA umfaßt, in die öffentliche Nutzung zurückführen und dort wieder Büffel und andere verdrängte Tierarten ansiedeln. In ihrer Erläuterung zu diesem Vorschlag heißt es:

»Im Laufe der nächsten Generation werden fast alle Bewohner aus den westlichen Prärien abwandern. Dann wird sich eine neue Verwendung für die plötzlich entvölkerte Region aufdrängen, eine Nutzung, die so alt ist, daß sie weiter zurückreicht als die Erinnerung der Amerikaner.« (Ebd.)

20
Verdorrte Erde

Nirgendwo auf der Welt hat die Überweidung ernstere Folgen als in Afrika, wo jährlich Millionen Hektar Grasland abgefressen werden und die dadurch bewirkte Desertifikation die Ökologie des Kontinents und die Überlebenschancen seiner Bewohner wie kein anderer Faktor gefährdet. Heute stößt man überall auf dem afrikanischen Kontinent auf Rinder. Mehr als 50 Prozent der Landfläche Ostafrikas werden als Weideland für die dort lebenden 23 Millionen Rinder genutzt (Meyn 1970, 173f.). In diesem riesigen, von Grasland und Savannen beherrschten Gebiet ist der Rinderkomplex die treibende Kraft im gesellschaftlichen und wirtschaftlichen Leben der einheimischen Stämme.

Jahrhundertelang hatten es Nomadenstämme und halbseßhafte Ackerbaugesellschaften verstanden, ihre Viehhaltung wirksam mit den ökologischen Gegebenheiten in Einklang zu bringen. Indem sie sich an althergebrachte Wandergewohnheiten und landwirtschaftliche Techniken hielten, hatten sie eine übermäßige Beanspruchung des Bodens durch ihre Haustiere vermieden. Die Kolonialherrschaft brachte dieses Gleichgewicht jedoch aus dem Lot und zwang den Stammesvölkern Veränderungen auf, die die Ausbreitung der Wüste in diesem Kontinent unweigerlich vorantrieben.

Die Franzosen, über lange Zeit hinweg die führende europäische Macht in der Sahelzone, teilten ihren Einflußbereich in willkürliche Staatsgebiete auf, deren Grenzen eher von militärischen und marktwirtschaftlichen Überlegungen bestimmt waren als von den Wandergewohnheiten der einheimischen Hirtenstämme. Von ihren traditionellen Wanderrouten abgeschnitten, waren diese gezwungen, ihre Herden auf dem engen Raum zu halten, der ihnen innerhalb ihrer neuen nationalen Grenzen zur Verfügung stand. Überweidung, Bodenerosionen und Versteppung des Landes waren die Folge, die nicht ausbleiben konnte. Die Franzosen verstärkten das Problem noch, als sie eine Kopfsteuer auf jeden Nomaden erhoben. Die Landwirtschaft der afrikanischen Stammesverbände, die vom Tauschhandel lebten, hatte bisher ausschließlich ihrem Eigenbedarf gedient. Durch die vom Staat verhängte Kopfsteuer wurde den Hirtenstämmen nun eine Geldwirtschaft aufgezwungen, und sie mußten erstmals Tiere gegen Geld eintauschen, um die Steuerschuld begleichen zu können (Lappé/Collins 1980, 55).

Auch andere Kolonialmaßnahmen brachten die Hirtenvölker in Bedrängnis. So zweigten die Franzosen aus kommerziellem Interesse große Teile des ehemaligen Weidelandes ab und bauten darauf Baumwolle und Erdnüsse für den Export nach Frankreich an. Dadurch schrumpften die verfügbaren Weideflächen noch weiter zusammen. Andere europäische Kolonialmächte verfolgten eine ähnliche Politik und bewirkten damit den Übergang von einer Tauschwirtschaft zur geldabhängigen Marktwirtschaft. Die Nomadenstämme waren gefangen zwischen den beiden gegensätzlichen Wirtschaftssystemen. Da sie vom Tauschhandel allein nicht mehr leben konnten, begannen sie ihre Herden zu vergrößern und verkauften dann das überzählige Vieh, um ihren Lebensunterhalt zu sichern.

Die europäische Kolonialherrschaft brachte auch einen gesteigerten Bedarf an Rindfleischexporten mit sich. Der kommerzielle Anreiz veranlaßte viele Hirtenstämme, Rinder für den internationalen Fleischmarkt zu züchten. So verlor der Rinderkomplex, der jahrhundertelang den kulturellen Mittelpunkt des Stammeslebens gebildet hatte, durch die Kolonialherrschaft und ihre marktwirtschaftlichen Interessen seine ursprüngliche Bedeutung.

Das Ende der europäischen Kolonialherrschaft in den 50er und 60er Jahren unseres Jahrhunderts unterbrach die politischen und wirtschaftlichen Entwicklungen nicht, die alte Stammestraditionen unterminierten und die Ressourcen des Kontinents zunehmend ausbeuteten. Ebenso wie ihre kolonialen Vorgänger waren die Regierenden der gerade erst befreiten Staaten darauf aus, Macht über die

Bevölkerung auszuüben. Die Lebensweise der Nomaden stellte eine Bedrohung für das reibungslose Funktionieren staatlich verwalteter Bereiche wie Gesundheitswesen, Erziehung, Militär und Steuerwesen dar. So beschritt man neue Wege, um den Hirtenvölkern das seßhafte Leben schmackhafter zu machen.

Das unüberlegteste Mittel war die Einführung von tiefen Bohrbrunnen überall auf dem Kontinent. Die Entwicklungsdienste der Industriestaaten stellten die finanziellen und technischen Mittel für die Bohrung Tausender von Brunnen zur Verfügung. Man ging davon aus, daß die gesicherte Wasserversorgung an einem festen Ort die Hirtenvölker dazu bewegen würde, ihre von Regenfällen bestimmten Wandergewohnheiten abzulegen. Die Nomaden schluckten den Köder und ließen sich für eine gewisse Dauer in der Nähe der Brunnen nieder. Der schier unerschöpfliche Vorrat an wohlfeilem Wasser ermutigte sie, ihre Herden zu vergrößern. Innerhalb weniger Jahre war das Weideland im Umkreis der Wasserstellen durch die übergroße Zahl an Rindern auf viel zu kleiner Fläche kahlgefressen, steinhart getrampelt und völlig ausgelaugt. An manchen dieser Brunnen wurden bis zu 6.000 Rinder auf einer Fläche gehalten, die lediglich ausgereicht hätte, um 600 Tieren Nahrung zu bieten (ebd., 56).

Ohne Berücksichtigung der langfristigen ökologischen Folgen förderten die verantwortlichen Regierungsstellen unbeirrt die Konzentration großer Viehbestände im Bereich der Brunnenanlagen und schufen damit die Voraussetzungen für die rapide Ausdehnung der Wüste auf dem afrikanischen Kontinent. In der Sahelzone, die von Kap Verde am Atlantik bis Somalia am Indischen Ozean 21 Staaten umfaßt, stieg die Zahl der Rinder zwischen 1975 und 1984 um 25 Prozent an und nahm gebietsweise sogar um das Sechsfache zu (Milas 1984, 11). Heute grasen auf dem afrikanischen Kontinent 186 Millionen Rinder (Food and Agriculture Organization 1990, Tabelle 89). Damit kommt auf drei Menschen eine Kuh in einem Land, dessen Ernteerträge schon seit zwei Jahrzehnten nicht mehr ausreichen, um eine wachsende Bevölkerung zu sättigen. In den neun südafrikanischen Staaten übersteigt der Viehbestand die Kapazität des Weidelandes bereits um 50 bis 100 Prozent (Brown et al. 1990, 6).

Die steigende Zahl der Rinder und ihre zunehmende Konzentration um die künstlich angelegten Brunnen in vielen Teilen Afrikas hat katastrophale ökologische Folgen. Im Sudan beispielsweise ist der Boden im Umkreis von 20 bis 40 Kilometern um die Wasserreservoire herum vollkommen versandet, und mit jedem neu angelegten Brunnen auf bisher nicht zur Viehhaltung genutztem Land wiederholt sich der Prozeß mit dem Ergebnis, daß die Verödung immer größere Kreise auf dem ganzen Kontinent zieht. Nicht ohne Grund werden diese kreisrunden Flächen als »Opferstellen« bezeichnet – kahle, unfruchtbare Landstriche, die dem modernen Rinderkomplex zum Opfer gefallen sind (Pimentel/Hall 1989, 455). Heute konkurrieren Hirten und Ackerbauern um die noch verfügbaren Flächen, die sie weiterhin durch Überweidung und Raubbau ausbeuten – im verzweifelten Bemühen, die wachsende Bevölkerung zu ernähren und die Launen und Schwankungen einer weltweiten Marktwirtschaft zu überleben, auf die sie keinerlei Einfluß haben.

Viele afrikanische Länder vollziehen den Übergang zu einer modernen Rinderwirtschaft abrupt und in großem Stil. Um sich einen größeren Anteil am europäischen und internationalen Fleischmarkt zu sichern, bedienen sie sich der Technologien und landwirtschaftlichen Methoden der westlichen Welt. In Kenia, Swasiland, Simbabwe und Botswana hat sich die kommerzielle Rinderzucht bereits zu einem beachtlichen Wirtschaftszweig entwickelt. In Botswana, wo jede zweite Familie Rinder besitzt, werden kommerzielle Zuchtbetriebe durch die Regierung gefördert. Um die 1,5 Millionen Rinder des Landes vor Schäden durch Wildtiere zu schützen, haben die Viehzüchter mit staatlicher Hilfe Hunderte von Kilometern Stacheldrahtzäune um Weideland gezogen. Dadurch wurde das Wanderverhalten der Wildtiere und Pflanzenfresser empfindlich gestört. In den Trockenzeiten der vergangenen Jahre sind Zehntausende von Tieren verhungert und verdurstet oder bei dem verzweifelten Versuch, an das dahinter lockende Wasser und Futter zu gelangen, im Stacheldraht verblutet. Eine beträchtliche Anzahl von einheimischen Wildtieren ist für immer aus der afrikanischen Landschaft verschwunden (Fox/Wiswall 1989). Und fast ausnahmslos sind Überweidung und Ausbreitung der Wüste die Hauptursache dafür.

In Nordafrika ist die Situation kaum besser. Die Ertragskapazität der ariden Klimagebiete in Algerien, Ägypten, Libyen, Marokko und Tunesien reicht nicht aus, um die dort ansässige Bevölkerung und ihre Rinderherden zu ernähren. In Algerien sind nördlich des Sahara-Atlas besiedelte Gebiete und große Flächen kultivierten Landes durch Wanderdünen und Sandverwehungen bedroht (Jacobson 1988, 14). In Marokko fordert die sich ausdehnende Wüste einen ebenso bitteren Tribut.

Die Sahara frißt sich an ihrem südlichen Rand auf 6.000 Kilometer Breite mit der alarmierenden Geschwindigkeit von 50 Kilometern im Jahr in ehemals fruchtbare Landstriche hinein (Glantz 1977, 165f.). Den Vereinten Nationen zufolge sind weltweit drei Milliarden Hektar Steppenland von Desertifikation betroffen, 25 Prozent davon allein in den Ländern der Sahelzone (Milas 1984, 11).

Durch Überweidung und periodisch wiederkehrende Dürrekatastrophen hat sich die Lage der Menschen dort dramatisch zugespitzt. Millionen Menschen haben auf dem Rückzug vor der sich ausbreitenden Wüste Zuflucht in städtischen Gebieten gesucht. In der Sahelzone ist die städtische Bevölkerung in nur 20 Jahren um ein Vierfaches angewachsen. In Mauretanien ist ein Fünftel, in Burkina Faso ein Sechstel der Landbevölkerung in die Städte abgewandert (Jacobson 1988, 11). Ganze Dörfer liegen heute in der Sahelzone verlassen da. Aber nicht alle Menschen, die auf der Flucht vor Hunger und Not in die Städte ziehen, erreichen ihr Ziel. Während der großen Dürreperioden von 1968 bis 1973 und von 1982 bis 1984 starben 250.000 Menschen auf ihrem langen Marsch an Hunger und Entkräftung. Diejenigen aber, die die Städte erreichten, waren gezwungen, mit Hilfe der vom Staat sporadisch gewährten Lebensmittelrationen ein elendes Leben auf der Straße zu fristen. 1974 waren in Niger 200.000, in Mali 250.000 Menschen auf die staatlichen Hilfsprogramme zur Lebensmittelversorgung angewiesen (ebd.).

Schätzungen der Vereinten Nationen zufolge wird sich »im Jahr 2000 die Gesamtheit der städtischen Bevölkerung in Burkina Faso, Tschad, Mali, Mauretanien, Niger und Senegal auf 11,8 Millionen Menschen belaufen; das bedeutet eine Steigerung um 224 Prozent gegenüber 1975« (ebd., 12).

Der moderne Rinderkomplex zerstört weite Teile Afrikas. Dieser große Kontinent, auf dem es noch vor hundert Jahren von Wildtieren wimmelte, der von üppiger Vegetation, dichten Wäldern und uralten Savannen überzogen war, droht heute von der Wüste verschlungen zu werden. Durch konstante Überweidung ist das Land erodiert und seiner Flora und Fauna beraubt. In vielen Teilen Afrikas droht der ökologische Zusammenbruch, der Millionen Menschen in unvorstellbares Elend stürzen wird. Die Sahelzone wird buchstäblich davongeweht unter dem Ansturm von Abermillionen Huftieren, die über das Grasland schwärmen und unerbittlich alles kahlfressen. Der Sand Afrikas wird vom Wind auf andere Kontinente getragen (Mann 1987; Brown et al. 1989, 10).

Millionen afrikanischer Nomaden sind gefangen zwischen ihrer althergebrachten Stammeskultur, die vom traditionellen Rinderkomplex geprägt war, und den politischen und ökonomischen Forderungen, die ihnen durch das moderne Staatsgefüge und die internationale Marktwirtschaft aufgezwungen werden. Zwischen diesen beiden Kräften hin und her gerissen, sehen sie sich immer weniger in der Lage, dem Trommelfeuer ökonomischer und ökologischer Angriffe standzuhalten, die einen großen Teil des afrikanischen Kontinents in eine trostlose Wüstenlandschaft verwandeln.

In aller Welt sind heute durch Dürrekatastrophen, Überweidung und Raubbau die Süßwasserreserven bedroht. In Ostafrika ist der Grundwasserspiegel auf ein so niedriges Niveau abgesunken, daß es in sechs von sieben Ländern der Region gegen Ende des Jahrhunderts zu einer bedrohlichen Verknappung kommen wird. Dasselbe Schicksal wird die fünf Mittelmeeranrainer im Norden Afrikas noch vor der Jahrhundertwende ereilen (Brown et al. 1990, 48). Auch in Mexiko und Indien ist ein bedenkliches Absinken des Grundwasserspiegels zu verzeichnen (Postel 1984, 5).

Der einst scheinbar unerschöpfliche Vorrat an Süßwasser geht heute in vielen Regionen der Erde zur Neige (Pimentel/Hall 1989, 41). Vor allem durch das rasche Anwachsen der Weltbevölkerung hat sich der Wasserverbrauch in den Jahren zwischen 1940 und 1980 verdoppelt. Siebzig Prozent des gesamten Wasserverbrauchs gehen auf das Konto der Landwirtschaft – für den Anbau von Nahrungs- und Futtermitteln (Corson 1990, 79; Postel 1984, 13). Heute werden

15 Prozent aller Anbauflächen – das sind 270 Millionen Hektar – künstlich bewässert, wozu annähernd vier Billionen Kubikmeter Wasser im Jahr vonnöten sind (Corson 1990). Bis zum Jahr 2000 wird den Prognosen zufolge der Wasserbedarf der Landwirtschaft um weitere 25 bis 30 Prozent steigen, da die Agrarflächen zunehmend durch künstliche Bewässerungsanlagen versorgt werden (Postel 1984, 13). In den Vereinigten Staaten hat die Wasserknappheit, insbesondere in den westlichen Bundesstaaten, ein kritisches Stadium erreicht, in dem die Entnahme die Erneuerung um 25 Prozent übersteigt (Pimentel/Hall 1989, 41).

In den USA geht fast die Hälfte des gesamten Wasserverbrauchs auf den Anbau von Futtergetreide zurück. Auf ein Pfund Rindfleisch aus einem Mastbetrieb kommen 1.000 Liter Wasser für die Bewässerung der nötigen Getreidemenge. Frances Moore Lappé rechnet vor, daß das Wasser, das für die Erzeugung von vier Kilogramm Rindfleisch benötigt wird, der Menge entspricht, die ihre Familie in einem ganzen Jahr verbraucht (Lappé 1982, 74). Noch drastischer drückt es ein Journalist der *Newsweek* aus, wenn er schreibt, daß »in der Wassermenge, die in ein 450 Kilo schweres Rind gepumpt wird, ein Zerstörer schwimmen könnte«. Für die Gewinnung von Proteinen tierischer Herkunft wird bis zu fünfzehnmal mehr Wasser benötigt als für die Produktion derselben Menge pflanzlicher Eiweiße (ebd.).

Etwa die Hälfte aller amerikanischen Rinder in den Mastbetrieben werden im Mittelwesten oder im Westen der USA gezüchtet, Regionen, die nur auf eine einzige Wasserreseve zurückgreifen können. Das Ogallala-Reservoir ist der größte unterirdische Wasserspeicher der Welt und erstreckt sich vom nordwestlichen Texas bis Süddakota über acht Bundesstaaten. Es umfaßt ein Areal, das dreimal so groß ist wie der Staat New York. Die Landwirtschaft entzieht dem Ogallala-Reservoir heute jährlich mehr Wasser, als der Colorado in einem Jahr transportiert (ebd., 78). Ein großer Teil dieses Wassers fließt in die Bewässerungsanlagen der Weide- und Mastbetriebe. Hydrologen gehen davon aus, daß dieser praktisch nicht erneuerbare Wasserspeicher in Kansas, Texas und New Mexiko bereits zur Hälfte ausgeschöpft ist (Postel 1984, 20). In Texas ist ein Viertel des Grundwassers verbraucht, und im Norden des Staates sind viele Brunnen ausgetrocknet. Der

Grundwasserspiegel ist in manchen Regionen so weit abgesunken, daß das US-Landwirtschaftsministerium eine Verringerung des bewässerten Landes in den Great Plains um 30 Prozent voraussagt (Lappé 1982, 78).

In Kalifornien, wo 42 Prozent des entnommenen Wassers für den Anbau von Futtergetreide und zum Tränken des Viehs verwendet werden, ist der Grundwasserspiegel so weit zurückgegangen, daß sich die Erde über dem entstandenen Hohlraum senkt. Im Tal des San Joaquin hat sich die Erde auf einer Fläche von 13.000 Quadratkilometern abgesenkt, an manchen Stellen um bis zu zehn Meter (General Accounting Office 1980, 3). Die Wassermenge, die in diesem Gebiet aus dem Reservoir abgepumpt wird, »übersteigt den jährlichen Zufluß um mehr als 1,9 Billionen Liter« (Ehrlich/Ehrlich 1990, 29).

Leider werden die Viehzüchter durch geltende Besteuerungsgesetze geradezu ermuntert, immer mehr Grundwasser abzupumpen. Über die Hälfte der Kosten für Bewässerungsanlagen werden in den USA vom Staat getragen, was nichts anderes bedeutet, als daß der Wasserverbrauch der Viehzüchter und Ackerbauern aus öffentlichen Mitteln subventioniert wird. So gewährte die Bundesregierung den Farmern in der Gegend von Pueblo in Colorado 500 Millionen Dollar für ein Bewässerungsprojekt, mit dessen Hilfe der Anbau von Futtergetreide wie Sorghumhirse, Mais und Luzerne gefördert werden sollte. Obwohl der errechnete Preis für das gelieferte Wasser bei 54 Cents pro Kubikmeter Wasser lag, wurden den Abnehmern nur sieben Cents berechnet (General Accounting Office 1981, 26). Untersuchungen im Auftrag der Regierung belegen im übrigen, daß der Marktwert des Futtergetreides geringer ist als die Kosten für das zu seinem Anbau benötigte Wasser, das der Staat zur Verfügung stellt.

Ein anderes mit dem Wasser zusammenhängendes Umweltproblem hat seine Ursache ebenfalls in der Rinderwirtschaft. Die Rinder nämlich produzieren alljährlich etwa eine Milliarde Tonnen organischen Abfalls. In den USA gelangt der größte Teil dieser organischen Abfallstoffe in Grundwasser und Oberflächengewässer, wo der in den Tierexkrementen enthaltene Stickstoff in Ammoniak und Nitrate umgewandelt wird, die die Brunnen, Bäche, Flüsse und Seen im ganzen Land vergiften (Ensminger 1991, 187, Tabellen 5-10). Es wird geschätzt, daß der Anteil der Viehwirtschaft an der Umweltverschmutzung doppelt so hoch ist wie derjenige der nordamerikanischen Industrie mit ihrem gesamten Schadstoffausstoß (Pimentel 1989, 10f.; Lappé 1982, 84).

Mehr als die Hälfte der heute in nordamerikanischen Gewässern gefundenen organischen Giftstoffe stammen aus Rindermastbetrieben (Durning 1986, 3). Ein Mastrind produziert im Durchschnitt 20 Kilo Dung in 24 Stunden. In einem Mastbetrieb mit 10.000 Tieren fallen demnach an einem einzigen Tag 100.000 Kilo Dung an (Ensminger 1991, 187, Tabellen 5-9). Um das Ausmaß des Problems zu verdeutlichen: Der organische Abfall eines solchen Mastbetriebes entspricht der Abfallmenge, die in einer Stadt mit 110.000 Einwohnern produziert wird.

In dem Maße, in dem die Nachfrage nach protein- und fettreichem Fleisch aus Getreidemastbetrieben unter den wohlhabenden Verbrauchern der Industrieländer steigt, versiegen die Süßwasserquellen auf der ganzen Welt, an manchen Orten bis auf ein winziges Rinnsal. Schon heute führt die zunehmende Wasserverknappung und die Vergiftung von Seen und Flüssen zu Konflikten zwischen Staaten, die über gemeinsame Wasserwege verfügen, sowie zu Auseinandersetzungen zwischen verschiedenen Interessengruppen innerhalb der Landesgrenzen, von denen jede sich ihren Anteil an den geringer werdenden Reserven sichern möchte.

21
Die Erwärmung unseres Planeten

Vor 4.000 Jahren stellten sich ägyptische Priester das Firmament als eine Riesenkuh vor, die ihre Beine in alle vier Himmelsrichtungen ausstreckt. Heute spiegelt der Himmel über uns das Bild des Rindes in Form der verbrauchten Energie unseres modernen Industriezeitalters wider. Dic Erwärmung der Erde entwickelt sich rasch zur größten Bedrohung des Menschen und seiner Umwelt, die es je in der Geschichte gegeben hat. Der Rinderkomplex trägt maßgeblich zur Entstehung der Treibhausgase bei, die in die Atmosphäre aufsteigen und verhindern, daß die Sonnenwärme von der Erde entweichen kann.

Über die Zerstörung, die wir der Atmosphäre zufügen, indem wir fossile Brennstoffe für den Betrieb unserer Automobile und Fabriken und als Energielieferant für unsere Kommunikationssysteme, unsere Haushalte und Büros verwenden, ist viel geschrieben worden, aber über den Einfluß der modernen Viehwirtschaft auf den Treibhauseffekt ist bis heute nur wenig bekannt. Tatsache ist, daß der Viehwirtschaft in Verbindung mit dem Futtergetreideanbau eine Schlüsselrolle bei der Entstehung von drei der vier Treibhausgase – nämlich Methan, Kohlendioxid und Stickstoffoxiden – zukommt und daß sie in den kommenden Jahrzehnten vermutlich einen noch größeren Teil dazu beitragen wird. Das Rind, das einst als heiliges Fruchtbarkeitsidol verehrt und in jüngerer Vergangenheit als Wohlstandssymbol gefeiert wurde, vergiftet heute die Atmosphäre und die Lebensräume unseres Planeten und verwandelt ihn in eine von tödlichen Gasen erstickte Wüste.

Eine dicke Schicht von Treibhausgasen umgibt die Erde, seit es auf ihr Leben gibt. Diese Gase lassen Sonnenstrahlung ungehindert in die

Erdatmosphäre eindringen. Die Erdoberfläche absorbiert einen Großteil der Sonnenenergie und wandelt sie in Infrarot- beziehungsweise Wärmestrahlung um. Die Wärme steigt von der Erde auf und trifft auf die Gasmoleküle in der Atmosphäre, die wiederum als Reflektoren fungieren und wie das Glasdach eines Gewächshauses einen Teil der Wärme zur Erde zurücksenden. Der Treibhauseffekt ist von entscheidender Bedeutung für die Erdatmosphäre, er sorgt für die Wärmeschicht, die die Entstehung von Leben auf unserem Planeten erst möglich gemacht hat. In der langen Geschichte der Evolution ist die Treibhauswirkung der Atmosphäre weitgehend konstant geblieben.

Im modernen Industriezeitalter werden Unmengen an Kohle, Öl und Erdgas verbrannt, damit sich die Räder der Maschinenwelt drehen. Der Ausstoß an Kohlendioxid in die Atmosphäre ist rapide gestiegen und verhindert die Wärmeabstrahlung von der Erdoberfläche. Während die Erdatmosphäre Mitte des 18. Jahrhunderts noch 288 ppm (parts per million – das entspricht einem Milligramm pro Kilogramm) Kohlendioxid enthielt, werden heute Werte um 350 ppm gemessen (Mintzer 1987; World Resources Institute 1990, 350, Tabelle 34.3). Seit der Mitte des 19. Jahrhunderts haben die Industrienationen durch die Verwendung fossiler Brennstoffe mehr als 185 Milliarden Tonnen Kohlendioxid freigesetzt (Trabalka 1985). Wissenschaftler sagen bis zur Mitte des nächsten Jahrhunderts eine Verdoppelung des CO_2-Gehalts in der Atmosphäre und in der Folge eine Erwärmung der Erde auf nie dagewesene Temperaturen voraus (Ramanthan 1985).

Zwei Drittel der 1987 in die Atmosphäre abgegebenen 8,5 Milliarden Tonnen Kohlendioxid stammen aus fossilen Brennstoffen, ein Drittel aus der zunehmenden Verbrennung von Biomasse (World Resources Institute 1990, 346, Tabelle 24.1). Bei der Photosynthese nehmen Pflanzen CO_2 auf und speichern es. Wird die Pflanze nach ihrem Absterben verbrannt, so gibt sie das – oft über Hunderte von Jahren angereicherte – Kohlendioxid wieder an die Atmosphäre ab (Ehrlich/Ehrlich 1990, 115). Die Kohlenstoffmenge, die in der Biomasse und der Humusschicht unserer Wälder lagert, übersteigt den Kohlenstoffgehalt der Atmosphäre um das 1,3- bzw. das Vierfache (Buschbacher 1986, 25). Allein in den Wäldern des Amazonasbeckens sind ca. 75 Milliarden Tonnen Kohlenstoff gespeichert (Linden 1989, 78).

Wenn die Bäume dort gefällt und abgebrannt werden, damit Rinderweiden entstehen können, so entweichen große Mengen dieser Kohlendioxidvorräte in die Atmosphäre.

Im Spitzenjahr 1987, als reiche Landbesitzer die letzte Gelegenheit vor Ablauf der entsprechenden Gesetze nutzten, um in den Genuß von Steuervorteilen durch die brasilianische Regierung zu kommen, wurden durch Brandrodung im Amazonasgebiet etwa 1,2 Milliarden Tonnen Kohlendioxid in die Atmosphäre abgegeben. In jenem Jahr machte die Rodung des brasilianischen Regenwaldes neun Prozent aller an der Erwärmung der Erde beteiligten Faktoren aus (World Resources Institute 1990, 15, Tabelle 2.2, 38, 102, 346, Tabelle 24.1, 348, Tabelle 24.2). Zusätzliche Treibhausgase werden durch das Abbrennen von Grasflächen und landwirtschaftlichen Abfällen freigesetzt.

Die Verbrennung von Biomasse geschieht heute zum großen Teil zugunsten der Viehwirtschaft. Millionen Hektar tropischen Regenwaldes werden niedergebrannt, riesige Stoppelfelder nach der Ernte des Futtergetreides alljährlich abgefackelt. Millionen Tonnen Kohlenstoff werden in den Himmel gejagt – nur um den Erhalt unseres Rinderkomplexes zu sichern.

Aber die Verbrennung von Biomasse ist nur ein Teil des umweltfeindlichen Effekts der Rinderwirtschaft, die auch noch in anderer Weise zur Erwärmung der Erde beiträgt. Unsere hochtechnisierte Landwirtschaft verbraucht eine beträchtliche Menge an fossilen Brennstoffen. In einer Zeit, in der 70 Prozent der amerikanischen Getreideernte an Rinder und anderes Vieh verfüttert werden, sorgt die Energiemenge, die zur Futterproduktion benötigt wird, für einen nicht unbedeutenden Anstieg des CO_2-Ausstoßes. (Pimentel 1989, 9f., geht davon aus, daß eine Rückkehr zur reinen Weidewirtschaft den Energieverbrauch um 60 Prozent senken würde.)

Fast vier Liter Treibstoff werden in den Mastbetrieben der USA verbraucht, bevor man ein einziges Pfund Fleisch erhält (Durning 1986, 3). Um den Rindfleischbedarf einer durchschnittlichen vierköpfigen Familie für ein Jahr zu decken, werden 1.000 Liter Treibstoff gebraucht, bei deren Verbrennung 2,5 Tonnen Kohlendioxid in die Atmosphäre abgegeben werden – das entspricht dem Abgasausstoß eines Mittelklassewagens in sechs Monaten bei normaler Nutzung.

(Die Zahlen gehen von einem Pro-Kopf-Rindfleischkonsum von 30 Kilogramm im Jahr aus; Rifkin 1990.)

Nun erfordert die Produktion von Futtergetreide auch den Einsatz von chemischen Düngemitteln, die wiederum Stickstoffoxide freisetzen. In den 40 Jahren zwischen 1950 und 1990 ist der weltweite Verbrauch von chemischen Düngemitteln drastisch angestiegen, und zwar von 14 auf 143 Millionen Tonnen im Jahr (Brown et al. 1990, 67). Die globale Erwärmung geht derzeit zu sechs Prozent auf das Konto der Stickstoffoxide, die durch chemischen Dünger und andere Verursacher freigesetzt werden.

Schließlich und endlich produzieren Rinder das überaus wirkungsvolle Treibhausgas Methan. Methan wird auch in Mooren, Reisfeldern und Sickergruben freigesetzt, aber die riesigen Rinderbestände, die Vermehrung der Termitenvölker und das Abbrennen von Wäldern und Grasflächen haben in den vergangenen Jahrzehnten für die Entstehung von Methangasen zunehmend an Bedeutung gewonnen. Methangas ist zu 18 Prozent an der fortschreitenden globalen Erwärmung beteiligt (Pearce 1990, 38).

Der Methangehalt der Atmosphäre war vor Beginn des Industriezeitalters über 10.000 Jahre hinweg relativ stabil. In den vergangenen 300 Jahren hat sich die Methankonzentration dagegen fast verdoppelt. Die Tatsache, daß ein Methanmolekül 25mal mehr Sonnenenergie binden kann als ein CO_2-Molekül, veranlaßt einige Wissenschaftler zu der Prognose, daß sich Methan in den kommenden 50 Jahren zum wichtigsten Treibhausgas entwickeln wird. Schon heute wird von Fachleuten geschätzt, daß jährlich mehr als 500 Millionen Tonnen Methan in die Atmosphäre gelangen (ebd., 37). Die 1,3 Milliarden Rinder der Welt haben daran mit 60.000 Tonnen, die sie im Jahr produzieren, immerhin einen Anteil von zwölf Prozent (World Resources Institute 1990, 346, Tabelle 24.1; Gibbs/Hogan 1990).

So erschreckend diese Zahlen auch sein mögen, sie zeigen nur einen Teil des Problems auf. Allein durch das Abbrennen von Tropenwäldern, Grasflächen und Stoppelfeldern entstehen, neben dem CO_2, 50 bis 100 Millionen Tonnen Methangas. Eine noch größere Menge Methan wird durch die stetig wachsende Zahl von Termiten freigesetzt, die sich vom Holz der gefällten Regenwaldbäume ernähren. Lebende Bäume produzieren Alkaloide und Terpene, denen eine regulierende Rolle bei der Vermehrung der Termitenvölker zukommt. Sind die Bäume gefällt, so scheiden sie diese chemischen Substanzen nicht mehr aus, und die Termiten können sich ohne Gefahr von ihrem Holz ernähren. In abgeholzten Regionen vermehren sich die Termitenvölker oft innerhalb kürzester Zeit um das Zehnfache. Angesichts der Tatsache, daß eine einzige Königin unter günstigen Bedingungen in der Lage ist, 80.000 Eier am Tag zu legen, schätzen manche Entomologen, daß jeder Mensch der Erde durch eine Termitenmasse von 680 Kilogramm aufgewogen wird. Durch diese Insektenart gelangen jährlich weitere Millionen Tonnen Methan in die Atmosphäre (Pearce 1990, 38; World Resources Institute 1990, 354).

Der weltweite Rinderkomplex, der bereits so weitreichende Auswirkungen auf die Geosphäre der Erde gezeitigt hat, macht sich allmählich auch immer deutlicher in der Biosphäre bemerkbar. Der ökologische und ökonomische Tribut, den die Aufrechterhaltung der künstlich geschaffenen Nahrungskette auf der Basis einer übermäßig proteinreichen Fleischernährung fordert, ist vielleicht der höchste Preis, den die Menschheit je in der Geschichte bezahlen mußte. Millionen von Amerikanern, Europäern und Japanern schlingen Hamburger, Steaks und Rinderbraten in sich hinein, ohne sich der Folgen bewußt zu sein, die ihre Eßgewohnheiten für die Biosphäre und die schiere Bewohnbarkeit der Erde haben. Jedes Pfund dieses Fleisches bezahlen wir mit abgebrannten Wäldern, verdorrten Böden, ausgelaugten Feldern, ausgetrockneten Flüssen und Bächen und einer durch Abermillionen Tonnen Kohlendioxid, Stickstoffoxid und Methan vergifteten Atmosphäre.

Um das Ausmaß der Katastrophe zu erfassen, müssen wir uns die selbstregulierenden Kräfte der Temperaturvorgänge auf unserem Planeten vor Augen führen. Das Leben einer jeden Spezies spielt sich, so wie das Leben unseres Planeten insgesamt, innerhalb einer relativ engen Temperaturspanne ab. Seit der letzten Eiszeit vor 18.000 Jahren hat sich der Mittelwert der Erdtemperatur nur um 1,8 Grad Celsius verschoben. Wenn wir im gleichen Umfang wie bisher fortfahren, Kohlendioxid, Methan, Stickstoffoxide und FCKW in die Luft zu jagen, wird sich den Prognosen vieler Wissenschaftler zufolge unser Klima in den nächsten 50 Jahren um zwei bis vier Grad Celsius aufheizen. Eine Temperaturveränderung dieser Größenordnung wird zweifellos für die Ökosysteme der Erde und für die gesamte Menschheit in eine beispiellose Katastrophe münden. Ein Ansteigen der Durchschnittstemperatur um zwei bis vier Grad würde möglicherweise bedeuten, daß wir innerhalb eines einzigen Menschenalters die Veränderungen eines ganzen Erdzeitalters erleben und daß sich Ökosysteme und Sozialstrukturen in einem kurzen Augenblick der Evolution gewaltigen Umstellungen anpassen müssen. Wie vernichtend sich eine solche Entwicklung auf das sensible Netz ökologischer und ökonomischer Beziehungen auswirken könnte, die sich ganz allmählich im Laufe der Geschichte herausgebildet haben, ist kaum zu ermessen.

Bis zum Jahr 2030 könnte sich in nordamerikanischen Städten wie New York und Boston tropisches Klima entwickelt haben. Der Getreidegürtel im Mittelwesten könnte von Dürrekatastrophen und einer fortschreitenden Versteppung heimgesucht sein, so daß die Nahrungsmittelversorgung der Bevölkerung nicht mehr gewährleistet wäre. Eindrucksvolle Ströme wie der Mississippi könnten sich in den Sommermonaten in Schlammebenen verwandeln, die für die Schiffahrt nicht mehr taugen würden. Die Wirbelstürme, die alljährlich über bestimmte Küstenregionen hinwegfegen, könnten um bis zu 50 Prozent an Stärke zunehmen und Hafenstädte wie Galveston, Norfolk und Baltimore verwüsten.

Wissenschaftler sagen voraus, daß der Meeresspiegel bis zum Jahr 2050 durch die Wärmeausdehnung des Wassers um einen bis eineinhalb Meter angestiegen sein wird. Sollten die polaren Eiskappen schmelzen, könnte er noch höher steigen. Das Salzwasser wird weite Küstenstriche überfluten und das ohnehin knapper werdende Wasser der Flüsse und Seen ungenießbar machen.Viele Inselstaaten werden in den steigenden Fluten versinken. Die Malediven im Indischen Ozean, die Marshallinseln im Pazifik und die Inselkette der Karibik – sie alle könnten vom Meer verschlungen werden. Wie die sagenhafte Stadt Atlantis könnten sie – außer im kollektiven Gedächtnis des Menschengeschlechts – aufhören zu existieren. Durch die Überflutung ganzer

Landstriche wird eine neue Art von Flüchtlingen entstehen. Millionen Menschen werden ihre Heimat verlieren, weil ganze Landmassen vom Erdboden verschwinden werden.

Tiefliegende Staaten werden Milliardenbeträge für Deiche und Anlagen zum Schutz ihrer Küsten aufwenden müssen, wollen sie dem drohenden Ansturm der Wasserfluten etwas entgegensetzen. Dennoch wird beispielsweise Ägypten, den Prognosen von Wissenschaftlern zufolge, 15 Prozent seines Ackerlandes im Nildelta verlieren. Ein Siebtel der ägyptischen Bevölkerung wird dadurch heimatlos werden, und das Bruttosozialprodukt des Landes wird um mindestens 14 Prozent sinken. Ein Ansteigen des Meeresspiegels um eineinhalb Meter würde 90 Prozent der noch erhaltenen Feuchtgebiete auf dem nordamerikanischen Kontinent zerstören (Revkin 1988, 50). Staaten wie die Niederlande müßten den größten Teil ihres Kapitals aufzehren, um sich mit aufwendigen Deichbauten gegen die ansteigenden Fluten zu schützen.

Auch die Niederschläge würden sich rund um den Erdball grundlegend verändern. Durch die Verschiebung der Regengebiete und Niederschlagsmengen würde das Wasser von Seen, Flüssen und Bächen verdunsten, und in manchen Regionen würden die Gewässer gänzlich austrocknen. Bestehende Damm- und Bewässerungsanlagen werden nutzlos und massive Umbauten notwendig werden. Derzeit werden 18 Prozent der landwirtschaftlich genutzten Flächen in aller Welt künstlich bewässert. Die Kosten für die erforderlichen Umbauten der Bewässerungsanlagen würden wahrscheinlich 200 Milliarden Dollar übersteigen (Rangley 1985).

Die gravierendsten Folgen einer globalen Klimaerwärmung werden sich in einzelnen Ökosystemen bemerkbar machen. Der Bellagio-Report, eine 1987 von führenden Klimatologen aus aller Welt durchgeführte Studie, sagt voraus, daß der Treibhauseffekt ein massives Waldsterben auslösen wird, bevor das erste Jahrzehnt des 21. Jahrhunderts zu Ende geht. Die Wälder werden nicht in der Lage sein, den rasanten Klimaveränderungen zu folgen, wenn sich mit jeder Erwärmung um ein Grad Celsius die Klimazonen um 100 bis 150 Kilometer nach Norden verschieben. Man stelle sich die Auswirkungen am Beispiel eines einzigen Ökosystems vor: Innerhalb von 60 Jahren hätte sich das Klima, das den Yellowstone Park geprägt hat und erhält, bis weit nach Kanada hinein verschoben. Die Baumvegetation kann sich unmöglich in dem vom Treibhauseffekt vorgegebenen Tempo verschieben (Akers 1988, 23). In allen Regionen der Welt werden ganze Ökosysteme – Bäume, Insekten, Mikroorganismen, Säugetiere – diesen abrupten Klimaverschiebungen zum Opfer fallen und zugrunde gehen.

Da die Wirtschaftsstrukturen in hohem Maße von den Ökosystemen abhängig sind, werden auch sie sich nur schwer oder gar nicht den Veränderungen der klimatischen Bedingungen anpassen lassen. Die Erschütterungen, die die Weltwirtschaft dadurch erfahren könnte, sind in ihrer Tragweite unvorstellbar und unabwägbar.

In praktisch allen Staaten der Erde werden heute ökonomische Entscheidungen getroffen und Pläne ausgearbeitet, die von der trügerischen Erwartung ausgehen, daß die seit Jahrtausenden geltenden klimatischen Bedingungen noch weitere 50 Jahre erhalten bleiben werden. In der Schlußerklärung der 1985 von Wissenschaftlern aus 25 Ländern einberufenen Weltklimakonferenz heißt es dazu:

»Die ökonomischen und sozialpolitischen Entscheidungen über viele Langzeitprojekte wie Bewässerungsanlagen, Wasserkraftwerke, Agrarentwicklung, Landbewirtschaftungspläne, Strukturreformen, Küstenanlagen und Energieplanung basieren auf der Annahme, daß die klimatischen Bedingungen der Vergangenheit als Leitfaden für die Zukunft dienen können. Diese Annahme ist falsch, da die zunehmende Konzentration von Treibhausgasen im kommenden Jahrhundert vermutlich eine beträchtliche Klimaerwärmung bewirken wird.« (Jaeger 1988, 1f.)

Selbst die banalsten ökonomischen Voraussetzungen, die wir im allgemeinen für selbstverständlich halten, werden ihre Geltung verlieren. Nehmen wir nur die Planungsgrundlagen für die Infrastruktur unserer Gesellschaft. Häuser, Brücken, Dämme, Straßen, Abwassersysteme, Kanäle und technische Geräte aller Art sind für Klimabelastungen konzipiert, die in 50 bis 100 Jahren nicht mehr gelten werden.

Mit der Erwärmung unseres Planeten erlebt das Zeitalter des Fortschritts seine Umkehrung. Mit ihr kehren die Unmengen von Energie wieder, die das Industriezeitalter verschlungen hat. Die Biosphäre ist das kosmische Rechenschaftsbuch, in dem die Verschwendungssucht der Menschen im Industriezeitalter bis ins kleinste Detail festgehalten ist. Der moderne Rinderkomplex steht in diesem Rechenschaftsbericht mit an oberster Stelle, seine Geschichte ist aufgezeichnet in den unzähligen Kohlendioxid-, Stickstoffoxid- und Methangasmolekülen, die durch die Vermarktung des Fleisches gen Himmel wandern. Nun hat möglicherweise die Biosphäre selbst das letzte Wort in der Saga der 6.000jährigen Westwärtswanderung der großen Rinderkulturen der eurasischen Welt. Klimaveränderungen, verkürzte Wachstumsperioden, veränderte Niederschläge, Versteppung und Erosion der Weideflächen und die Ausbreitung der Wüste sind möglicherweise das Totengeläut für den Rinderkomplex und die auf ihn bauende künstliche Ernährungshierarchie mit ihrem übertriebenen Fleischkonsum.

V

Das Bewußtsein der rindfleisch-essenden Kulturen

22

Die Psychologie des Fleischessens und die Hierarchie der Geschlechter

Unsere Urväter wandten sich an Götter und Geister, die ihnen helfen sollten, den »Stoff« des Lebens in ihren Besitz zu bringen und zu verzehren. Um die Kraft des Lebens in sich aufzunehmen, bauten sie auf Rituale, die Wiederholung mythischer Handlungen, Tier- und Menschenopfer. Heute ziehen wir die Wissenschaft und immer neue und kompliziertere Technologien heran, um dasselbe Ziel zu erreichen. Wir bedienen uns unserer Werkzeuge, um die Lebenskraft unserer Umwelt einzufangen und sie uns anzueignen, damit wir leben und gedeihen können.

Dieser elementarste aller Triebe hat die Menschen immer mit Zwiespalt erfüllt. Es ist beängstigend und lustvoll zugleich, die Welt zu essen. Einem anderen das Leben zu nehmen, um selbst zu überleben, ist eine schmerzhafte Erfahrung. Andererseits ist es zutiefst befriedigend und erfüllt uns mit einem Gefühl der Lebendigkeit, die Früchte der Eroberung zu genießen. Von Elias Canetti stammt die Bemerkung, daß jeder von uns ein König auf einem Totenfeld sei. Wenn wir einen Augenblick innehalten und uns vor Augen führen würden, wieviele Mitgeschöpfe wir im Laufe unseres Lebens gegessen, wieviele Schätze und Materialien wir der Natur entrissen und verbraucht haben, wären wir entsetzt über das Ausmaß der Grausamkeit und Ausbeutung, die uns unsere Existenz gesichert haben.

Das Essen hat ebenso etwas mit *eros* wie mit *thanatos* zu tun, mit dem Leben wie mit dem Tod. Tschechow hat einmal voller Lebensfreude ausgerufen: »Wie verschwenderisch die Natur doch ist! Ich könnte sie nehmen und aufessen … Ich habe das Gefühl, alles essen zu können, die Steppe, die fremden Länder.« Und Robert Browning sprach in ähnlichem Überschwang, als er sagte, daß er die Blumen und Blätter so sehr liebte, daß er sie am liebsten »in Stücke beißen« wolle (Tuan 1984,9).

»Die Welt aufessen« – in diesem Akt stecken die Spannung von Liebe und Verlust, die Intensität des Lebens und das erschreckende Gespenst des Todes. Darum löst die Machtergreifung über die Natur in uns einerseits ein Gefühl der freudigen Erregung und Leidenschaft aus, andererseits aber auch Ekel und Widerwillen.

Mit dem Essen treten wir, mehr als durch jede andere sinnliche Erfahrung, in eine intime Beziehung zur natürlichen Welt. Alle unsere Sinne sind unmittelbar am Erleben beteiligt – wir schmecken, riechen, fühlen, hören und sehen, was wir essen. Wir kennen vieles von der Welt durch die Art und Weise, wie wir es uns einverleiben. Das Essen ist die ursprünglichste Verbindung des Menschen zu seiner natürlichen Umgebung, und aus diesem Grund wird es in den meisten Kulturen nicht nur als lebensnotwendiger Akt der Ergänzung gewürdigt, sondern auch als heilige Zeremonie der Gemeinschaft gefeiert. Für sie ist das Essen die verbindende Brücke zwischen Kultur und Natur, zwischen sozialer und natürlicher Ordnung. »Die Nahrung eignet sich besonders gut als ein solcher Mittler, denn wenn wir essen, stellen wir in wörtlichem Sinne eine Einheit her zwischen uns selbst (der Kultur) und unserer Nahrung (der Natur).« (Ritson et al. 1986, 110)

Der Psychologe Bruno Bettelheim hat einmal geäußert, daß die Eßerfahrung unsere ganze Einstellung zur Welt prägt. Und dem Semiologen Roland Barthes zufolge ist die Art der Lebewesen, die eine Kultur ißt, und die Weise, wie sie sie zubereitet und serviert, eine überaus fein abgestimmte Form der Kommunikation, in der sich die Werte, Überzeugungen und Handlungsprinzipien offenbaren, die dieser Kultur zugrunde liegen (Barthes 1979b, 168; Ritson et al. 1986, 145f.). Die Regeln und Vorschriften, das Geben und Nehmen, mit denen das »Einverleiben der Natur« belegt ist, formen und spiegeln gleichzeitig die Weltsicht der Kultur, die sie vorgegeben hat. Es heißt, daß die Geschichte der Menschheit nur im Zusammenhang mit der Geschichte ihrer Nahrungsmittel zu begreifen ist. Die Wahrheit dieser Bemerkung tritt nirgendwo deutlicher zutage als in den Rindergesellschaften. Die moderne Rindfleischkultur hat alles durchdrungen. Geschlechter- und Statusunterschiede, Nationalstolz und Kolonialpolitik, die Rassentheorie – all das steht im Zusammenhang mit ihr und ist durch sie mitgeformt worden. Die Psyche, die Lebensform und die ethischen Werte der Menschen in aller Welt sind vom modernen Rinderkomplex beeinflußt, der so zu einem bedeutenden kulturellen Faktor im Dasein der Menschen geworden ist.

Ungeachtet der gewaltigen Wesens- und Bewußtseinsunterschiede, die zwischen verschiedenen Viehhaltergesellschaften bestehen, teilen die meisten von ihnen bestimmte Grundwerte. Eine nähere Betrachtung dieser Werte kann vielleicht den notwendigen Aufschluß darüber geben, was zu tun ist, damit wir die Rinderkultur im kommenden Jahrhundert überwinden können.

Der grundlegende Unterschied zwischen Ackerbau- und Jägergesellschaften liegt darin, daß die ersteren sich mit Wachstum und Erneuerung beschäftigen, die letzteren dagegen mit Schlachten und Töten (Adams 1990, 189; Campbell 1978, 129 u. 137). Diese beiden gegensätzlichen Auffassungen vom »Essen der Erde« setzen eine völlig unterschiedliche Weltsicht voraus.

Die Kultivierung von Pflanzen ist mit einer hegenden und behütenden Haltung verbunden, nicht mit Verfolgung und Angriff. Pflanzen werden weniger als Beute und Besitz betrachtet, sondern sie gelten als ein Vermächtnis oder Geschenk der lebendigen Erde. Der zentrale ethische Wert einer reinen Ackerbaugesellschaft ist die Fruchtbarkeit. Die Pflanzenwelt liefert dem Menschen zwar genau wie die Tierwelt Nahrung, Kleidung und Schutz, aber in einer Ackerbaugesellschaft definiert sich die Beziehung zwischen den Menschen und ihrer Nahrungsquelle durch das kosmologische Modell des großen Naturzyklus – den der Anthropologe Mircea Eliade als »ewige Wiederkehr« bezeichnet. Weil die Ackerbaugesellschaften untrennbar mit dem Lebenszyklus der Natur verbunden sind, ist die Erneuerung – der Überlebensinstinkt – der kosmologische Mittelpunkt ihrer Weltsicht.

Ältere Kulturen, die ihre Nahrung, Kleidung und Baumaterialien vorwiegend durch die Jagd besorgten, waren mit dem Akt des Tötens zwangsläufig vertrauter als die ackerbauenden Völker. Von den Jägerkulturen heißt es:

»Das wichtigste Erfahrungsmedium ist das Tier. Erlegt und geschlachtet, gibt es sein Fleisch den Menschen preis und wird zu unserer Substanz, aus seinen Zähnen wird unser Schmuck, aus seiner Haut werden unsere Kleider und unsere Zelte, aus seinen Sehnen unsere Stricke, aus seinen Knochen unsere Werkzeuge. Das Tierleben geht durch den Akt des Tötens und Schlachtens sowie durch die Kunst des Kochens, Gerbens und Nähens vollkommen in das menschliche Leben über.« (Campbell 1978, 129)

Diese Gesellschaften sind vom Blutvergießen durchdrungen. Es besteht keine feste Grenze zwischen Natur und Kultur. Das tritt nirgendwo deutlicher zutage als bei der Nahrungszubereitung.

Der Anthropologe Claude Lévi-Strauss vertritt die These, daß die Nahrungszubereitung der wichtigste Mittler zwischen Natur und Kultur sei. Nur die Spezies Mensch kocht ihre Nahrung und stellt so eine wesentliche Verbindung her zwischen Zivilisation und Natur. Im Vorgang des Kochens sieht Lévi-Strauss das universale Mittel, durch das die Natur in Kultur umzuwandeln ist, und die Arten der Nahrungszubereitung sind für uns stets verläßliche soziale Unterscheidungsmerkmale. Für ihn ist die Nahrung in drei Kategorien einzuteilen: in rohe, gekochte und verfaulte Lebensmittel (Lévi-Strauss 1973, 525). Durch das Kochen wird aus dem Nahrungsmittel eine Speise, und dem natürlichen Fäulnisprozeß wird auf diese Weise für kurze Zeit Einhalt geboten. Die Art, wie etwas zubereitet wird, gibt wiederum Aufschluß über ein bestimmtes Volk, seine Werte, seine Institutionen und seine Überzeugungen. Viehhaltergesellschaften ziehen gebratenes dem gekochten Fleisch vor, weil es so dem rohen Akt des Schlachtens näher kommt. In Mischkulturen, die sowohl Viehzucht als auch Ackerbau betreiben, wird gekochtes gleichermaßen wie gebratenes Fleisch gegessen. Ackerbau betreibende Völker essen nur selten Fleisch und pflegen ihre pflanzlichen Nahrungsmittel vorwiegend zu kochen.

Der psychologische Unterschied zwischen dem Kochen und dem Braten besteht Lévi-Strauss zufolge darin, daß der Vorgang des Bratens dem Rohzustand näher kommt, weil das Fleisch direkt dem Feuer ausgesetzt wird. Der Kochvorgang setzt dagegen zwei vermittelnde Handlungen voraus. Die Nahrung wird zuerst in einen Topf mit Wasser gegeben und dann auf die Feuerstelle aufgesetzt. Das Gefäß und das Wasser fungieren als Bindeglied zwischen Fleisch und Feuer und als Abgrenzung zwischen Natur und Kultur (ebd., 513). Durch das Braten wird nur eine dünne Trennwand zwischen Zivilisation und Natur errichtet. Das Fleisch wird dabei gewöhnlich außen verbrannt und bleibt innen rötlich oder sogar blutig. Es ist dem gekochten Zustand ebenso nah wie dem rohen und symbolisiert so den Zwiespalt zwischen Natur und Kultur. Bei vielen nordamerikanischen Indianerstämmen und anderen Jäger- und Sammlerkulturen war es den Männern vorbehalten, Fleisch zu braten, während das Kochen von den Frauen übernommen wurde (ebd., 519). Mit dem Akt des Bratens assoziieren wir die Vorstellung von Männlichkeit, Kühnheit, Jagd und kriegerischem Geist, von Macht, Privilegiertheit und Festlichkeit, während gekochten Speisen eher heilende und aufbauende Eigenschaften und ihren Konsumenten eine gewisse Genügsamkeit nachgesagt werden.

Im Europa des Mittelalters war es unter Kriegsherren und Adligen Sitte, Ochsen und andere Tiere am Spieß zu rösten, während die Bauern und Bürgersleute ihr Fleisch gewöhnlich kochten. Das Braten oder Rösten ist in den meisten Kulturen für besondere Gelegenheiten vorbehalten – für den Sonntag, für Feiertage, Bankette oder Hochzeiten. Das Kochen dagegen ist eher eine nüchterne und alltägliche Angelegenheit, die kaum geeignet ist, gesellschaftliche Anerkennung zu verleihen oder festliche Stimmung zu erzeugen. Im Gegensatz zur Vorstellung kraftstrotzender Gesundheit und Männlichkeit, die mit gebratenem Fleisch verbunden ist, werden beispielsweise in englischen Kochbüchern der Jahrhundertwende »gedünstete und bei niedriger Hitze gekochte Speisen als milde Kost für Kranke« empfohlen (zit. n. Ritson et al. 1986, 109).

Es verwundert nicht, daß sich in den dominanten Rinderkulturen Europas, Amerikas und Australiens gebratenes Fleisch größerer Beliebtheit erfreute als gekochtes Fleisch. Die europäischen Kriegsführer des Mittelalters, die Landadligen neuerer Zeiten, die Erforscher und Entdecker neuer Welten, die Siedler der großen Trecks über die Appalachen und die Cowboys in den Prärien des Westens – sie alle drückten durch den Genuß von gebratenem Fleisch ihre Einstellung zu ihrer Beute aus. Niemand stellt sich einen Cowboy vor, der gekochtes Fleisch ißt. Selbst heute noch, im nachindustriellen Amerika, wird die Szenerie der Rinderkultur mit dem Klischee des Cowboys, der sein Fleisch über dem offenen Feuer brät, an lauen Sommerabenden in zahllosen Vorstadtgärten wiederholt, wenn der »Herr« des Hauses die Holzkohle anzündet und die rohen Bouletten auf den glutheißen Grill klatscht.

Von allen Nahrungsmitteln besitzt das Rindfleisch den höchsten Status. In fast allen fleischessenden Gesellschaften steht das dunkle Fleisch an der Spitze der Nahrungsmittelpyramide, in absteigender Ordnung gefolgt von Hühnerfleisch und Fisch und tierischen Produkten wie Eiern und Käse. Dunkles Fleisch und Rindfleisch im besonderen wird wegen der ihm zugeschriebenen besonderen Qualitäten hoch geschätzt. Lange Zeit haftete dem Blut, das im dunklen Fleisch enthalten ist, der Mythos an, »Kraft, Aggression, Leidenschaft und sexuelle Potenz« zu verleihen – Eigenschaften, die bei allen fleischessenden Völkern als erstrebenswert gelten (Twigg 1983, 21f.; dies. 1979, 17; Ritson et al. 1986, 111).

Das Blut ist die »Lebenskraft« des Tieres. Es ist durchdrungen vom Geist und vom Stoff des Lebens. Wenn die berittenen Hirten der eurasischen Steppen nicht die Zeit hatten, lange genug an einem Ort zu verweilen, um ein Rind zu schlachten und zu braten, ritzten sie einfach die Haut eines Tieres ein und tranken mit Hilfe eines Schilfhalms von seinem Blut. Das sättigte sie und verlieh ihnen die vor allem in Zeiten lang andauernder kriegerischer Auseinandersetzungen benötigte Kraft. Noch heute ist es in manchen Gegenden Südspaniens üblich, daß Frauen nach einem Stierkampf zum Dorfmetzger gehen und »ein Stück vom tapfersten Stier für ihren Mann erstehen, um auf diese Weise den Erhalt seiner Kraft und Männlichkeit zu sichern« (Ritson et al. 1986, 111f.).

In vielen traditionsreichen Gesellschaften gilt das Blut als Träger der Erbfolge. An Blutlinien haben sich gesellschaftliche Hierarchien orientiert. Wenn britische Adlige, die keine Mühe scheuten, um in ihren Rinderherden »reine Vererbungslinien« zu erhalten, ihre »aristokratischen« Tiere verzehrten, so verbanden sie damit die Vorstellung, daß sich die reinrassige Zuchtlinie mit ihrer eigenen edlen Abstammung vermischen und ihnen einen starken Körper und einen reinen Geist erhalten werde.

Soldaten vor dem Marsch in die Schlacht, Athleten vor ihrem Einzug in die Arena – sie alle wurden großzügig mit Fleisch versorgt. Ein blutiges Steak zu essen galt lange Zeit als sexuell stimulierend. Vom Kapitän eines Sklavenschiffes wird berichtet, daß er nach einer religiösen Erscheinung darauf verzichtete, Fleisch zu essen, weil er hoffte, durch diese Ernährungsumstellung »seine Begierde nach den Sklavinnen« bekämpfen zu können (Twigg 1983, 24). Im 19. Jahrhundert empfahlen Pädagogen, heranwachsenden Jungen kein dunkles Fleisch zu geben, sondern ihnen lieber eine vegetarische Kost zu verordnen als »beste Hilfe, die wir den Knaben im Kampf gegen die Selbstbefleckung geben können« (ebd., 20; Ritson et al. 1986, 111f.).

Im Gegensatz zum dunklen Fleisch, das stets mit Männlichkeit und männlichen Tugenden in Verbindung gebracht wird, assoziiert man mit weißem Fleisch eher Weiblichkeit und weibliche Eigenschaften. Vom Viktorianischen Zeitalter bis ins frühe 20. Jahrhundert wurde in Gesundheitsmagazinen schwangeren und stillenden Frauen empfohlen, den Genuß von dunklem Fleisch einzuschränken und stattdessen leicht verdaulichen Speisen wie Geflügel, Fisch oder Eiern den Vorzug zu geben. Die empfohlene Kost spiegelte nicht nur die empfindsame »weibliche« Verfassung der Frau wider, sondern wirkte auch einer Anregung der »blutvollen« Lebensgefühle entgegen, die der Rolle einer werdenden oder stillenden Mutter unangemessen schienen. Ähnlich wurden Verwundete behandelt, »denen man die klassische leichte Kost aus gedünstetem Fisch, gekochtem Huhn und pochierten Eiern verordnete«. Dunklem Fleisch wurde sogar nachgesagt, daß es für »Bücherwürmer« wie Wissenschaftler, Literaten und Buchhalter zu schwer verdaulich sei (Twigg 1983, 24f.).

Fast in jeder Gesellschaft von Fleischessern gibt es eine Hierarchie, die die Stellung der Menschen nach ihrem Geschlecht definiert. In dieser Hinsicht unterscheiden sich die Fleischkulturen grundlegend von den meisten Gesellschaften, die traditionellen Ackerbau betreiben. In letzteren entwickeln sich selten ausgeprägte gesellschaftliche Schichten, die an den Ernährungsgewohnheiten erkennbar wären. Zwar gibt es auch in Ackerbaukulturen, wie etwa in Indien oder China, eine hierarchische Ordnung nach der Geschlechtszugehörigkeit, aber die strenge Ernährungspyramide, die wir in fleischorientierten Gesellschaften antreffen, ist weitgehend unbekannt.

Im Rahmen einer Untersuchung, die über 100 nichtindustrielle Kulturen umfaßte, wurde die Erwartung bestätigt, daß Gesellschaften, die sich hauptsächlich von Fleisch ernährten, eher männlich dominiert waren, während sich Kulturen, die ihre wirtschaftliche Basis im Ackerbau hatten, eher an weiblichen Zielen orientierten. Die erstgenannten Gesellschaften sind gekennzeichnet durch männliche Götter, väterliche Abstammungslinen und eine soziale Hierarchie, an deren Spitze die Männer stehen. Frauen verrichten den Löwenanteil der Arbeit und ausnahmslos alle untergeordneten Tätigkeiten. In Ackerbaukulturen, die sich durch weibliche Gottheiten und Mutterrecht auszeichnen, herrscht gewöhnlich auch eine größere ökonomische Gleichheit. Da den Frauen die wichtige Rolle der Nahrungsversorgung zukommt, erreichen sie im sozialen Bezugssystem eine relative Gleichstellung mit den Männern. In der Studie wird auch festgestellt, daß anders als in fleischessenden Kulturen, wo das Fleisch fast ausnahmslos auch Mittel der hierarchischen Unterscheidung der Geschlechter war, »die Frauen in Ackerbaukulturen keine Diskriminierungen aufgrund der Tatsache vornahmen, daß sie die Nahrungsmittelversorgung leisteten« (Adams 1990, 35).

Selbst in unserer heutigen hochtechnisierten und sensibilisierten Welt des nachindustriellen Zeitalters wirkt noch die archaische Trennung zwischen Tier und Pflanze, Männlichem und Weiblichem in den Geschlechterverhältnissen nach. Die alten Rinderkomplexe der westlichen Zivilisation haben dem Bewußtsein unserer Spezies einen fast unauslöschlichen Stempel aufgedrückt. Von Hegel stammt die folgende Aussage:

> »Der Unterschied zwischen Mann und Frau ist der des Tieres und der Pflanze: das Tier entspricht mehr dem Charakter des Mannes, die Pflanze mehr dem der Frau, denn sie ist mehr ruhiges Entfalten...« (Hegel 1970, 319f.)

Indem wir immer wieder, selbst im Sprachgebrauch, Männer mit dem Tierreich und Frauen mit dem Pflanzenreich in Verbindung bringen, sorgen wir für den Erhalt einer Statuseinteilung, in der Nahrungsmittel- und Geschlechterhierarchie sich permanent gegenseitig begründen und stützen. Trotz der Breschen, die die feministische Bewegung in den letzten Jahrzehnten geschlagen hat, führen die Voreingenommenheiten und Verhaltensweisen, die mit der Rindfleischkultur seit alters her verbunden sind, auch heute noch zu einer Diskriminierung aufgrund von Geschlechtszugehörgkeit und Eßgewohnheiten. Der französische Soziologe Pierre Bourdieu zeigt auf, daß in Frankreich der Mythos der Fleisch- und Geschlechterhierarchie immer noch Gültigkeit hat:

»Dem Mann steht es zu, mehr und ›Stärkeres‹ zu trinken und zu essen … die zum Apéritif gereichten Appetizers (Salzstangen, Nüsse, etc.) bleiben den Kindern und den Frauen überlassen … Gleicherweise ist von den Vorspeisen der Wurstteller – und später dann der Käse, vor allem der *Kräftige* – für den Mann, der Rohkostteller und Salat dagegen für die Frau.« (Bourdieu 1982, 309)

Die Mechanismen, durch die der Mann und das Fleisch in fester Allianz ihren Platz an der Spitze der Ernährungspyramide und der Gesellschaftsordnung behaupten, sind vielschichtig und subtil. In den fleischorientierten Gesellschaften sind Männer beispielsweise von der Überzeugung durchdrungen, daß es per se männlicher sei, dunkles Fleisch und vor allem Rindfleisch zu essen als helles Fleisch und Fisch. Lassen wir Bourdieu wieder zu Wort kommen:

»Ist Fisch z.B. nichts für den Mann der unteren Klassen, dann nicht allein deshalb, weil es sich um eine leichte Kost handelt, die ›nicht vorhält‹ … Hinzukommt, daß Fisch wie Obst … zu jenen delikaten Dingen gehört, mit denen Männerhände nicht umzugehen wissen, vor denen Männer gleichsam Kinder sind … Nicht zuletzt aber will Fisch auf eine Weise gegessen sein, die in allem dem männlichen Essen zuwiderläuft; mit Zurückhaltung, maßvoll, in kleinen Happen, durch sachtes Kauen mit *Vordermund* und Zungenspitze (wegen der Gräten). In beiden Arten des Essens steht die gesamte männliche Identität – und das heißt: Virilität – auf dem Spiel. Ob mit leicht verkniffenen Lippen und von Häppchen zu Häppchen, wie die Frauen, denen es geziemt, *wenig* und *ohne Appetit* zu essen – oder mit vollem Mund und mit kräftigem Biß, wie es den Männern ansteht … Fleisch, die nahrhafte Kost schlechthin, kräftig und Kraft, Stärke, Gesundheit und *Blut* schenkend, ist das Gericht der Männer …« (Ebd., 308f.)

Immer wieder hat das Fleisch Männern dazu gedient, soziale Kontrolle auszuüben und die untergeordnete Rolle der Frauen in der Gesellschaft zu zementieren. In Indonesien beispielsweise

»sind Fleischspeisen den Männern vorbehalten. Bei Festlichkeiten wird es den Familien entsprechend der Zahl der zu ihnen gehörenden Männer zugeteilt... Auf diese Weise wird das Ansehen der Männer in der Gesellschaft durch den Verteilungsmodus gestärkt.« (Simoons 1961, 12)

Ganz deutlich zeigt sich die Fleischhierarchie auch in England. Die erste staatliche Untersuchung über die Eßgewohnheiten der britischen Bevölkerung im Jahre 1863 zeigte, daß die Frauen und Kinder in ländlichen Gemeinden »Kartoffeln essen und das Fleisch nur ansehen« (Oren 1973, 110). Die Frauen der Arbeiterklasse und der ärmeren städtischen Bevölkerung berichteten, daß sie das Fleisch für ihre Männer »aufsparten«, damit diese ihrer Rolle als Versorger gerecht werden konnten. Die Studie kam zu dem Schluß, daß Frauen im allgemeinen einmal in der Woche Fleisch aßen, Männer dagegen nahezu täglich.

In den mehr als hundert Jahren, die seither vergangen sind, hat sich bei den Eßgewohnheiten der armen Landbevölkerung und der städtischen Arbeiterklasse wenig geändert. In einer Familie, die sich nur wenig Fleisch leisten kann, bekommt fast immer zuerst der männliche Haushaltsvorstand seinen Teil. Eine Ende der 70er Jahre durchgeführte Umfrage unter Arbeiterfrauen in einer nordenglischen Kleinstadt brachte zutage, daß die männlichen »Brötchenverdiener« der Familie bei Tisch fast immer die größten und besten Fleischstücke bekamen (Adams 1990, 29).

Interessanterweise stellte sich heraus, daß der Verlust des Arbeitsplatzes für den männlichen Haushaltsvorstand sehr häufig mit dem Verlust der Nahrungsprivilegien einherging. Seine Fleischrationen schrumpften mit dem Potential, Einkommen zu erwirtschaften. Das geschah sicherlich zum Teil aus Sparsamkeit, aber auch, um dem Mann unmißverständlich zu zeigen, daß ihm die privilegierte Position innerhalb der Familienhierarchie nicht mehr zustand. Eine Auswertung der damals zusammengetragenen Daten läßt den Schluß zu, daß »das Fleisch zweifellos das sicherste Indiz für die Vorrangstellung des erwachsenen Mannes liefert« (Kerr/Charles 1986, 155).

Auch in Ländern wie den USA, in denen Fleisch billig und wohlfeil ist, haben die geltenden Gesellschaftsnormen die privilegierte Stellung des Mannes an der Spitze der Eßhierarchie immer unterstützt. Eine Studie über amerikanische Kochbücher ergab, daß deren Autoren und Autorinnen viele der alten Vorurteile und Mythen untermauerten. So wurde in einem Werk empfohlen, am Vatertag Roastbeef zu servieren, weil sich ein solcher Braten »bei den Vätern uneingeschränkter Beliebtheit« erfreue. In einem anderen Buch mit dem Titel *Weibliche Gastlichkeit* wird dazu geraten, »Gemüse, Salate und Suppen« auf den Tisch zu bringen, wenn »eine Damenrunde zum Essen geladen ist« (Adams 1990, 28).

Es mutet ironisch an, ist aber durchaus verständlich, daß die Männer in unserer modernen High-Tech-Gesellschaft um so entschlossener zu sein scheinen, den männlichen Mythos des Fleischessens aufrechtzuerhalten, je weiter sie sich von der Notwendigkeit körperlicher Arbeit und den Tätigkeiten entfernen, die früher einmal schiere physische Kraft voraussetzten. Eine Ernährungswissenschaftlerin erklärt das Phänomen damit, daß »Männer, die den ganzen Tag am Schreibtisch sitzen müssen, das Bedürfnis haben, sich ihrer Männlichkeit zu versichern, indem sie diese großen blutigen Fleischlappen, das letzte Symbol des Machismo, verspeisen« (zit. n. *National Observer*, 10. Juli 1976).

Wenn es überhaupt noch den leisesten Zweifel an der symbolischen Bedeutung gibt, die in westlichen Kulturen der Verbindung zwischen Fleisch und Männlichkeit immer noch beigemessen wird, so wird er ausgeräumt durch die statistischen Zahlen, die einen Zusammenhang zwischen häuslichen Auseinandersetzungen und Streitereien um das Essen belegen. Demnach dient »das fehlende Fleisch bei einer Mahlzeit vielen Männern als Vorwand, gewalttätig gegen ihre Frauen zu werden«. Sie schlagen ihre Frauen, weil sie meinen, ihre Männlichkeit sei in Frage gestellt, wenn ihnen das Fleisch vorenthalten wird. Eine mißhandelte Frau berichtete zum Beispiel: »Es fing immer damit an, daß er wegen irgend einer Kleinigkeit wütend wurde, manchmal nur deshalb, weil er Käse auf dem Sandwich hatte und kein Fleisch.« (Dobash/Dobash 1979, 100) Eine andere Betroffene erzählte:

»Sehen Sie die Narbe an meinem Arm: Vor einem Monat hat er mich mit kochendem Wasser übergossen, nur weil ich ihm zum Abendessen einen Auflauf mit Kartoffeln und Gemüse vorgesetzt habe statt Fleisch.« (Pizzey 1974, 35)

Die Gleichsetzung von Fleisch mit Macht, männlicher Überlegenheit und Privilegien ist einer der ältesten und archaischsten Symbolismen, die in unserer heutigen Zivilisation noch Geltung haben. Die Tatsache, daß der Konsum von Fleisch, vor allem Rindfleisch, immer noch in vielen Teilen der Welt dazu dient, die Geschlechterdiskriminierung zu manifestieren, belegt deutlich, wie hartnäckig sich die Gewohnheiten und Mythen, die in grauer Vorzeit mit der Ernährung verbunden waren, bis in die Gegenwart hinein gehalten haben und wie sehr das soziale Verhalten von der Art der Ernährung beeinflußt wird.

23
Fleisch, Statusdenken und Nationalismus

Der Rindfleischkonsum trägt nicht nur seit langem entscheidend dazu bei, die Interessen einer männlich dominierten Gesellschaftsordnung zu schützen, sondern dient auch als Statusmerkmal, das die Reichen und Privilegierten von den Armen, Arbeitenden und Notleidenden unterscheidet. In der modernen Zeit ist »die Ernährung ... ein Mittel der sozialen Unterscheidung, das die Ungleichheit der Klassen verdeutlicht« (Ritson et al. 1986, 141).

Die amerikanische Geschichte belegt mit ihren klar und deutlich formulierten Vorstellungen von Status, Wohlstand und Erfolg die Symbolkraft des Fleisches. Für zahllose Einwanderer aus europäischen Ländern, in denen Fleisch den Adligen und wohlhabenden Kaufleuten vorbehalten war, »bedeutete das brutzelnde Beefsteak, das saftige Kotelett, das Bratenstück ... ein ebenso überzeugendes Zeichen des Wohlstands wie ein gestärkter Hemdkragen, ein Mantel aus feinem Tuch oder ein Zylinder«. Die besserverdienenden Arbeiter des 19. Jahrhunderts – die »Arbeiteraristokratie« – gaben nicht selten einen großen Teil des neuerworbenen Reichtums für Beefsteaks aus. In einigen Industriezweigen stellten Einwanderer ihren gerade erst erlangten Status als »amerikanische Arbeiter« dadurch zur Schau, daß sie sich jeden Tag ein Steak zum Frühstück leisteten. Streckenarbeiter bei der Eisenbahn pflegten ihr Steak »auf rotglühenden Schaufeln über dem Schmiedefeuer« zu braten (Ritchie 1981, 184).

Viele Einwanderergruppen waren so darauf versessen, ihre Eßgewohnheiten zu amerikanisieren und sich in die Rindfleischkultur zu integrieren, daß sie die Worte der damaligen Sozialreformer in den Wind schlugen, die ihnen dazu rieten, aus Ersparnisgründen mehr

Eintopfgerichte zu essen. Häufig opferten sie lieber andere Bedürfnisse, weil es in ihren Augen als »Zeichen des Erfolgs galt, ein Stück Braten oder ein Steak zu essen« (Grover 1987, 172). Der Statuscharakter, der dem Rindfleisch im 19. und frühen 20. Jahrhundert in den USA anhaftete, war vergleichbar mit der Rolle, die heute ein Automobil für das Prestige seines Besitzers spielt. Der Zugang zur Rindfleischkultur war für viele Immigranten ein Ritus der Initiation als Mitglied der amerikanischen Mittelklasse, die das heißersehnte Ziel dieser Menschen darstellte. Es wirkte so beruhigend wie eine Versicherung, sich regelmäßig einen Braten oder ein Steak leisten zu können, es war wie die Bestätigung, daß man Zugang zum »guten Leben« gewonnen und Teil daran hatte. Ein deutscher Einwanderer war darob ins Schwärmen geraten: »Wo in der alten Heimat findet man einen Arbeiter, der dreimal am Tag Fleisch auf den Tisch bringen kann?« Der Berliner Nationalökonom und Soziologe Werner Sombart erklärte die Tatsache, daß es dem europäischen Sozialismus nicht gelang, in den USA Fuß zu fassen, damit, daß es sich ein amerikanischer Arbeiter leisten konnte, dreimal so viel Fleisch zu essen wie ein deutscher. Nach seinen Worten strandeten alle sozialistischen Utopien an den Untiefen von Roastbeef und Apple pie.

Nicht nur das Statusdenken, sondern auch der moderne Nationalismus ist vom Rindfleischkonsum mitbestimmt. Von der Identifikation der Engländer mit dem Roastbeef haben wir bereits gesprochen. Ebenso großen Wert legten die Franzosen auf ihr Steak, das für sie der Gradmesser ihres Prestiges in der Welt war. Roland Barthes bemerkt dazu:

> »Ganz offenkundig beruht das Prestige des Beefsteaks auf seinem fast rohen Zustand: das Blut ist sichtbar, natürlich, dicht, kompakt und zugleich schneidbar. Man kann sich das antike Ambrosia gut von einer solchen Art schwerer Materie vorstellen, die unter den Zähnen sich auf eine Weise mindert, daß man zugleich seine ursprüngliche Kraft und seine Fähigkeit zur Verwandlung und zum Sichergießen in das Blut des Menschen spürt. Das Bluthafte ist der Daseinsgrund des Beefsteaks ...« (Barthes 1979a, 36)

Für einen Franzosen ist das Essen eines Steaks wie ein patriotisches Abendmahl, in dem sich das Individuum mit dem Staat vereint.

»[Das Steak ist] … ein französisches Gut … Wie beim Wein gibt es keine aufgezwungene Ernährung, die den Franzosen nicht von einem Beefsteak träumen ließe. Kaum ist er im Ausland, meldet sich bei ihm die Sehnsucht danach … Als nationales Gut folgt es dem Kurswert der patriotischen Güter, es steigert ihn in Zeiten des Krieges, es ist das Fleisch des französischen Soldaten, das unveräußerliche Gut, das nur durch Verrat in die Hände des Feindes übergehen könnte.« (Barthes 1979a, 37f.)

Es überrascht nicht, daß die Rindfleischpsychologie auch bei der Formulierung der Rassentheorie maßgeblich hervorgetreten ist und als Rechtfertigung für Kolonialpolitik und Unterdrückung anderer Völker hergehalten hat. Viele Denker des 19. Jahrhunderts waren überzeugt, daß die Nahrungsmittelpyramide von der Pflanzenbasis bis zum krönenden dunklen Fleisch ihre Entsprechung in einer Evolutionshierarchie hatte, die von den »wilden« und »tierhafteren« farbigen Rassen bis zu den »zivilisierten« weißen Rassen Europas reichte. Der amerikanische Neurologe George Beard vertrat im 19. Jahrhundert als erster die Ansicht, daß die »überlegenen« Menschenrassen von Natur aus, kraft ihrer höheren Entwicklungsstufe, dazu bestimmt seien, auch auf einer höheren Stufe der Nahrungsmittelskala der Welt zu stehen. Beard argumentierte:

»Je empfindlicher der Mensch durch die Zivilisation oder durch Krankheiten wird, um so mehr sollte er den Genuß von Getreide und Früchten einschränken – Nahrungsmittel, die auf der Evolutionsskala weit unter ihm stehen. Er sollte statt dessen mehr tierische Nahrungsmittel essen, die ihm vom Evolutionsstand her wesentlich näher und daher leichter zu verarbeiten sind.« (Zit. n. Adams 1990, 30)

Beard braute eine komplizierte Rassentheorie zusammen, indem er verbreitete biologische und soziale Vorurteile seiner Zeit mit dem uralten europäischen Mythos von der Überlegenheit fleischessender Kulturen vermischte. Wie im Fall der Diskriminierung aufgrund von Geschlecht oder Status, wurde auch hier die Gleichsetzung von Fleisch mit Überlegenheit und von Pflanzen mit Minderwertigkeit dazu herangezogen, ein trennendes Element zu konstruieren, diesmal zwischen den weißen Kolonialmächten und den schwarzen, braunen, roten und gelben Urvölkern.

»Woran liegt es, daß Wilde und Halbwilde in der Lage sind, sich von Lebensmitteln zu ernähren, die der Evolutionstheorie zufolge auf einer weit niedrigeren Entwicklungsstufe stehen als sie selbst? ... [Weil sich die Wilden] nicht weit entfernt haben von der tierischen Wurzel, der sie entstammen. Sie sind den Lebensformen, von denen sie sich ernähren, wesentlich näher als die Kopfarbeiter der zivilisierten Welt und können sich darum von Lebensformen ernähren, die für uns Gift wären.« (Zit. n. ebd.)

Wie viele seiner Zeitgenossen war Beard überzeugt, daß die militärische und wirtschaftliche Überlegenheit der Engländer zumindest zum Teil auf ihre fleischzentrierten Eßgewohnheiten zurückzuführen sei.

»Die Reis essenden Hindus und Chinesen und die Kartoffeln essenden Iren werden von den wohlgenährten Engländern in Abhängigkeit gehalten. Von den zahlreichen Gründen, die zu Napoleons Niederlage bei Waterloo führten, war einer der entscheidendsten die Tatsache, daß er zum ersten Mal eine Nation von Fleischessern vor sich hatte, die ihre Stellung bis zum Tod hielten.« (Zit. n. ebd.)

Bis weit in unser gegenwärtiges Jahrhundert hinein drückte der Rindfleischmythos den Rassentheorien und der Kolonialpolitik seinen Stempel auf. In einem Hochgesang auf die Tugenden des amerikanischen Cowboys belehrt der Westernautor Emerson Hough seine Leser: »Nicht die Vegetariervölker, sondern die Rinderhirten und Rindfleischesser der Geschichte waren stets die siegreichen Nationen.«

Der Versuch, Fleischkonsum mit evolutionärer und rassischer Überlegenheit gleichzusetzen, blieb nicht unwidersprochen. Viele Intellektuelle des 19. Jahrhunderts wehrten sich gegen die bloße Vorstellung, Tiere um ihres Fleisches willen zu töten. Sie sahen darin eher ein Zeichen roher Brutalität und einen Rückschritt als eine evolutionäre Fortentwicklung. Darwins Argumentation vom »Überleben der Stärksten« wirkte jedoch so überzeugend, daß die Verfechter einer ethischen Überzeugung, die der »objektiven« Wissenschaft und der »natürlichen Ordnung der Dinge« zuwiderlief, oftmals den Mut verloren. Vielen von ihnen erging es wie Lord Chesterfield, der vor den biologischen Lehrsätzen seiner Zeit kapitulierte, in denen die Kräfte, die in der Natur wirken, so interpretiert wurden, daß sie wunderbar mit den sozialen und ökonomischen Interessen vereinbar waren, die

die koloniale Expansion und die Theorie von der Rassenüberlegenheit stützten:

»Ernsthaftes Nachdenken hat mich zu der Überzeugung gebracht, daß es durch die Grundregel der Natur, die die Schwächeren zur Beute der Stärkeren macht, gerechtfertigt ist, Fleisch zu essen.« (Zit. n. Thomas 1983, 298)

Darwins Großvater Erasmus drückte vielleicht die Einstellung seiner Zeit am besten aus, wenn er die Natur als »ein einziges großes Schlachthaus« bezeichnete (zit. n. ebd., 299). In seiner Beschreibung der Natur spiegelte sich das sehr reale Geschehen auf dem amerikanischen, afrikanischen und asiatischen Kontinent wider, wo zur selben Zeit die kolonialen Eroberer aus Europa die eingeborenen Völker abschlachteten, ausplünderten und ihres angestammten Landes beraubten.

Im Zweiten Weltkrieg legte das US-Kriegsministerium für seine Soldaten eine Tagesration von 130 Gramm an tierischen Proteinen fest, also zweieinhalbmal so viel, wie in der Zivilbevölkerung im Durchschnitt gegessen wurde. Man folgte der immer noch weit verbreiteten Überzeugung, daß Fleischesser die überlegenen Kämpfer seien und in einer Auseinandersetzung auf Leben und Tod mehr Ausdauer zeigen würden als Soldaten, die ihre Nahrung von einer niedrigeren Entwicklungsstufe auf der Skala der Lebensmittel beziehen (Adams 1990, 32). Die Bemühungen des Militärs, jedem Infanteristen, Marinesoldaten und Luftwaffenangehörigen Fleisch »auf die Rippen« zu bringen, nahmen die Ausmaße eines wahren Ernährungskreuzzuges an. Die Überzeugungsarbeit ging so weit und war so erfolgreich, daß ein Kritiker sie später als »Rindfleischwahn« bezeichnete, »in dem jeder vermeintliche amerikanische Krieger mit fetttriefendem Rindfleisch zwangsernährt wurde« (Baker 1973, 43).

24

Pilgerväter, Aufklärer und der amerikanische Rinderkomplex

Die Geschichte Nordamerikas beruht auf der Verschmelzung zweier großer philosophischer Traditionen, deren eine zurückgeht auf die frühen Jahre des Christentums und die andere auf das Aufbruchsdenken der europäischen Aufklärer des 18. Jahrhunderts. Der amerikanische Rinderkomplex ist in vieler Hinsicht das unmittelbare Resultat dieser ungewöhnlichen Vermischung philosophischer Strömungen und kann nur im Rahmen des intellektuellen Gebäudes, das ihn mit ermöglicht hat, verstanden werden.

Von Beginn der Einwanderungswelle an war Nordamerika das Land John Winthrops und Benjamin Franklins, zweier historischer Gestalten, die sich unterschiedlichen Traditionen verbunden fühlten. Winthrops Amerika war eine von den Kräften des Bösen bewohnte Wildnis, eine gefallene Natur, die zu Gottes Ruhm unterworfen und zurückgewonnen werden mußte. Die Pilgerväter und ihre Nachkommen waren das auserwählte Volk. Ihre Mission bestand darin, »eine Stadt auf dem Felsen« zu bauen. Sie sahen sich als siegreiche Soldaten eines zukünftigen tausendjährigen Reiches, die durch ihren Glauben und ihre Kraft eine Wildnis befrieden und einen Garten Eden schaffen würden – ein gelobtes Land, in dem Milch und Honig fließen sollten.

Franklins Amerika war das Land der unbegrenzten Möglichkeiten, ein riesiger Kontinent voller Reichtümer, die zum materiellen Nutzen der Menschheit angezapft und ausgebeutet werden konnten. Sein Amerika sollte ein weltliches Mekka sein, ein Magnet, der das intellektuelle Wissen und den technischen Erfindergeist der europäischen Aufklärung unwiderstehlich anzog. Die Nordamerikaner sollten ein

Volk von Experimentatoren werden, die einen ganzen Kontinent zum Versuchslabor für ihre Erfindungen und technischen Neuerungen machten. Franklin maß dem Zweckdenken mehr Gewicht bei als der Religion, träumte eher von materiellem Überfluß als vom ewigen Seelenheil. Sein Amerika sollte von tätigen und praxisverbundenen Menschen bevölkert sein.

Das amerikanische Denken ist von diesen beiden großen europäischen Traditionen geprägt, deren erste auf Gott und die ewige Erlösung, die andere auf die Natur und die Kräfte des Marktes ausgerichtet sind. Diese einzigartige Verschmelzung von religiösem Eifer und »bodenständigem« Utilitarismus fand ihren Ausdruck in der Pioniermentalität.

Als die ersten Pioniere über die Allegheny Mountains zogen, sahen sie sich weniger als Flüchtlinge denn als ein Volk von Auserwählten. Sie waren Israeliten in der Wüste, die sich auf der Flucht vor der Tyrannei der Alten Welt und auf der Suche nach einem gelobten Land tapfer den Unbilden der Wildnis stellten.

Die amerikanische Natur wurde als gefallene Welt, als chaotische Wildnis betrachtet, die es zurückzuerobern, zu zähmen und in Zaum zu halten galt. Die Eroberung des Westens nahm die Züge eines archaischen Spiels um moralische Werte an, in dem die Kräfte des Lichts gegen die Dunkelheit einer satanischen Unterwelt zum Kampf antraten. Das Abschlachten der Büffel und der Völkermord an den Ureinwohnern Amerikas wurden mit tausendjährigen Begriffen umgeschrieben in die Geschichte eines erbitterten Kampfes gegen das Böse selbst, eines Kampfes von epochalem Ausmaß, in dem der von Gottes Gnaden legitimierte christliche Glaube unweigerlich den Sieg davontragen mußte.

Die Besiedelung des Kontinents mit unzähligen Rindern war ein sichtbares Unterpfand, ein erster Brückenkopf der Zivilisation. Rufen wir uns die Freude und das Erstaunen ins Gedächtnis, das sich der spanischen Eroberer bemächtigte, als sie im Südwesten des Landes auf wild umherstreifende Hausrinder stießen, die ihre Vorgänger im abgelegenen Grenzland zurückgelassen hatten. Die Existenz der Rinder, dieser ersten domestizierten Spezies, die als Symbol der europäischen Vorherrschaft und über die lange Zeit der westlichen Geschichte hinweg als eine Form des Kapitals und des Wohlstands gegolten hatte, wurde als Zeichen des Himmels gedeutet. Die Rinder symbolisierten Domestizierung, Weidewirtschaft, Zivilisation und die Macht des Guten in der Welt. Überall wurden die Rinder angesiedelt als Vorposten der Zivilisation und als Zeichen des zukünftigen Königreichs.

Die Gefilde des Teufels wurden über Nacht in das Paradies auf Erden verwandelt. Der wilde Büffel wurde vom Hausrind verdrängt, die heimischen Gräser der Prärie durch die vertrauten europäischen Pflanzen, und der indianische »Wilde« mußte dem »zivilisierten« Cowboy, dem fahrenden Ritter der neuen christlichen Weltordnung, weichen. Die Eroberung des Westens wurde von vielen Historikern und Moralphilosophen als Sieg des Christentums gefeiert.

Wenn Winthrop das »Seelenheil« verhieß, so hatten Franklin und seine Erben den »Fortschritt« zu bieten. Er kam in Gestalt der Prinzipien der europäischen Aufklärung daher. Damit der Garten Gottes Früchte tragen konnte, war eine neue Art der Bearbeitung gefordert, die vom Zweckdenken bestimmt war. Mit jedem Akt der Offenbarung wurde den Pionieren auch eine Dosis vernunftbestimmten Utilitarismus verordnet, mit dem Erfolg, daß sich die Amerikaner unter den westlichen Völkern als die erbittertsten religiösen Eiferer und aggressivsten Pragmatiker zugleich hervortaten – ein Status, der ihnen bis zum heutigen Tag erhalten geblieben ist.

Europäische Theologen hatten mit ihrer Vorstellung vom Menschen als Mittelpunkt der Schöpfungsordnung den Boden für die Philosophie der Aufklärung bereitet. Nach der jüdisch-christlichen Glaubenslehre ist der Mensch nach dem Ebenbild Gottes erschaffen, und ihm ist »Herrschaft« verliehen über den Rest der göttlichen Schöpfung. Nach der Sintflut spricht Gott zu Noah und seinen Söhnen:

> »Furcht und Schrecken vor euch komme über alle Tiere der Erde, über alle Vögel des Himmels, über alles, was auf der Erde kriecht, und über alle Fische im Meer: in eure Hände sind sie gegeben.« (1. Mos. 9,2)

Die Denker der Aufklärung waren überzeugt, daß Gott die Welt mit Vorbedacht so geschaffen habe, daß sie den utilitaristischen Zielen der Menschheit nutze. Francis Bacon, der Vater der modernen Wissenschaft und Vordenker der Aufklärung, meint:

»... daß der Mensch, wenn wir auf die Zweckursachen blicken, als der Mittelpunkt der Welt betrachtet werden kann, und zwar derart, daß wenn der Mensch aus der Welt genommen würde, der Rest völlig verstreut erscheinen würde, ohne Ziel und Zweck und zu nichts führen würde.« (Bacon 1990, 63)

Bacon glaubte, daß der Mensch durch die Kräfte der Vernunft in der Lage sei, sich das »objektive Wissen« von Gottes Weltordnung anzueignen und mit Hilfe dieses Wissens die Grenzen des Menschenreiches auf alle existierenden Dinge zu erweitern. Seiner Überzeugung nach kann der Mensch unter Anwendung der wissenschaftlichen Methode »die Werke der Natur im Einzelnen darstellen, mit höherer Kraft ausstatten und der Zahl nach vervielfältigen« (Bacon 1870, 372). Die Denker der Aufklärung teilten Bacons Enthusiasmus und richteten ihr ganzes Streben und ihr beträchtliches intellektuelles Potential darauf, der Natur ihre vielen nützlichen Geheimnisse zu entreißen, in der Überzeugung, daß die Natur, wenn man sie erst einmal kannte, beherrscht, gelenkt und im Dienste des Menschen benutzt werden könnte. Das jahrhundertealte christliche Dogma, das die Vorrangstellung des Menschen in der Schöpfungsordnung postuliert, lieferte die theoretische Rechtfertigung für die Eroberung der Natur mit den Mitteln der Vernunft. »Nie hat die Unterwerfung der Natur ein Gewissen mit Reue belastet«, bemerkt Bacon (zit. n. Thomas 1983, 29).

Der utilitaristische Geist der Aufklärung führte zu einer tiefgreifenden Entfremdung der Natur. Der Philosoph und Mathematiker Descartes entwarf erstmals den radikalen Begriff von der Natur als Maschine. In seiner utilitaristischen Welt ist Gott, der gütige Hirte des Christentums, ersetzt durch Gott, den unnahbaren und kalten Techniker, den Schöpfer eines maschinenhaften Universums, das geordnet und vorausberechenbar ist und sich aus sich selbst heraus perpetuiert. Descartes entblößte die Natur ihrer Lebendigkeit und reduzierte Schöpfung und Geschöpfe auf mathematische und mechanische Größen. Er ging so weit, Tiere zu »seelenlosen Automaten« zu erklären, deren Bewegungen kaum mehr waren als die der Aufziehpuppen der Straßburger Uhr.

Die zeitgenössischen Intellektuellen begeisterten sich rasch für Descartes' Gedanken. Begierig, von den »lebenden Apparaten« der

Natur zu lernen, verstiegen sich die Wissenschaftler oft zu barbarischen Experimenten. Ein Augenzeuge berichtet:

»Sie verabreichten mit völliger Gleichgültigkeit Hunden Schläge und machten sich über diejenigen lustig, die die Kreaturen bedauerten, als könnten sie Schmerzen empfinden. Sie sagten, die Tiere seien wie Uhren, die Schreie, die sie ausstießen, wenn sie geschlagen wurden, seien nur das Geräusch einer kleinen Saite, die berührt worden sei, der gesamte Körper jedoch sei ohne Gefühl. Sie nagelten arme Tiere mit allen Vieren auf Bretter fest, um an ihnen Vivisektionen vorzunehmen und die Blutzirkulation zu sehen, die ein bevorzugtes Gesprächsthema war.« (Zit. n. Singer 1982, 222f.)

Die mechanistische Interpretation der Schöpfung hatte den Vorteil, daß sie den Menschen vom Vorwurf des Verbrechens freisprach, wenn er Tiere aß oder tötete. Sie diente auch dazu, den europäischen Bauern, Viehzüchtern, Kaufleuten und Landadligen zu Beginn des heutigen Zeitalters die Schuldgefühle zu nehmen, wenn sie mit Eifer Sumpfgebiete trockenlegten, Wälder rodeten, Jagdwild erlegten, Haustiere schlachteten und immer mehr freies Gemeindeland in Beschlag nahmen und einzäunten.

Die Denker der Aufklärung waren viel mehr daran interessiert, der Natur Profite abzugewinnen, als eine gefallene Natur zu retten. Die Wildnis wurde immer weniger als Gefilde des Bösen betrachtet, das es zu erlösen galt, sondern eher als brachliegende Ressource, die zum materiellen Nutzen der Menschen ausgeschöpft werden mußte. John Locke erklärte Land, das gänzlich der Natur überlassen blieb, für unbrauchbar. Er vertrat die Ansicht, daß den lebenden Geschöpfen und der unbelebten Materie der Erde kein Wert immanent sei, sondern daß sie erst wertvoll würden, wenn sie durch die Arbeit des Menschen und durch seine Maschinen in nützliche Stoffe, Produkte, Waren und Funktionen verwandelt worden seien. Wie viele seiner Zeitgenossen sah Locke die Natur als ein riesiges potentielles Vorratslager an produktiv nutzbaren Reichtümern. In der »Negierung der Natur« lag für ihn »der Weg zum Glück« (zit. n. Strauss 1953, 258).

In Europa wuchs das utilitaristische Denken der Aufklärung über seine theologischen Wurzeln hinaus und verdrängte in weniger als zweihundert Jahren das göttliche durch ein weltliches Ordnungsprinzip. In Nordamerika dagegen beseelten jahrtausendealte christliche Vorstellungen weiterhin die Gemüter der neueintreffenden Einwanderer aus Europa, die nicht selten vor der religiösen Unterdrückung und der Säkularisierung in ihrer Heimat geflohen waren. Aber auch der neue Geist des Utilitarismus wurde von den Immigranten bereitwillig aufgenommen, als sie sich ans Werk machten, den Kontinent zu zähmen, die Wildnis in ein nutzbares Produktionsmittel zu verwandeln. Die Verbindung von christlich-missionarischem Eifer und Begeisterung für eine zweckorientierte Weltsicht erwies sich als mächtiger Antrieb bei der Besiedelung des amerikanischen Westens.

Der Westen war der neue Garten Eden, das unerschöpfliche Füllhorn, von dem die Aufklärer geträumt hatten, ein Schatz überreicher Ressourcen, die sich die Menschen zugunsten gegenwärtiger und zukünftiger Generationen nutzbar machen konnten. Für Europäer wie Amerikaner war der Westen das Land der Möglichkeiten, das ersehnte Feld, auf dem der Mensch sein Zeitalter des Fortschritts aufbauen konnte. Auch die lauernden Gefahren reichten nicht aus, die Hoffnungen und Träume der vielen deutschen, schwedischen, irischen und schottischen Einwanderer zu zerstören, die auf der Suche nach einem besseren Leben in die Neue Welt gekommen waren.

Als die ersten Pioniere – Cowboys, Viehzüchter und Eisenbahnarbeiter – den Blick über die Weiten der Prärie schweifen ließen, waren sie zweifellos beeindruckt von den gewaltigen Möglichkeiten, die sich hier boten, auch wenn sie sich über die Größe der Aufgabe, die vor ihnen lag, im klaren waren. In dem Bewußtsein, das hier am Rande der Prärien geboren wurde, hallten die Worte wider, die der französische Philosoph der Aufklärung Marquis de Condorcet schon hundert Jahre früher, während der Französischen Revolution, geschrieben hatte:

»Ich beabsichtige darzutun, daß die Natur der Vervollkommnung der menschlichen Fähigkeiten keine Grenzen gesetzt hat; daß die Fähigkeit des Menschen zur Vervollkommnung tatsächlich unabsehbar ist; daß die Fortschritte dieser Fähigkeit zur Vervollkommnung, die künftig von keiner Macht, die sie aufhalten wollte, mehr abhängig sind, ihre Grenze allein im zeitlichen Bestand des Planeten haben, auf den die Natur uns hat angewiesen sein lassen.« (Condorcet 1963, 29)

Turner betrachtet die Amerikaner als ein Volk, das gefangen ist zwischen den Zwängen der Alten und den Möglichkeiten der Neuen Welt. Sie sind ruhelos und begierig, Traditionen abzuschütteln, um sich immer neue Möglichkeiten zu erschließen. An der Siedlungsgrenze des Westens trafen Wildnis und Zivilisation aufeinander, hier war das Land der Reinigung, der fortwährenden Erneuerung eines Volkes. Im Westen begannen die Amerikaner, den Blick stets auf die allernächste Zukunft gerichtet, immer und immer wieder von vorn.

Weniger der Vergangenheit verhaftet als ihre europäischen Vorfahren, vielmehr beschäftigt mit den Verheißungen, die unmittelbar hinter dem Horizont auf sie warteten, eigneten sich die Amerikaner eine vollkommen neue Zeitorientierung an. Immer nur für das Morgen lebend, wurden sie wie Nomaden der Zeit. Ihre zukunftsgerichtete Orientierung an der Zeit bewährte sich gegen die räumlichen Realitäten des Westens. Die amerikanischen Pioniere gewöhnten sich an, in der offenen Prärie die Zeit zu ihrem Vorteil zu nutzen. Sie mußten Gelegenheiten beim Schopf ergreifen, Situationen blitzschnell erfassen und für sich nutzen, um in dem offenen Land zu überleben und es zu etwas zu bringen. Sie mußten erfinderisch, von schneller Auffassungsgabe und geschickt sein bei der Zähmung dieses Kontinents. Hier entstand eine neue Generation von Männern und Frauen, frei von Traditionen und sentimentalen Gefühlen, nicht anfällig für Bindungen und Verpflichtungen aus der Vergangenheit, nüchtern auf die Notwendigkeiten des Augenblicks ausgerichtet.

Die Charaktermerkmale dieser Pioniere spiegelten die Weltsicht der Aufklärung wider, die ihr Augenmerk auf materiellen Gewinn, nacktes Selbstinteresse, Autonomie, Vernunft, Unternehmergeist, wissenschaftliche Errungenschaften, Automatisierung, Markteffizienz und gesellschaftliche Mobilität gerichtet hatte.

Der sich ausbildende Rinderkomplex verkörperte all diese Werte und wurde so zur treibenden sozialen und politischen Kraft im Westen und, zumindest für eine gewisse Zeit, im ganzen Land. Der Cowboy – mit seinem Individualismus und seiner Bereitschaft und Fähigkeit, für sich selbst zu kämpfen – wurde romantisch verklärt. Die Viehzüchter wurden für ihre Schlauheit und ihre Findigkeit gerühmt. Als man die Lebensgrundlage der Indianer mit der Ausrottung der Büffel zerstörte, um Platz für das Langhornrind zu schaffen, als man die Märkte im

Norden und Osten mit den Viehzuchtgebieten des Südens und Westens verknüpfte, als man das westliche Grasland mit endlosen Stacheldrahtzäunen umfriedete, als man ausgeklügelte Gefriertechniken entwickelte, um amerikanisches Rindfleisch zu den europäischen Märkten zu verschiffen, und die Landwirtschaft auf die Produktion von Futtergetreide umstellte, war dies alles Teil eines umfassenden Rationalisierungsprozesses, der die optimale kommerzielle Ausnutzung der natürlichen Ressourcen eines ganzen Subkontinents zum Ziel hatte.

Und wie wir uns erinnern, war es auch in den Schlachthöfen von Chicago, wo die Prinzipien einer wissenschaftlichen Unternehmensführung zuerst angewandt wurden, wo technische Erfindungen eingesetzt wurden, um die Produktionsprozesse effektiver zu gestalten. Massenproduktion, Arbeitsteilung, Spezialisierung, Fließbandarbeit und Leistungsnormen wurden in den Chicagoer Fleischfabriken eingeführt und getestet, lange bevor sie in anderen amerikanischen Industriezweigen zur Alltäglichkeit wurden.

Galt der Rinderkomplex für den einen als Vorhut der Zivilisation und des tausendjährigen Christenreichs, so diente er anderen als Mittel, die Reichtümer eines Subkontinents auszubeuten. So erfolgreich war die Verschmelzung von christlichem Bekehrergeist und aufklärerischem Utilitarismus, daß es dem amerikanischen Rinderkomplex gelang, in wenigen Jahrzehnten eines der größten Ökosysteme der Welt zu vereinnahmen und es für die Ausbeutung durch den internationalen Handelsmarkt umzuformen.

1890 wurde die Besiedelung des Westens für abgeschlossen erklärt, aber der Pioniermythos lebte weiter, von Zeit zu Zeit entstaubt und überarbeitet und den Bedürfnissen nachfolgender Generationen angepaßt, die beharrlich an den zentralen Werten festhalten, nach denen sich der amerikanische Charakter herausgebildet hat und die unerschütterlich sind in ihrem Glauben an den unbegrenzten materiellen Fortschritt und das Potential der Menschheit, sich zur Vollkommenheit zu entwickeln.

25
Der Siegeszug des Hamburgers

Das 20. Jahrhundert verlegte die amerikanische »Grenze« vom Wilden Westen in die um sich greifenden Vorstadtgebiete, die *suburbs*. Das Ende der Siedlertrecks in den Westen markierte den Beginn einer neuen Wanderbewegung, und zwar aus den Städten hinaus aufs Land. Begegneten sich im alten Grenzland Wildnis und Zivilisation, so trafen an dieser neuen Siedlungsgrenze städtische und ländliche Lebensgewohnheiten aufeinander. An Stelle des Kampfes zwischen Wildnis und Zivilisation trat der Kampf zwischen fortschrittlicher und altmodischer Lebensart. Das Leben in der Vorstadt wurde zum hochgelobten Symbol der Fortschrittlichkeit, man sah darin das ersehnte Ziel aller Amerikaner verkörpert, den Traum vom unbegrenzten materiellen Vorankommen und irdischen Heil. Wie schon bei der Eroberung des Westens, spielte der Rinderkomplex eine entscheidende Rolle bei der Bezwingung dieses neuen, vorstädtischen Grenzlandes.

Die Ausdehnung der Vorstädte in ländliche Gebiete wurde vor allem durch die Erfindung des Automobils möglich. Die neue, schnelle Variante des Individualverkehrs führte dazu, daß ein Großteil der städtischen Bevölkerung in die ländliche Umgebung abwanderte. Heute leben etwa 60 Prozent der Einwohner amerikanischer Großstädte in deren Vorortgebieten. Das Leben in den Vorstädten brachte einen grundlegenden Wandel der Arbeitsgewohnheiten und des Lebensstils mit sich. Die überaus mobile Kultur der *suburbs* war vom selben Moment eines nomadischen Verweilens geprägt, das die Pioniergemeinschaften im westlichen Siedlungsland charakterisiert hatte. Der Vorstadtbewohner war ständig unterwegs, er pendelte zwischen dem Arbeitsplatz in der Stadt und den Schulen, Einkaufszentren und anderen Einrichtungen seines Wohngebietes hin und her. »Ständig auf dem Sprung zu sein« wurde zum unvermeidlichen Bestandteil des Vorstadtlebens, so wie es schon für die Pioniere gegolten hatte, wenn sie ihr Lager abgebrochen hatten und weiter westwärts gezogen waren. Noch heute wechseln 18 Prozent aller Amerikaner jedes Jahr ihren Wohnsitz.

Mit der Eroberung des neuen amerikanischen Grenzlandes änderten sich die Eßgewohnheiten der Nation ebenso grundlegend wie ihre Raum- und Zeitvorstellung. Für den Vorstadtbewohner mußten die Essensvorbereitung und das Essen selbst, seinem temporeichen, mobilen Lebensstil entsprechend, praktisch, zeitsparend und planbar sein. Die Fleischindustrie reagierte schnell und machte den Hamburger und die Fast-food-Ketten zum Symbol des neuen vorstädtischen Lebensgefühls. Die Geschichte, wie der Hamburger benutzt wurde, um die Vorstadtwildnis zu bezwingen, zeigt eindringlich auf, welchen Einfluß der Rinderkomplex auch im nachindustriellen Zeitalter noch nimmt.

Der Hamburger hat sich in beeindruckender und unübersehbarer Weise auf Psyche und Kultur der Amerikaner ausgewirkt. In den Augen der restlichen Welt hat er als Symbol der USA sogar den amerikanischen Straßenkreuzer überholt und ist zum eigentlichen Wahrzeichen des amerikanischen Traums und Lebensstils geworden. Heute stehen die Menschen in Stockholm und Tokio unter den »goldenen Bögen« von McDonald's Schlange, um teilzuhaben an der »amerikanischen Lebensart«.

In jeder Sekunde kaufen 200 Amerikaner an einer Fast-food-Theke einen oder mehrere Hamburger und tragen so zu den Milliardeneinnahmen amerikanischer Restaurantketten bei. Jeder Amerikaner ißt durchschnittlich 12 bis 15 Kilogramm Hackfleisch im Jahr (Harris/Ross 1987, 3). Fast 40 Prozent der gesamten in den USA konsumierten Fleischmenge wird in Form von Hackfleisch, vor allem Hamburgern, verarbeitet.

Die Geschichte des Hamburgers spiegelt die Werte und Gefühle unseres gegenwärtigen Jahrhunderts. Amerikaner und mittlerweile auch die Bewohner vieler anderer Länder kaufen nicht nur ein Viertelpfund Hackfleisch, wenn sie sich in die Hamburgerkultur einreihen.

Mit jedem Kauf sichert sich der Verbraucher ein Pfandrecht auf die Weltsicht, die Prinzipien, die Träume und Ziele Amerikas. Diese Tatsache, nicht etwa ein schlichter gebratener Fleischklops zwischen zwei Sesambrötchenhälften, ist dafür verantwortlich, daß es in Moskau fast zu einem Aufstand kam, als McDonald's zum ersten Mal seine Tore für ein Volk öffnete, das begierig danach war, ein Stück vom »American way of life« abzubekommen.

Kleingehacktes Fleisch gab es schon in den eurasischen Steppen, der Wiege der euro-amerikanischen Rinderkulturen. Die Tataren pflegten im Mittelalter bereits eine Vorform des Hamburgers zu essen: rohes, mit Salz, Pfeffer und Zwiebeln gewürztes Hackfleisch, das heute in dieser Zubereitung als Tatar bekannt ist. Deutsche Kaufleute brachten das Rezept nach Hamburg, wo es dem heimischen Geschmack angepaßt wurde, indem man das Hackfleisch zu Scheiben formte und vor dem Verzehr briet. Dieser »Hamburger« wurde von deutschen Einwanderern im 19. Jahrhundert in Amerika eingeführt; der Legende zufolge wurde er 1892, auf einem Markt in Ohio, zum ersten Mal zwischen zwei Brotscheiben geklemmt (Boas/Chain 1976, 194; Hooker 1981, 329). Landesweite Bedeutung errang er, den Experten zufolge, 1904 bei der Weltausstellung in St. Louis (Boas/Chain 1976, 47; Harris 1987, 121). Er erfreute sich großer Beliebtheit bei den Ausstellungsbesuchern, weil er schnell zubereitet war und ohne Hilfsmittel im Gehen gegessen werden konnte. Kurz gesagt, es war eine schnelle, zeitsparende und praktische Art zu essen, und das waren Eigenschaften, auf die es im 20. Jahrhundert in Amerika ankam.

Der Hamburger verdankt seinen Erfolg unter anderem dem Anbruch des Automobilzeitalters. Das neue Fortbewegungsmittel und die neue Art zu essen gingen Hand in Hand, sie förderten sich gegenseitig und reflektierten beide die neue Philosophie, nach der Hunderttausende von Immigranten auf die temporeiche amerikanische Lebensart eingestimmt wurden.

Das Automobil war ein willkommener Ersatz für ein rastloses Volk, das sich unvermittelt mit der offiziellen Verkündung konfrontiert sah, daß die Besiedelung des Westens abgeschlossen war. Das Automobil war der fliegende Teppich, der die Amerikaner wieder auf die Wanderschaft brachte und ein ganz neues Pioniergefühl in ihnen entstehen ließ.

An Stelle der Trecks nach Westen trat im 20. Jahrhundert die Autostraße. Die erste gepflasterte Strecke entstand im Jahre 1909 zwischen Detroit und dem Wayne-County-Ausstellungsgelände. 1925 fertigten die Ford-Werke eine Stückzahl von 9.000 Automobilen täglich, und überall im Land wurden asphaltierte Straßen gebaut (Jackson 1985, 170f.). Zwei Jahre später rollten bereits über 26 Millionen Automobile über die frisch erbauten Verbindungswege, und die erste Schnellstraße, der Bronx River Parkway, brachte Pendler nach New York City.

Das Netz der Autobahnen führte zur Entwicklung einer neonomadischen Lebensweise. Heute legt jeder Amerikaner im Jahr durchschnittlich 15.000 Kilometer mit dem Auto zurück. Mit 140 Millionen Autos, die gegenwärtig die Straßen der USA bevölkern, können die Amerikaner mit Recht die Ehre für sich in Anspruch nehmen, das fortbewegungsfreudigste Volk in der bisherigen Geschichte der Menschheit zu sein.

Das hektische Tempo und die Mobilität der heutigen Gesellschaft setzten nicht nur einen Wandel des Raum- und Zeitbegriffs voraus, sondern auch eine Anpassung der Eßgewohnheiten. Zu Beginn der 20er Jahre eröffnete White Castle in Wichita, Kansas, seinen ersten Hamburgerimbiß (Harris 1987, 122). Das Unternehmen paßte sich dem neuen, zeitplanorientierten Bewußtsein der Großstadtpendler an und bot einheitlich vorgefertigte Hamburger an, die der Kunde innerhalb weniger Minuten erstehen und verzehren konnte. Viele Käufer bestellten Hamburger zum Mitnehmen und schlangen sie auf ihren täglichen Routinefahrten im Auto hinunter.

Gleichzeitig erfreuten sich kleine Imbißstationen immer größerer Beliebtheit. Viele dieser Einrichtungen waren umgerüstete Straßenbahnwagen. In den 30er Jahren begannen einige Unternehmen, modernisierte Imbißstuben zu bauen, die im Design an Erste-Klasse-Speisewagen der Eisenbahn erinnerten. Mit reißerischen Namen wie »Fenway-Flieger« und »Raketen-Imbiß« schossen diese mobil wirkenden Restaurants vor allem entlang der Atlantikküste und in New England überall am Rande der Straßen und Autobahnen aus dem Boden. Mit ihren blitzenden Fassaden, dem bequemen Zugang und dem prompten und schnellen Service beherrschten sie den Markt, der sich im Umfeld der Autobahnen entfaltete (Hooker 1981, 327).

In den ersten Jahrzehnten unseres Jahrhunderts waren praktisch alle Industriezweige bemüht, die marktführende Autoindustrie zu imitieren, indem sie Produktionsprozesse rationalisierten und beschleunigten und Erzeugnisse produzierten, die ebenso genormt, vorausberechenbar und kostengünstig waren wie die Automobile, die in Detroit von den Bändern der Ford-Werke liefen. Das Restaurantgewerbe war bereits auf dem besten Wege, den Vorgang des Essens in eine Beschäftigung zu verwandeln, die den Arbeitsprozessen am Fließband sehr ähnlich war. Die Cafeteria, um die Jahrhundertwende in Chicago eingeführt, war zu Beginn des Zweiten Weltkrieges nirgendwo im Lande mehr aus dem Stadtbild wegzudenken. Wie Automaten schoben die Kunden ihr Tablett auf einer Stahltheke vorwärts und nahmen sich die fertig vorbereiteten und genormten Speisen.

Der schnelle Service erforderte ein Gericht, das ebenso schnell zu essen war. Der Hamburger erfüllte auf ideale Weise die Bedingungen des Automobilzeitalters. Er war nicht nur billig und leicht zuzubereiten, sondern auch überaus praktisch. Man konnte ihn formen, normen und in Massenproduktion herstellen.

Nach dem Zweiten Weltkrieg erlebte der Hamburger einen kometenhaften Aufstieg. Gegen Mitte der 50er Jahre hatte er die Apfeltasche als typischstes Nahrungsmittel der Amerikaner überholt, die Vorliebe für ihn entwickelte sich fast zum Wahn. Seinen triumphalen Durchbruch erfuhr er, als Millionen von Vorstädtern die Gewohnheit annahmen, an den Sommerwochenenden in ihren Gärten zu grillen.

Nun setzte sich das Rindfleisch endgültig gegen das Schweinefleisch durch. Über zweihundert Jahre lang hatten die Rind- und Schweinefleischerzeuger um die Geschmacksknospen der Amerikaner gewetteifert, aber zum Grillen eigneten sich Schweinefleischbouletten nicht besonders gut. Sie zerbröckelten und neigten dazu, durch den Rost in die Glut zu fallen und zu verkohlen. Außerdem erforderten sie wegen der Trichinengefahr eine längere Garzeit als Rinderhackfleisch. Schweinefleisch wird von den Inspektoren des US-Landwirtschaftsministeriums nicht auf Trichinenbefall untersucht. Die Prozedur wäre viel zu kostspielig und zeitraubend, weil jedes Fleischstück eingehend unter dem Mikroskop untersucht werden müßte. Aus diesem Grund »haben ungefähr 44 Prozent aller Amerikaner Trichinenlarven in den Muskeln und verwechseln die Symptome der beginnenden Trichinose mit denen einer leichten Grippeerkrankung« (Harris 1987, 120).

Aber der Siegeszug des Hamburgers hatte noch eine andere Ursache, nämlich den Einfluß, den die Rindfleischindustrie in Washington genoß. Die Erfolgsgeschichte des Hamburgers hat mindestens ebenso viel mit staatlichen Verordnungen und Markteinflüssen zu tun wie mit dem Geschmack und den Bequemlichkeiten der amerikanischen Bevölkerung. Ein obskures Gesetz, das 1946 in Kraft trat, garantierte dem Hamburger buchstäblich die unangefochtene Spitzenposition auf dem Fleischmarkt der Nachkriegszeit. Die Richtlinien des US-Landwirtschaftsministeriums definieren den Hamburger als »Hackfleischfladen, der kein anderes Fleisch oder Fett enthält als Rindfleisch und Rinderfett«. Wenn ein Hamburger auch nur »eine Spur Schweinefleisch oder Schweinefett enthält«, darf er nicht mehr als »Hamburger« klassifiziert werden (ebd., 124). Von größter Bedeutung ist dabei, daß die Fleischfabriken einen Hamburger, der 30 Prozent Fett enthalten kann, aus dem Fleisch und dem Fett »mehrerer Tiere« herstellen dürfen. Damit hatte die Rindfleischindustrie den Fleischhandel in der zweiten Hälfte unseres Jahrhunderts praktisch in der Hand.

Das billigste Rindfleisch stammt von Weiderindern. Wenn das Fleisch der Weiderinder jedoch kleingemahlen und zu Hamburgern gepreßt wird, zerfällt es auf dem Grill ebenso wie Schweinehackfleisch, weil es zu mager ist. Um einen Hamburger von fester Konsistenz zu erhalten, muß man dem Fleisch Fett untermischen. Dazu würde sich jedes beliebige Fett, ob tierischer oder pflanzlicher Herkunft, eignen, aber da die Richtlinien vorschreiben, daß nur Rind enthalten sein darf, konnte sich die Rindfleischindustrie eine Monopolstellung auf dem Markt sichern. Die Auswirkung dieser einen Vorschrift sind gewaltig. »Dürfte man Hamburger aus Schweinefleisch mit Rinderfett oder aus Rindfleisch mit Schweinefett herstellen, oder gäbe es eine Verordnung, die es verbietet, das Fleisch und das Fett von verschiedenen Tieren zu vermischen, so würde eine ganze Branche über Nacht zusammenbrechen.« So aber war es der Rindfleischindustrie möglich, einen billigen Hamburger internationaler Herkunft zu produzieren, der das Zeug hatte, »das Schweinefleisch aus seiner Stellung als wichtigster Umwandler von Getreide in Fleisch zu verdrängen« (Harris 1987, 125f.).

Die Rindfleischproduzenten importieren billiges Fleisch aus Weidehaltung in Mittelamerika, Australien, Neuseeland und anderen Ländern und vermischen es mit dem überschüssigen Fett von Masttieren aus den USA zum »amerikanischen« Hamburger. Der Aufstieg des Hamburgers zum nationalen Nahrungsmittel Nummer eins ging zum Teil zu Lasten der Bewohner anderer Länder, vor allem Mittelamerikas, deren Weideflächen zur kommerziellen Nutzung vereinnahmt wurden, um den amerikanischen Markt mit billigem Fleisch zu versorgen. In seinem Buch *Beyond the Myths of Culture* benennt Eric Ross die enge Verbindung, die zwischen dem typisch amerikanischen Hamburger und der Ausbeutung anderer Länder und Völker besteht:

»Die Steigerung des Rindfleischkonsums nach dem Krieg war zu einem großen Teil auf das Massenangebot an billigen Hamburgern zurückzuführen ... Die Beefburger konnten sich auf dem Markt konkurrenzlos durchsetzen, weil ihre Produzenten in Lateinamerika Weideland zu niedrigen Preisen erwerben konnten, während das heimische Rind- und Schweinefleisch aus Mastbetreiben wegen der steigenden Getreidekosten immer teurer wurde ... So ging die seit 1960 zu beobachtende immense Steigerungsrate beim Rindfleischverbrauch mit dem rapiden Anstieg amerikanischer Rindfleischimporte seit Beginn der 60er Jahre einher ... Der US-amerikanische Rindfleischkonsum ist nach wie vor von der Verfügbarkeit von Weideflächen abhängig – aber er ist heute Bestandteil eines internationalen, unterentwickelte Regionen hervorbringenden kapitalistischen Prozesses, in dem bebaubares Land in Viehweiden umgewandelt und dem Nahrungsmittelanbau der einheimischen Bevölkerung entzogen wird.« (Ross 1980, 312f.)

Dieser Prozeß erinnert fatal an die Ausbeutung des irischen Weidelandes durch die Briten im 18. und 19. Jahrhundert:

»Was uns hier begegnet, ist eindeutig der direkte Nachfahre der paradigmatischen Kolonialbeziehung zwischen England und Irland, die dazu führte, daß irische Landpächter auf die kargen Erträge von Randregionen angewiesen waren, während sie ... gleichzeitig Rinder für den Export nach England produzierten.« (Ebd., 214f)

In der Folge des Zweiten Weltkriegs änderten sich die Lebensgewohnheiten der Amerikaner grundlegend. Immer mehr Frauen drängten auf den Arbeitsmarkt, und da ihnen nun weniger Zeit für die Essenszubereitung blieb, hielten erstmals auch in den Häusern der Vorstädte Fertigmahlzeiten Einzug. Tiefgefrorene »TV-Dinners« (portionierte, aluverpackte Gerichte, die bequem vor dem Fernseher gegessen werden können) hatten in den 50er Jahren Premiere. Kartoffelchips und in Einzelportionen abgepackte Kuchen setzten sich als Nahrungsergänzung durch. Tiefgefrorene Hamburger fehlten bald in keinem Haushalt mehr als allseits beliebtes Abendessen, das in letzter Sekunde von den Eltern zubereitet werden konnte, wenn sie, erschöpft und müde nach einem langen Arbeitstag und der Fahrt durch den abendlichen Berufsverkehr, nach Hause kamen.

Nachdem nun häufig beide Elternteile berufstätig waren, wurde auch das Auswärtsessen, das früher besonderen Gelegenheiten oder dem Wochenendvergnügen vorbehalten war, zur Alltäglichkeit. Zwischen 1948 und 1985 stieg »der Anteil des Geldes, das in Restaurants ausgegeben wurde, von 24 auf 43 Prozent der gesamten für Nahrungsmittel aufgewendeten Summe« (U.S. Department of Agriculture 1988, 7). Den Löwenanteil dieser Steigerung konnte das Fast-food-Gewerbe für sich verbuchen.

Zwischen 1948 und 1982 verzeichnete die Fast-food-Industrie eine Steigerung ihres Anteils an den Erträgen des Restaurationsgewerbes von 8 auf 30 Prozent (ebd., 8). Heute werden in 583.000 Fast-food-Einrichtungen im ganzen Land täglich 100 Millionen Amerikaner abgefertigt. Mehr als 42 Prozent aller Bewohner der USA essen mindestens eine Mahlzeit am Tag außer Haus. Im Laufe eines Jahres servieren die amerikanischen Restaurationsbetriebe mehr als 78 Milliarden Mahlzeiten, und sie decken 40 Prozent des gesamten Fleischkonsums im Land ab. Ihre Gesamteinkünfte übersteigen 207 Milliarden Dollar; sie beschäftigen mehr als 8 Millionen Menschen und sind damit von allen Wirtschaftszweigen der größte Arbeitgeber in den USA (ebd., 86).

Wenn man den Siegeszug des Hamburgers und der Fast-food-Industrie einer Einzelperson zuschreiben will, so gebührt diese Ehre sicherlich Ray Kroc, dem unermüdlichen und rastlosen Gründer des McDonald's-Imperiums. Die Kette verfügt heute über 11.000 Niederlassungen in 52 Ländern der Welt. Sie beschäftigt 600.000 Angestellte und hat einen Jahresumsatz von 17 Milliarden Dollar (*Management Review* 79, Mai 1990, 32f.). Mehr als die Hälfte aller Einwohner der USA lebt nicht weiter als drei Fahrminuten vom nächsten McDonald's-Restaurant entfernt. Die Kette deckt 10 Prozent des gesamten Gastronomiegewerbes im Lande ab (Finkelstein 1989, 46). Über ihre Theken geht ein Prozent des gesamten in den USA im Einzelhandel verkauften Rindfleischs. Zehntausende von Rindern müssen allmonatlich gemästet, geschlachtet und zu Hackfleisch verarbeitet werden, um den Hunger der McDonald's-Kunden zu stillen.

Kroc veränderte die Eßgewohnheiten der Amerikaner ebenso effektiv wie Ford ihre Fortbewegungsgewohnheiten. Und er bediente sich dabei in vieler Hinsicht derselben Prinzipien und Wertvorstellungen, die die Nation motorisiert hatten. Kroc erkannte frühzeitig das unermeßliche Potential, das die Kreuzungsbereiche innerhalb des Autobahnnetzes bargen. Zu Beginn der 60er Jahre begann er, das Land im firmeneigenen Flugzeug in alle Himmelsrichtungen zu überfliegen. Er besah sich die Landschaft und markierte auf einer Karte Verkehrskreuzungen, *suburbs* und Einkaufszentren, alle Knotenpunkte des schnell wachsenden Autobahnnetzes. Wie ein General, der seine Fähnchen auf der Feldkarte verteilt, siedelte Kroc an jedem strategisch günstigen Punkt eine McDonald's-Niederlassung an und drückte damit innerhalb einer Generation weiten Teilen der Vorstadtlandschaften seinen Stempel auf (Fishwick 1983, 55). Sein unternehmerischer Eifer grenzte ans Messianische, und er selbst bemerkt in seinen Memoiren:

»Ich spreche vom Glauben an McDonald's so, als handele es sich um eine Religion. Und ohne der Heiligen Dreifaltigkeit, dem Koran oder der Tora zu nahe treten zu wollen, drückt es genau das aus, was ich empfinde. Ich habe oft gesagt, daß ich an Gott, die Familie und McDonald's glaube – und im Büro gilt die umgekehrte Reihenfolge.« (Zit. n. ebd., 118)

Es ist interessant, festzustellen, daß Kirchtürme bei seiner strategischen Planung eine nicht unwesentliche Rolle spielten. Er baute seine Niederlassungen absichtlich in der Nähe von Vorstadtkirchen, weil er glaubte, daß das saubere und gesunde Image seiner Restaurants im Glanz der benachbarten Kirche um so besser zur Geltung käme. Es überrascht daher nicht, daß er schon früh die Vorstadtfamilien auf ihrem Kirchgang als wichtige Zielgruppe für sein Geschäft ins Auge gefaßt hatte.

Es lag in Krocs Absicht, das Image einer Zufluchtsstätte zu kreieren, eines Ortes, an dem sich seine hungrige Herde vom Lärm und Trubel einer unberechenbaren und hektischen Welt erholen konnte. Pilger sollten Rast und Erfrischung finden im sicheren Wissen, daß alles seine kalkulierbare Ordnung und Effizienz haben würde – das versprach ihnen der weltliche Katechismus der neuen Vorstadtreligion.

Kroc hatte einen »Seelenfrieden« anzubieten, der aus dem Boden der hochentwickelten Technologie und Automatisierung genährt wurde. An Stelle der »guten alten Handarbeit« trat die »Effizienz«, und das ewige Heil wurde durch eine Pause im Hier und Heute bei McDonald's ersetzt. Sein Ruf wurde von den Gläubigen in den Vorstadtgemeinden im ganzen Land gehört. Anfang der 90er Jahre waren Millionen von Menschen zum McDonald's-Bekenntnis übergetreten. Heute ist die Zahl der Amerikaner, die im Laufe eines Monats einen Hamburger bei McDonald's essen, wesentlich größer als die der Kirchgänger im ganzen Land.

Was den Hamburger wirklich zum integralen Bestandteil des amerikanischen Lebens und zum Symbol der im ausgehenden 20. Jahrhundert so wichtig gewordenen Mobilität gemacht hat, ist das ausgeklügelte Rationalisierungssystem, nach dem Kroc seine Restaurants organisierte.

Kroc führte technische Normen für den Produktions- und Vermarktungsprozeß seiner Hamburger ein, so wie es die Fleischindustrie ein halbes Jahrhundert zuvor in ihren Betrieben getan hatte. Qualitätskontrollen, Kalkulierbarkeit des Endprodukts, meßbare Standards, Effizienz und Zweckdienlichkeit wurden zum Modus operandi bei McDonald's wie bei den unzähligen Nachahmern im Fast-food-Gewerbe, die in der Nachkriegszeit überall im Land wie Pilze aus dem Boden schossen.

Einheitsnorm und Schnelligkeit waren die entscheidenden Größen im McDonald's-Erfolgskonzept. Um diese Ziele zu verwirklichen, bediente sich Kroc der von Taylor viel früher entworfenen Prinzipien der Rationalisierung von Arbeitsgängen. Bei McDonald's ist jeder Arbeitsvorgang in kleinste Einheiten zerlegt, und jeder Handgriff wird den vorwiegend ungelernten Arbeitskräften in schriftlichen Anweisungen erklärt. Nichts wird der Phantasie der Angestellten oder dem Zufall überlassen. Stattdessen gibt es ein 385seitiges Handbuch, die Hausbibel von McDonald's, in dem jeder Vorgang bis ins kleinste Detail beschrieben ist. Abweichungen von der vorgegebenen Norm werden von der Geschäftsleitung nicht geduldet.

»Der von der Maschine geschnittene Normalhamburger wog 50 Gramm, maß zehn Zentimeter im Durchmesser und enthielt weder Lunge, Herz, Getreide noch Sojamehl. Jedes Pfund Hackfleisch ergab 10 Hamburger, die höchstens 19 Prozent Fett enthalten durften. Alles war genau durchkalkuliert, bis hin zur Größe der Brötchen (neun Zentimeter im Durchmesser) und der Menge der Zwiebeln, die verwendet wurden (sieben Gramm pro Hamburger). Darüber hinaus mußte das Brötchen einen höheren Zuckergehalt haben als üblich, damit es schneller braun wurde.« (Boas/Chain 1976, 26)

In seinen Memoiren denkt Kroc über die Sorgfalt nach, die dem kleinsten Detail gewidmet wurde, sogar der Auswahl des Wachspapiers, das die einzelnen Hamburger in einem Stapel voneinander trennte:

»Es mußte genügend Wachs haben, damit die Hamburger nicht daran kleben blieben, wenn man sie auf den Rost gleiten ließ. Aber es durfte auch nicht zu steif sein, damit die gestapelten Hamburger nicht verrutschten. Diese Stapel waren auch eine Kunst für sich. Wenn man die Hamburger zu hoch übereinander aufschichtete, wurden die untersten zerdrückt und trockneten aus. Also ermittelten wir die ideale Stapelhöhe, und danach richteten sich dann unsere Fleischlieferanten beim Verpacken der Ware.« (Kroc 1977, 96)

Bei McDonald's wie bei den anderen Fast-food-Unternehmen gibt es keinen Koch mehr, seine Funktion übernehmen hochkomplizierte Automatikgeräte, die den unqualifizierten Angestellten genau sagen, was sie wann zu tun haben. An den Bratrosten von McDonald's signalisiert ein Blinklicht dem Bediener sogar, wann er den Hamburger umdrehen muß.

Kroc war tief beeindruckt von dem, was Ford einmal über sein berühmtes Modell T gesagt hatte: »Mir ist es egal, welche Farbe sie haben wollen – Hauptsache, es ist Schwarz.« Nach demselben Prinzip ging er bei der Standardisierung seines Hamburgers vor. Einer war genau wie der andere. Die Kunden konnten ihren Hamburger nicht nach ihren Wünschen garnieren. Auch in diesem Punkt war Kroc unerbittlich: »Wenn wir uns nach dem Kundengeschmack richten, arbeiten wir auf individueller Basis. Der Preis des Produkts ist derselbe, aber der Arbeitsaufwand verdreifacht sich. Das können wir uns nicht leisten.« (Zit. n. Boas/Chain 1976, 50f.)

Waren die Fleischfabrikanten in den frühen Tagen unseres Jahrhunderts diejenigen, die die Fließbandproduktion beim Schlacht- und Verpackungsprozeß einführten, so gelang es Kroc, auch die Herstellung des Endprodukts der industriellen Fertigung zu unterwerfen. Inzwischen ist der Akt des Essens auf dieselben versachlichten Werte reduziert, die alle anderen Bereiche unserer heutigen Gesellschaft bestimmen. Die Fleischindustrie hat, wie schon in vergangenen Tagen, unsere gegenwärtige Kultur entscheidend mitgeformt. Heute richten sich selbst die Eßgewohnheiten der Endverbraucher nach den Prizipien von Rationalisierung, Automatisierung, Qualitätskontrollen, Normierung und effizienter und zweckmäßiger Zeitausnutzung.

Dieselben technologischen Kriterien, nach denen die Rinder in den Mastfabriken gehalten und an den Fließbändern der Schlachthöfe verarbeitet werden, bestimmen auch die Tätigkeiten der Arbeiter in den Schlachtbetrieben und die Eßgewohnheiten der Menschen, die an den Fast-food-Theken des Landes Schlange stehen. Jedes einzelne Element im modernen Rinderkomplex – das Vieh, die Arbeiter und die Verbraucher – wird heute als Produktions- und Konsumeinheit in einem profitorientierten, utilitaristischen System betrachtet.

Und dennoch richten Millionen von Menschen in anderen Ländern in der Hoffnung auf »das gute Leben« den Blick sehnsüchtig und begehrlich auf das amerikanische Vorbild. Viele glauben immer noch, mit der Mitgliedschaft in der exklusiven Gesellschaft der Rindfleischesser das Ziel erreicht zu haben und zu den wenigen Auserwählten zu zählen. Aus diesem Grund stehen sie in allen Großstädten der Welt Schlange bei McDonald's, und der utilitaristische Geist erstickt alle Bedenken, die sie angesichts des Faustschen Handels, auf den sie sich einlassen, vielleicht beschleichen könnten. Den Fujita, Geschäftsführer der japanischen McDonald's-Niederlassungen, brachte die Macht des Rindfleischidols zum Ausdruck, als er sagte: »Wenn wir tausend Jahre lang Hamburger essen, werden wir blond. Und wenn wir blond sind, können wir die Welt erobern.« (Zit. n. ebd., 177)

26
Die Demontage des Fleisches

Die Kuh ist eines der sanftesten Geschöpfe unter den Tieren. Sie strahlt Friedferigkeit und Gelassenheit aus. Sie sieht die Welt verschwommen, weil ihr der gelbe Fleck (*Macula lutea*) auf der Netzhaut fehlt, der Bereich, der für die Scharfeinstellung des Sehfeldes verantwortlich ist. Ihr Geruchs- und Geschmacksinn ist hoch entwikkelt und reagiert auf die kleinsten Veränderungen. Sie grast fast schlafwandlerisch und scheint in sich gekehrt und versunken. Sie scheint in einer anderen Welt zu leben, an einem sicheren Ort, der weit entfernt ist von der Hektik, die das Empfinden anderer Tiere stört.

Der Bulle ist ein Bild der Kraft. Seine Masse konzentriert sich im Vorderkörper. Er hat einen mächtigen Nacken. Seine Hinterhand ist so schlank, daß sie wirkt, als könne sie seinen schweren Körper kaum tragen. Sein Gang ist entschlossen und wachsam, stets bereit, mit ganzer Kraft loszupreschen. Der Bulle verteidigt sein Territorium. Sein Blick ist eindringlich, drohend. Sein ganzes Wesen strahlt Kompromißlosigkeit und Stolz aus.

Die moderne Fleischindustrie ist das Sinnbild einer utilitaristischen Philosophie. Das Wesen des Tieres wird erbarmungslos unterdrückt und gleich nach der Geburt betäubt. Rinder werden kastriert, mit Hormonen und Antibiotika behandelt, mit Insektiziden eingesprüht, in einen betonierten Pferch gesperrt und mit Getreide, Sägemehl, Schmutz und Abfällen gefüttert, bis sie das richtige Gewicht haben. In Lastwagen werden sie zu automatisierten Schlachthöfen transportiert, wo sie getötet, in ihre Bestandteile zerlegt, zerkleinert, zerhackt und wieder zu nützlichen Produkten und Nebenprodukten zusammengefügt werden, die nichts mehr mit den fühlenden Geschöpfen zu tun haben, denen sie ihre Entstehung verdanken.

Die Kinder der Industrienationen haben kaum eine Beziehung zu oder eine Vorstellung von den Tieren, die sie sich dreimal in der Woche oder häufiger einverleiben. Sie sind oft schockiert vom Anblick einer Rinderhälfte, die im Metzgerladen hängt. Sie sind es gewohnt, Fleisch als eine »Sache« zu betrachten, ein materielles Ding, das durch den gleichen Prozeß entstanden ist wie ihre Spielsachen und Kleider beispielsweise.

Das bedingungslose Zweckdenken unserer Zeit hat sich mit den rationalisierten Produktionstechniken des Industriezeitalters verbunden und aus dem Rind einen Rohstoff gemacht, dessen Wert ausschließlich an seiner Vermarktbarkeit gemessen wird. Wie die Natur selbst ist das Rind seines immanenten Wertes beraubt worden; man hat es auf den Status einer Ressource und dann einer Ware reduziert und eine Vielzahl von Handelsprodukten daraus gemacht, sie konsumiert und sich ihrer, in unterschiedlichen Stadien des Verfalls, an die Natur entledigt.

In den modernen Fleischbetrieben bleibt nach der Schlachtung von einem 450 Kilogramm schweren Rind ein verwertbarer Tierkörper von ungefähr 280 Kilogramm übrig. Davon fallen etwa 250 Kilogramm Fleischprodukte wie Steaks, Rouladen, Bratenstücke, Suppenfleisch, Hackfleisch und Corned beef für den Handel ab (Kohls/Uhl 1990, 391). Die Rinderstücke bestehen aus »magerem Muskelfleisch, Fett, Bindegewebe, Knochen und Haut. Darüber hinaus gibt es Blutgefäße, Lymphgefäße, Drüsen und Nervengewebe.« (Considine/Considine 1982, 1170) Fett befindet sich unter der Haut und zwischen den Muskeln. Die Muskeln selbst setzen sich aus röhrenförmigen Zellen zusammen. Die Muskelzellen sind durch ein Bindegewebsnetz miteinander verbunden. An den Muskelenden verdichtet sich das Bindegewebe zu Sehnen, die die Muskeln mit den Knochen verbinden. Mageres Muskelgewebe besteht bis zu 75 Prozent aus Wasser. Der Rest sind etwa 20 Prozent Proteine, drei Prozent Fett, ein Prozent Mineralstoffe, Glykogen und andere organische Substanzen. Die Knochen des Rindes enthalten 30 bis 40 Prozent Wasser, 15 bis 20 Prozent Fett und 15 bis 20 Prozent Proteine, der Rest setzt sich aus Mineralstoffen zusammen (ebd.).

Das im Muskelgewebe enthaltene Glykogen bildet nach dem Tod des Tieres die Milchsäure, eine konservierende Substanz. Wenn das Tier vor dem Schlachten Angst hat oder mißhandelt wird, verbraucht es seine Glykogenvorräte. »Hochgradig erregte, verängstigte und überhitzte Tiere bluten nicht vollständig aus. Ihr Fleisch nimmt eine unansehnliche violette oder grellrote Färbung an.« (Ziegler 1966, 10) Es gibt eine Vielzahl von Methoden, um das Fleisch weicher zu machen. Chemische Zusätze sind an der Tagesordnung, aber man wendet auch die Methode des Abhängens, der Lagerung unter bestimmten Temperaturbedingungen oder mechanische Bearbeitung an, um eine zartere Beschaffenheit zu erzielen. In den letzten Jahren ist die Fleischindustrie vermehrt zur Herstellung von »Formfleischprodukten« übergegangen. Mit Hilfe von neuen Herstellungsverfahren gelingt es den Erzeugern, das Fleisch zu zerkleinern und in Nachahmung von qualitativ besseren Stücken wieder aufzubauen. Solche falschen Steaks sind oft an der Konsistenz und am Geschmack nicht von echten Stücken zu unterscheiden, und es ist unkomplizierter, sie während des Produktions- und Verpackungsprozesses Qualitätskontrollen zu unterziehen.

»Form- oder Preßfleisch wird hergestellt, indem man frisches oder gepökeltes Fleisch einem mechanischen Prozeß unterwirft. Die Stücke werden in einer Maschine gemischt, gerüttelt, geschleudert oder durchgeknetet, so daß das Fleisch weich und geschmeidig wird und sich eine cremige, klebrige Schicht an der Oberfläche bildet. Das Formfleisch ist von einheitlicherer Farbe und Struktur, und das Fett ist gleichmäßiger verteilt.« (Considine/Considine 1982, 1165)

Nur etwa 54 Prozent der Gesamtmasse eines geschlachteten Stiers werden zu Fleischprodukten für den tierischen und menschlichen Konsum verarbeitet. Mehr als 40 Prozent des Tieres – Fett, Knochen, Eingeweide, Haut – werden zu Stoffen verarbeitet, die bei der Herstellung von anderen Lebensmitteln, Reinigungsmitteln, pharmazeutischen Produkten und Industriesubstanzen Verwendung finden. Das im Bindegewebe enthaltene Kollagen wird in Klebstoffen und Wursthüllen verwendet. Kleber auf Kollagenbasis ist Bestandteil von Tapeten, Verbandsmaterial, Schmirgelpapier und Gipsfaserplatten. Gelatine finden wir in Speiseeis, Bonbons, Yoghurt, Mayonnaise und anderen

Lebensmitteln und ebenso in Filmmaterial und Tonbändern. Rindertalg und Fettsäuren werden bei der Herstellung von Schuhcreme, Wachsmalstiften, Bohnerwachs, Margarine, Kosmetika, Deodorants, Waschmitteln, Seifen, Parfümen, Insektiziden, Linoleum und Isoliermaterial verwendet. Die Hufe und Hörner werden zu Kämmen, Klaviertasten und Elfenbeinimitat verarbeitet. Aus der Haut werden Lederwaren, Möbelpolster, Schuhe und Gepäckstücke gefertigt. Insulin aus der Bauchspeicheldrüse dient der Behandlung von Diabetikern. Glukagon aus der Bauchspeicheldrüse ist ein wirksames Mittel gegen Hypoglykämie. Mit Trypsin und Chymotrypsin werden Brandwunden und Verletzungen behandelt. Pankreatin fördert die Verdauung. Blutplasma von Rindern wird zur Behandlung von Hämophilie und Anämie eingesetzt. Thrombin ist ein Blutgerinnungsmittel. Das Knochenmark von Rindern findet in der Behandlung von Blutkrankheiten Verwendung, und der Knorpel wird sogar in der plastischen Chirurgie eingesetzt. Die Därme werden zu chirurgischem Nahtmaterial verarbeitet. Das in der Hypophyse produzierte adrenokortikotrope Hormon (ACTH) ist wirksam gegen Arthritis und Allergien. Andere Nebenprodukte sind Binder für Asphaltdecken, Kühlöle und technische Schmiermittel. In der Fleischindustrie macht das Bonmot die Runde, daß alles verarbeitet wird außer dem Muhen (Cooper 1990, 401, Abb. 30-6).

Natürlich verwerten wir das Rind schon seit ewigen Zeiten. Es hat uns seit Menschengedenken zusammen mit anderen Tieren als Lieferant von Nahrung, Kleidung und Behausung gedient, wir haben es als Zugtier und Energiespender und für andere nützliche Zwecke eingesetzt. Der grundlegende Unterschied zwischen den alten Kulturen und unserer modernen Gesellschaft besteht darin, daß wir die persönliche Beziehung zum Tier durch eine technisch vermittelte ersetzt haben.

In früheren Kulturen bestand eine vertraute Beziehung zwischen Mensch und Tier. Die Menschen lebten in engem Bezug zu den domestizierten wie zu den wilden Tieren. Und weil die Welt der Tiere und die der Menschen so weitreichend miteinander verknüpft waren, identifizierten sich die Menschen sehr stark mit ihrer Beute. Das ging manchmal so weit, daß der Jäger ihre charakteristischen Eigenschaften annahm oder seine eigenen Empfindungen in das Beutetier hineinprojizierte. Tiere waren ein Teil der Welt und der gesellschaftlichen Ordnung der Menschen. Bei den Jägervölkern drehte sich ein Teil des Gemeinschaftslebens, einschließlich der religiösen Rituale, um die Beziehung zu den wilden Tieren. Bei den Hirtenvölkern lebten Menschen und Haustiere in friedlichem Miteinander und teilten ihren alltäglichen Trott.

Sehr früh erkannten die Menschen, daß die anderen Geschöpfe sich nicht allzu grundlegend von ihnen unterschieden. Sie stellten fest, daß es übereinstimmende Körper- und Verhaltensmerkmale gab. Die Tiere konnten denken und handeln, Zuneigung und Liebe äußern, ihre Interessen durchsetzen, ihre Nachkommen beschützen und für die Zukunft vorsorgen. Die Parallelen reichten aus, um den Menschen Kopfzerbrechen zu bereiten, wenn sie andere Tiere töteten und verzehrten.

Um ihre zwiespältigen Gefühle zu beschwichtigen, entwickelten fleischessende Kulturen eine Vielzahl von Ritualen, mit denen sie Abbitte leisteten für die Tötung von Mitkreaturen. Die Jäger mancher Völker baten die Tiere um Vergebung dafür, daß sie sie getötet hatten und flehten sie an, sich nicht aus dem Grab heraus an ihnen zu rächen. Andere Stämme sammelten die Knochen der Tiere, die sie gegessen hatten, legten sie in ihrer ursprünglichen Anordnung zusammen und begruben sie sogar in aller Form zum Zeichen ihrer Hochachtung und als Ausdruck ihrer Schuld und Dankbarkeit (Serpell 1988, 144).

In den frühen Zivilisationen des Nahen Ostens und des Mittelmeerraums fungierten die Priester als Schlächter. Ihre Tempel waren Orte der Götterverehrung und aufwendige Schlachthäuser zugleich. Rinder und andere Tiere wurden zu den Tempeln getrieben und dort unter zeremoniellem Prunk getötet. Ein Teil ihres Fleisches wurde den Göttern geopfert, der Rest an Personen von hohem Rang verteilt.

Die Opferzeremonie im antiken Griechenland wird von Burkert folgendermaßen beschrieben: Als erstes badeten die Priester und legten saubere Zeremoniengewänder an. Vor der Opferzeremonie übten sie gewöhnlich für eine angemessene Zeit sexuelle Enthaltsamkeit. Das Opfertier, gewöhnlich eine Kuh, wurde gewaschen, gebürstet und geschmückt und dann in feierlicher Prozession zum Altar geführt. Am Fuße des Altars wurde das Tier mit geweihtem Wasser besprengt, wodurch es veranlaßt wurde, den Kopf zu schütteln. Dies wertete man als »›freiwilliges Nicken‹, ein Ja zur Opferhandlung« (Burkert 1972, 11). Daraufhin stießen die Priester dem Tier ein Messer in den Hals. Sein Blut strömte über den Altar, die »anwesenden Frauen schrien auf, schrill und laut: ob Schreck, ob Triumph ... markiert dies den emotionellen Höhepunkt des Vorgangs« (ebd., 12). Dann wurde das tote Tier aufgeschnitten. »Zuweilen wird das Herz als allererstes, noch zuckend, auf den Altar gelegt«, während der Körper über einem offenen Feuer geröstet und an die Anwesenden verteilt wurde. Die Knochen und einige Fleischstücke wurden als symbolische Opfergabe an die Götter verbrannt (ebd., 13). Das symbolische Opfer gab den Beteiligten ein Mittel an die Hand, ihre Schuldgefühle, daß sie ein Tier getötet hatten, zu beschwichtigen. Indem sie sich des Einverständnisses des Tieres versicherten, konnten sie ihre Hände in Unschuld waschen und sich als Teilnehmer und Ausführende einer heiligen Handlung sehen, die von den Göttern gewollt war und der sich das Opfertier freiwillig unterworfen hatte.

Bei den Juden und Christen gab es solche Tieropfer nicht. Sie hatten es einerseits nicht nötig, für das Töten eines anderen Geschöpfes Abbitte zu leisten oder den Göttern zu opfern, und andererseits gab ihnen ihr Glaube ganz neue Mittel in die Hand, das Essen von Tierfleisch zu rechtfertigen. Indem diese Religion den Menschen als nach Gottes Ebenbild geschaffen betrachtete und ihn zum Beherrscher der Schöpfung machte, gab sie ihren Anhängern eine vernünftige Begründung dafür, daß sie Tiere töteten und ihr Fleisch aßen. Später lieferten die Denker der Aufklärung eine biologisch-wissenschaftliche Rechtfertigung, da in ihren Augen die Natur nur dem einzigen Zweck dienen konnte, dem Menschen von Nutzen zu sein.

Alle diese ausgeklügelten religiösen und biologischen Rechtfertigungen, die im Laufe der Jahrhunderte vorgebracht wurden, haben jedoch nicht ausgereicht, um die Vorbehalte, Zweifel und zwiespältigen Gefühle der Menschen in der westlichen Welt auszuräumen, die nicht aufgehört haben, mit den Tieren, die sie essen, mitzufühlen. Frühere Kulturen hatten mit ihren Opferzeremonien zur Beschwichtigung der Götter und mit ihren Dankes- und Sühneritualen offenbar ein Medium gefunden, um die Spannungen, die der Beziehung zwischen Mensch und Tier innewohnen, auszudrücken. Die menschenzentrierten Rationalisierungsversuche der jüdisch-christlichen Theologie und der utilitaristische Geist der Aufklärung waren jedoch trotz all ihrer intellektuellen Überlegenheit zu abstrakt, um die starke instinktive Abwehr zu überwinden, die Menschen dagegen empfinden, das Blut eines Mitgeschöpfes zu vergießen.

Um ihr Gewissen zu beruhigen, haben die Menschen unserer Zeit eine Vielzahl von Barrieren zwischen sich und den Tieren, die sie essen, errichtet. Indem sie sich von einer engen Beziehung zu ihrer Beute entfernt haben, ist es ihnen gelungen, tiefverwurzelte emotionale Bindungen zu negieren und die Angst, die Scham, den Ekel und das Bedauern – all die Gefühle, die das Töten eines Geschöpfes oft begleiten – zu bekämpfen.

Die Denker der Aufklärung haben die Natur versachlicht, indem sie sie zur bloßen Lagerstatt von Ressourcen und zur Lieferantin von kommerziellen Waren erklärt haben, um so ihre schamlose Ausbeutung zu rechtfertigen. Die fleischessenden Gesellschaften unserer Zeit haben sich noch weiter von der Natur entfernt, indem sie die Schuld am Tod der Tiere, die sie essen, delegieren, den Vorgang des Schlachtens unsichtbar machen, den Zerlegungsprozeß verschleiern und bei der Nahrungszubereitung die Identität des Tieres leugnen.

Die Schuldzuweisung an andere ist keine neue Erscheinung. Im alten Athen »flohen die Priester, nachdem sie den Stier getötet hatten, in gespielter Furcht vom Altar«. Wenn das Opferritual beendet war, wurde eine Verhandlung abgehalten, in deren Verlauf man das Opfermesser der Tat für schuldig befand und bestrafte, indem man es zerstörte (Serpell 1988, 163f.). Im ausgehenden Mittelalter und zu Beginn der Neuzeit wurde den Metzgern die Schuld zugeschoben. War den Priestern noch Hochachtung entgegengebracht und das Töten als Opferhandlung interpretiert worden, so schlug den späteren Metzgern offene Verachtung und Abscheu entgegen, und das Töten wurde als brutaler Akt angesehen.

In einem Wörterbuch aus dem Jahre 1657 finden sich unter der Eintragung Metzger die Umschreibungen »schmierig, blutbesudelt, Schlächter, erbarmungslos, gnadenlos, roh, grob, finster, schroff, hart

... grimmig«. Man schrieb den Fleischern eine so niedrige und hartherzige Gesinnung zu, daß sie aufgrund ihrer »angeborenen Neigung zur Brutalität« nicht als Geschworene vor Gericht berufen werden durften, wenn es in der Verhandlung um die Todesstrafe ging (Thomas 1983, 294f.; Serpell 1988, 165).

Seines religiösen Gewandes beraubt, löste das Schlachten von Rindern und anderen Tieren zunehmend Abscheu unter den Menschen in Europa und Amerika aus. Ein Londoner Priester drängte die Regierung, den Schlachthof den Blicken der Öffentlichkeit zu entziehen, weil der Anblick eine Verrohung der Massen bewirke und die Kinder verderbe. Als besonders störend wurden der nach außen dringende Leichengestank und die Schlachtabfälle, die einfach in die offene Kanalisation gekippt wurden, empfunden.

»In den engen Höfen der Metzger verbindet sich der Gestank von Mist, frischem Unrat und organischen Überresten mit den übelriechenden Gasen der Gedärme. Vor allem rinnt das Blut unter freiem Himmel auf die Straßen hinaus, überzieht die Pflastersteine mit einer bräunlichen Glasur, sickert in die Zwischenräume ... Die stinkenden Dämpfe, die sich auf den Fleischbänken und Ladentischen ebenso festsetzen wie draußen auf der Straße, zählen zu den unheilvollsten und empörendsten überhaupt ... Und oft gibt der erstickende Gestank von geschmolzenem Talg diesem Potpourri ekliger Dünste seinen letzten Beigeschmack.« (Corbin 1988, 47)

Heute werden die Tiere vor den Augen der Öffentlichkeit versteckt, bis wir sie als ordentlich verpackte Fleischstücke im Supermarkt erstehen. Die Viehzüchter halten die Fleischlieferanten der Nation abgeschottet vor den Blicken der Verbraucher auf abgelegenen ländlichen Arealen, die den großen Industrieanlagen in den Stadtrandgebieten ähneln. Die Mastbetriebe sind heute durch und durch automatisiert, so daß es selten, wenn überhaupt je, einen direkten Berührungspunkt zwischen dem »Versorger« und den Tieren gibt. Selbst die tägliche Nahrungsausgabe wird häufig vom Computer berechnet und gesteuert. Die Entfremdung ist so groß, daß das Tier nur noch als Nummer wahrgenommen wird, als »Produktionseinheit, deren Existenz im Bestreben nach größeren Profiten nur noch als abstrakte Größe geführt wird« (Serpell 1988, 155).

Die amerikanischen Schlachthöfe, die früher einmal in den pulsierenden Zentren von Großstädten wie Cincinnati und Chicago angesiedelt waren, finden wir heute in den Randgebieten von verschlafenen Kleinstädten im Mittelwesten, wo die Vorgänge am Schlachtband von den Bewohnern der schwach besiedelten Gemeinden kaum überhaupt zur Kenntnis genommen werden. Upton Sinclairs Beschreibung von der Atmosphäre der Heimlichkeit und Verborgenheit in den Schlachthallen trifft heute noch genauer den Kern der Wahrheit als um die Jahrhundertwende: »Was hier vor sich ging, war wie ein Verbrechen, das in einem Verlies begangen wird, unbemerkt und unbeachtet, vor aller Augen verborgen und sogleich aus dem Bewußtsein verdrängt.« (Sinclair 1985, 52)

Neben unseren Bemühungen, die Schuld von uns zu weisen und den Vorgang des Schlachtens vor den Blicken der Öffentlichkeit zu verbergen, haben wir versucht, den Tötungsakt als einen rationalen Prozeß, wie wir ihn in jeder maschinellen Produktion finden, zu verharmlosen. In einer neueren Ausgabe der britischen Zeitschrift *Meat Traders Journal* wird vorgeschlagen, die Begriffe »Fleischer« und »Metzger« durch »Fleischbetrieb« und »Fleischniederlassung« zu ersetzen, um der zunehmenden Sensibilisierung der Verbraucher Rechnung zu tragen (Adams 1990, 67; Serpell 1988, 159). In den USA umschreibt das Landwirtschaftsministerium Rinder als »getreidekonsumierende Tiereinheiten« und bekräftigt damit unmißverständlich, wie sehr das von der Aufklärung geprägte utilitaristische Denken den heutigen Sprachgebrauch noch immer beieinflußt (*Dallas Morning News*, 20. November 1988).

Es würde die Fleischindustrie und ihre Kunden vermutlich einigermaßen aus dem Gleichgewicht bringen, wenn Rindfleisch als »geschlachtetes Tier« etikettiert werden würde. Und auch in anderer Hinsicht distanziert sich die heutige Gesellschaft von den Tieren, die sie ißt – nämlich bei der Zubereitung der Speisen. In den Sälen der mittelalterlichen Burgen wurden vor den Augen der geladenen Gäste ganze Ochsen oder Schweine gebraten. Zu Ostern wurde vielleicht ein ganzes Lamm gebraten. Es war üblich, ganze Tiere oder zumindest große Teile davon auf den Tisch zu bringen. Gebratene Vögel wurden vor dem Auftragen mit ihren Federn drapiert, damit sie lebendig wirkten. Man servierte ganze Kaninchen und Kälberviertel.

Mit Beginn unseres Zeitalters wurde die Nahrungszubereitung zunehmend den Blicken der Öffentlichkeit entzogen und fand nun hinter den Kulissen in Küchen und Gesinderäumen statt. Die eben im Entstehen begriffene städtische Gesellschaft fühlte sich, besonders in Frankreich und Deutschland, zunehmend unbehaglich, wenn ihnen bei Tisch ein ganzes Tier vorgesetzt wurde. Es erinnerte sie zu sehr an das Töten und den Tod und den schmalen Grat, der den Jäger und seine Beute voneinander trennte; nur Tiere schlagen ihre Zähne in ein anderes Tier, ohne es zuvor zu zerlegen. Die neuen kulinarischen Normen legten Wert auf Verschleierung. Das Fleisch wurde nun von den Köchen in der Küche tranchiert, den Tieren wurde der Kopf abgeschnitten, Geflügel, Fisch und Fleisch wurden mit Vorliebe in kleine Stücke zerlegt, unsichtbar für die Speisenden entbeint und dann so aufgetragen, daß das Tier, das gegessen wurde, an nichts mehr zu erkennen war. Der englische Schriftsteller William Hazlitt schrieb:

»Tiere, die als Nahrungsmittel Verwendung finden, sollten entweder so klein sein, daß man sie nicht als solche erkennt, oder aber sie sollten ... nicht in ihrer ursprünglichen Gestalt belassen werden, so daß sie uns vorwurfsvoll ob unserer Gefräßigkeit und Grausamkeit entgegenblicken könnten. Ich hasse den Anblick eines dressierten Kaninchens oder eines Hasen, der in der Gestalt, die er im Leben hatte, auf den Tisch gebracht wird.« (Zit. n. Thomas 1983, 300)

Der allgegenwärtige Hamburger symbolisiert die endgültige Demontage des Fleischs in unseren Tagen. Das Rind ist bis zur Unkenntlichkeit zerlegt, und die moderne Produktionstechnik macht es möglich, es wieder zusammenzusetzen. Das Rind ist »im Einzelnen dargestellt, mit höherer Kraft ausgestattet und der Zahl nach vervielfältigt«, wie es Bacon Jahrhunderte zuvor mit wissenschaftlichem Eifer für die Gesamtheit der Natur empfohlen hat. Die Kuh ist zerlegt, ausgenommen und zu ordentlichen flachen Scheiben geformt worden, die wenig Platz wegnehmen und die man einfrieren, transportieren, aufschichten, grillen und ohne allzu große Umstände verzehren kann. Aufzucht, Mast, Schlachtung und Verarbeitung – das alles sind Prozesse, die effizient und praktisch durchorganisiert sind. Der Produktionsprozeß ist von Anfang bis Ende automatisiert und kommt weitgehend ohne direktes Eingreifen durch den Menschen aus.

27
Elend und Überwindung der Rinderkultur

Der moderne Rinderkomplex ist allgegenwärtig. Er hat entscheidenden Anteil an der Zerstörung unserer Umwelt. Und doch wurde über die Folgen, die er für die menschliche Gemeinschaft hat, bisher nur wenig nachgedacht. Das Schweigen, das den modernen Rinderkomplex umgibt, ist um so beunruhigender, wenn man bedenkt, daß er maßgeblich dazu beigetragen hat, ein System der Nahrungsmittelproduktion und -verteilung hervorzubringen, das in seiner Ungerechtigkeit beispiellos in der Geschichte der Menschheit ist. Er war es, der in unserem Jahrhundert die Umstellung des Getreideanbaus in aller Welt von der Nahrungs- zur Futtermittelproduktion initiiert und damit Millionen von Menschen von der Nutznießung der Reichtümer unseres Planeten ausgeschlossen hat.

Das Ausmaß des menschlichen Elends, das der moderne Rinderkomplex verursacht hat, ist erschreckend. Millionen Menschen in den »Entwicklungs«ländern mußten ihr angestammtes Land verlassen, das in Weideland umgewandelt wurde. Die meisten von ihnen waren gezwungen, in überfüllte städtische Slumgebiete abzuwandern, wo sie sich von Abfällen ernähren. Von chronischem Hunger ausgezehrt, fallen sie nur zu leicht Mangelkrankheiten zum Opfer. In manchen Ländern der Dritten Welt erlebt jedes zehnte Kind seinen ersten Geburtstag nicht. Für die anderen ist das Leben kaum mehr als ein langsames Dahinsterben an den Krankheiten, die sie sich aufgrund ihres geschwächten Abwehrsystems durch mangelhafte Hygienebedingungen, Parasiten oder Ansteckung zuziehen.

Die reichen und privilegierten Bewohner der Industrieländer schwelgen zwar im Genuß einer Ernährung, deren Mittelpunkt das fette

Fleisch von getreidegefüttertem Vieh ist, aber sie sterben an anderen, durch den hohen Proteinkonsum mitverursachten Krankheiten. Die Arterien mit Cholesterin verstopft, die Organe verfettet, fallen sie den »Wohlstandskrankheiten« zum Opfer und sterben, oft unter furchtbaren Schmerzen, am Herzinfarkt, an Krebs oder Diabetes.

Der moderne Rinderkomplex repräsentiert eine neue Dimension des Bösen in der Welt. In einer Gesellschaft, die das Böse immer noch in individuellen Begriffen definiert, ist dem institutionalisierten Verbrechen, das aus sachlicher Vernunft geboren und mit den berechnenden Methoden der technologischen Ausbeutung ausgeführt wird, noch kein angemessener Platz im vorhandenen Moralgefüge zugewiesen worden.

Auf die Missetaten von Einzelpersonen reagieren wir noch immer mit moralischer Entrüstung. Wenn ein Mitglied unserer Gesellschaft gewalttätig wird, einem anderen das Leben nimmt, ihm seinen Besitz oder die Freiheit raubt, verdammen wir einstimmig den Täter und die Tat. Das Verbrechen ist offenkundig, sichtbar, unmittelbar und der Gerichtsbarkeit unterworfen. Unsere Gesellschaft erkennt das individuelle Böse, das einem anderen körperlichen Schaden zufügt. Aber eine andere und weit gefährlichere Form des Bösen, das durch Technologie, institutionelle Zwänge und wirtschaftliche Ziele hervorgebracht wird, wird bis heute kaum beachtet. Während unsere Gesellschaft also nach wie vor auf der Hut ist vor den möglichen Verbrechen Einzelner, hat sie es bisher versäumt, ein Bewußtsein für den gerechten Zorn und die Entrüstung über die institutionalisierte Gewalt in ihr Moralgefüge zu integrieren.

Sicherlich stimmt es, daß in einigen wenigen Fällen Verstöße, die im Rahmen gesellschaftlicher Institutionen begangen wurden, geahndet werden, aber im allgemeinen handelt es sich dabei um Individualdelikte – ein Unternehmens- oder Behördenvertreter etwa, der wegen Unterschlagung, Diskriminierung oder irgendeiner Fahrlässigkeit belangt wird. Was aber ist mit der anderen Art von Verbrechen, deren Ursprung im Wesen der Institution selbst liegt? Die Kirche gibt ein Lippenbekenntnis für den Kampf gegen die »irdischen Mächte und ihre Vertreter« ab, erkennt aber auch hier nur die traditionellen Moralgesetze der Zehn Gebote an. Was ist mit den Verbrechen, die aus den Konzepten wissenschaftlicher Objektivität, mechanistischer Rationalisierung, zweckgerichteter Sachlichkeit und marktwirtschaftlicher Effizienz erwachsen? Von dieser Art ist die Gewalt, die unserer Gesellschaft durch den modernen Rinderkomplex zugefügt wird. Gewiß: Habgier, Entrechtung und Ausbeutung haben den Rinderkomplex auf seinem Siegeszug gen Westen stets begleitet. Heute aber hat eine neue Dimension des Bösen Einzug gehalten – eine Kälte, die, von den Prinzipien der Aufklärung durchdrungen, unsere heutige Weltsicht beherrscht.

Das aus dieser Kälte resultierende Verbrechen wird aus der Ferne verübt; es verbirgt sich unter unzähligen Schichten technologischer und institutioneller Gewänder; seine eigentlichen Nutznießer sind in Zeit und Raum so weit von den Menschen, die unter dem Prozeß zu leiden haben, entfernt, daß man keine ursächliche Verbindung zwischen ihnen vermuten oder feststellen wird. Es ist das Böse, das man nicht fühlt, weil es unpersönlicher Natur ist. Die Vorstellung, daß eine Person etwas Böses tut, indem sie Futtergetreide für Rinder anbaut oder einen Hamburger ißt, mutet die meisten Menschen vielleicht seltsam, wenn nicht gar grotesk an. Selbst wenn die Fakten aufgedeckt und sichtbar gemacht würden, wenn die Spur des Verbrechens bis ins Detail nachgezeichnet werden könnte, würden die meisten Menschen in unserer Gesellllschaft vermutlich nicht mit demselben leidenschaftlichen Zorn darauf reagieren wie auf ein real fühlbares Verbrechen – einen Raubüberfall, eine Vergewaltigung oder die vorsätzliche Mißhandlung eines Hundes.

Höchstwahrscheinlich wird der Leiter eines Supermarktes, der in seinem Geschäft das Fleisch von Mastrindern anbietet, niemals die Qualen der Armutsopfer nachempfinden können, jener Millionen von Familien, die von ihrem Land vertrieben wurden, damit dort Futtergetreide für den Export angebaut werden kann. Die Teenager, die im Fast-food-Restaurant ihren Hamburger vertilgen, werden sich wahrscheinlich nie bewußt machen, daß gewaltige Flächen tropischer Regenwälder gerodet oder niedergebrannt werden mußten, damit sie ihr Mahl genießen können. Verbraucher, die abgepacktes Fleisch kaufen, werden nie erfahren, welche Qualen die Tiere in den hochtechnisierten Mastfabriken leiden.

Für eine Zivilisation, die so durchdrungen ist vom Geist der Automatisierung und Markteffizienz, ist der bloße Gedanke daran, daß derselbe Geist eine Quelle potentieller Verbrechen sein könnte, unvorstellbar. Die meisten der Beziehungen, die unsere moderne Gesellschaft prägen, sind von Vernunftdenken, nüchterner Distanziertheit, utilitaristischen und technologischen Überlegungen und Effizienzstreben durchdrungen. Der Rinderkomplex hat als eine der ersten Institutionen die Theorien der Aufklärer für sich vereinnahmt und die Organisationsprinzipien der modernen Weltsicht auf allen Ebenen seiner Unternehmen angewandt.

Diese Wissenschaftstheorien und Organisationsprinzipen sind es, die in unserem Zeitalter so effektiv dazu benutzt wurden, die Bande unserer engen Beziehung zur übrigen Natur zu durchtrennen. Die treibenden Prinzipien der Aufklärung haben die Natur ihrer Lebendigkeit und andere Geschöpfe ihres ureigenen Wesens und ihres immanenten Wertes beraubt.

In der kalkulierenden Kälte unserer heutigen Gesellschaft haben wir das ewige Seelenheil gegen materielles Eigeninteresse, Erneuerung gegen Nutzdenken und Fruchtbarkeit gegen Produktionsquoten eingetauscht. Wir haben den organischen Reichtum des Lebens verflacht und die Welt um uns herum in abstrakte mathematische Gleichungen, Statistiken und Leistungsnormen verwandelt. Die Kälte wird von Institutionen und Individuen weiter verbreitet, die sich rationalen Organisationsprinzipien verpflichtet sehen und deren Handlungen und Entscheidungen allein von Marktzwängen und utilitaristischen Zielen gelenkt sind. In einer solchen Welt ist wenig Platz, die Natur zu achten, unseren Mitgeschöpfen mit Einfühlung zu begegnen, über unsere Umwelt zu wachen und die Rechte zukünftiger Generationen zu schützen.

Die Auswirkungen der modernen Denkweise und Interpretation unserer Beziehungen haben für die Umwelt und die Menschheit zur Beinahe-Katastrophe geführt. Ökosysteme wurden geschwächt und die Stabilität und Lebensfähigkeit menschlicher Gemeinschaften unterminiert. Die große Herausforderung, die vor uns liegt, ist es, die dunkle Seite der modernen Weltsicht zu packen – die Kälte zu benennen, die daraus entstanden ist, daß wir die Natur und alles

Leben zu Ressourcen reduzieren, die mit Hilfe der Technik zu vereinnahmen, zu manipulieren und für die kurzsichtigen Ziele von Utilitarismus und Markteffizienz umzuformen sind.

Es ist ein schwieriges Unterfangen, der Menschheit die verheerenden Folgen der Rinderwirtschaft ins Gewissen und ins Bewußtsein zu rufen. Im Namen von Fortschritt und wirtschaftlichem Gewinn hat der moderne Rinderkomplex natürliche Ökosysteme zerstört und beträchtliche Teile der Erde in Trockenflächen verwandelt, die Menschen, Tieren und Pflanzen keine Lebensgrundlage mehr bieten. Im Namen von Vernunft und Sachlichkeit hat er die Natur und sogar die menschliche Arbeitskraft zum Handelsgut reduziert, das frei verfügbar und auf dem Weltmarkt austauschbar ist. Im Namen der optimalen Markttauglichkeit hat der moderne Rinderkomplex die Kuh, den Arbeiter in der Fleischindustrie und den Verbraucher zu bloßen Produktions- und Verkaufszahlen gemacht, zu Gebrauchsartikeln und Zielobjekten, die aller eigenen und ideellen Werte beraubt sind – leere Hüllen, auf das Tempo der hochautomatisierten Mastbetriebe, Schlachtbänder und Fast-food-Theken eingestellt.

Der Rindfleischmythos ist immer und immer herangezogen worden, um männliche Herrschaftsansprüche zu untermauern, Statusunterschiede zu zementieren und nationalistische und kolonialistische Interessen zu begünstigen. Er hat dazu beigetragen, soziale Unterschiede und ökonomische Ungerechtigkeit in aller Welt zu festigen. Der Stier und die Kuh, einst Symbole unserer eigenen Kraft und Fruchtbarkeit, wurden säkularisiert und ihrer Natur entfremdet, ihres lebendigen Wesens entäußert und zu Produktionsmitteln gemacht. Sie wurden ihres eigentlichen Seins beraubt, zur verfügbaren Materie demontiert und zum verdinglichten Objekt gemacht. In einer von Zweckdenken und Eigennutz bestimmten Welt, in der einzig und allein das Marktgeschehen Orientierung und Bedeutungsträger ist, bleibt das Rind der ideale Spiegel unserer eigenen Bewußtseinsentwicklung – es reflektiert deutlich den Prozeß unserer Veränderung und Neuformung in der heutigen Welt. Indem wir das lebendige Gefüge durch Technokratie, ideelles Denken durch Utilitarismus und Gemeinschaftsprinzipien durch Marktwerte ersetzt haben, sind wir selbst vom Lebewesen zur Ressource geworden.

Die Veränderung unserer Beziehung zum Rind ist ein Schritt von enormer historischer Bedeutung. Wenn wir uns jeder für sich und alle zusammen entscheiden könnten, die Rinderkultur zu überwinden, würde dies den modernen Begriff der Ökonomie mit ihrer nahezu ausschließlichen Betonung der »industriellen Produktivität«, die an die Stelle der alten Vorstellung von Fruchtbarkeit und Fortpflanzungsfähigkeit getreten ist, tief im Mark treffen.

Der Rinderkomplex gehört zu den wichtigsten Übungsplätzen für die Kunst der modernen Ökonomie. Kälber werden heute mit Hilfe von künstlicher Befruchtung, Embryonentransfer und Klonungstechniken zur Welt gebracht. Gezüchtet, um den Markterfordernissen, nicht aber der Arterhaltung zu genügen, werden sie künstlich ernährt, mit Chemikalien vollgepumpt, durch Apparate überwacht, eingepfercht, manipuliert und den Bedingungen der Mastfabriken angepaßt. Mastrinder werden vom Augenblick ihrer Geburt an bis zur Schlachtung als Industrieprodukte behandelt. Obwohl sie fetter und schwerer sind und schneller heranwachsen als freilebende Tiere, sind sie weniger kräftig, anfälliger für Infektionen und parasitäre Erkrankungen, und sie benötigen ein ganzes Arsenal technologischer und pharmazeutischer Hilfsmittel, um zu überleben. Ihre gesteigerte Ertragskapazität geht auf Kosten einer verminderten Fortpflanzungsfähigkeit. Solange die wirtschaftliche Effizienz das einzige Maß unserer Beziehung zum Rind und zu den anderen Tier- und Pflanzenarten unseres Planeten bleibt, können wir keine ökonomische Praxis verwirklichen, deren Prinzipien mit den Regeln und den Rhythmen der Erhaltung des Lebens zu vereinbaren wären.

In der Natur hängt die Erhaltung des Lebens von der Fortpflanzung, nicht von der Produktivität ab. Die Fortpflanzungsfähigkeit ist eine lebensbejahende Kraft. Ihr Wesen ist die organische Einheit. Ihr Seinszweck ist die Erneuerung. Die industrielle Produktion ist häufig eine todbringende Kraft. Ihr Wesen ist die manipulierbare Materie. Ihr Seinszweck ist der Konsum.

Die Veränderung unserer Beziehung zur Spezies Rind spiegelt das sich verändernde Bewußtsein der westlichen Zivilisation im Kampf um eine Neudefinition ihrer selbst und ihrer Beziehung zur natürlichen Ordnung und zu den kosmischen Prinzipien wider: Auf der ersten Stufe unserer Beziehung zum Rind huldigten unsere Vorfahren einer »Kraft der Fruchtbarkeit«, der sie sich verpflichtet fühlten und über die sie wenig oder gar keine Macht hatten. Das Rind war für sie eine heilige und vertraute Kreatur, die sie fürchteten und von der sie abhängig waren. Sie huldigten ihm, um die Gunst der Götter zu erringen und um sich die Gnade eines reichen und fruchtbaren Lebens zu sichern. Ihre Rituale und religiösen Praktiken zielten darauf ab, die kosmischen Kräfte zu ihren Gunsten zu beeinflussen und auf diese Weise Glück zu erlangen. Sie verzehrten das Fleisch des Rindes, um den Geist der Fruchtbarkeit in sich aufzunehmen und am großen Zyklus ewiger Wiedergeburt teilzuhaben.

Auf der zweiten Stufe unserer Beziehung zum Rind haben wir den Menschen an die Stelle der Götter gesetzt und die Kuh zum verfügbaren Produkt gemacht. Wir haben uns die Herrschaft über das Tier und darüber hinaus über die Fruchtbarkeit der Natur angeeignet und sie unserem Willen unterworfen. Wir haben uns aus der Abhängigkeit von der Natur gelöst, dabei aber den Sinn für die ethische und unlösbare Verbundenheit mit der übrigen Schöpfung verloren. Wir haben das Fleisch des Rindes gegessen, um Macht über die Natur und unsere Mitmenschen zu gewinnen.

Heute geht die lange Geschichte der Beziehung zwischen Mensch und Rind ihrer dritten Stufe entgegen. Indem wir uns bewußt dafür entscheiden, das Fleisch des Rindes nicht mehr zu essen, bekunden wir unseren Willen, mit dieser Kreatur ein neues Bündnis einzugehen, das über das Diktat des Marktwertes und des übertriebenen Konsums hinausgeht. Das Rind von den Qualen und der Erniedrigung zu erlösen, denen es in den modernen Mastfabriken und Schlachtbetrieben ausgesetzt ist, wäre als menschlicher Akt von weitreichender symbolischer und praktischer Bedeutung zu begreifen, und es wäre ein Symbol der Reue und Wiedergutmachung, wenn wir darauf verzichten, das Rind zu enthornen, zu kastrieren, mit Hormonen und Östrusblockern, Antibiotika und Insektiziden zu behandeln und ihm einen würdelosen Tod an den vollautomatisierten Schlachtbändern zu bereiten. Es wäre dies alles ein Zeichen der Erkenntnis der Zerstörung, die wir der gesamten Schöpfung auf unserer Jagd nach der uneingeschränkten Macht über die Natur zugefügt haben.

Die Überwindung der Rinderkultur ist gleichbedeutend mit dem Wandel unserer Vorstellung vom angemessenen Umgang mit der Natur. In der nun im Entstehen begriffenen Welt sind die Taten der Menschheit ebenso vom Wesen der Fruchtbarkeit der Natur bestimmt wie vom künstlichen Diktat der Marktprinzipien. Wir lernen, die vom göttlichen Funken belebte Schöpfung als unsere Lebensgrundlage zu begreifen, die es zu pflegen und zu bewahren gilt. Die Natur wird nicht mehr als Feindin betrachtet, die besiegt und gezähmt werden muß, sondern als die Urgemeinschaft, in der wir zu Hause sind. Andere Geschöpfe sind für uns nicht länger Opfer oder Objekte, sondern Gleiche und Gefährten in der übergeordneten Gemeinschaft des Lebens, die die Natur und die Biosphäre ausmacht.

Der Wandel unserer Beziehung zum Rind – diesem uralten Symbol der Fruchtbarkeit – wird ein Symbol unserer im Entstehen begriffenen neuen Welt sein. Die Überwindung der Rinderkultur wird augenblickliche und sichtbare Folgen zeitigen und einen greifbaren Beweis für die lebensbejahende Zukunft liefern, die sich der Generation unserer Kinder öffnet.

Die Verminderung des Rinderbestandes auf eine ökologisch vertretbare Zahl wird eine Gesundung und Erneuerung der Natur auf allen Kontinenten fördern. Der nordamerikanische Westen wird allmählich zu neuem Leben erwachen. Flüsse werden sich wieder mit Wasser füllen, ihre zerstörten Uferregionen gesunden. Einheimische Wildblumen und -gräser werden hervorsprießen. Pappeln werden den Prärien wieder Schatten spenden und unzähligen Vögeln Schutz bieten. Die großen Säugetiere der Prärie – Elch, Gabelhorntier, Antilope, Dickhornschaf – werden den Westen wieder bevölkern. Kojoten, Wölfe, Luchse und Berglöwen werden wieder ihrer angestammten Rolle gerecht werden, indem sie die schwächeren Tiere aus großen Herden aussondern und so dafür sorgen, daß die heimischen Arten die natürliche Kapazität der Ökosysteme nicht überstrapazieren.

In Mittel- und Südamerika wird die Abschaffung des Rinderkomplexes dazu beitragen, daß Traktoren und Bulldozer überflüssig werden und das allgegenwärtige Dröhnen der Motorsägen, die sich in das Dickicht uralter Wälder fressen, allmählich verstummt. Abertausende von Pflanzen-, Insekten- und anderen Tierarten, denen der sichere

Tod durch die Hand der Viehzüchter und multinationalen Konzerne drohte, werden wiederaufleben. Millionen von Kreaturen, deren viele schon seit Jahrtausenden auf der Erde leben, wird es möglich sein, sich wieder zu Verbänden zusammenzuschließen, sich zu vermehren und die Regenwälder neu zu beleben. Zukünftige Generationen werden das Glück haben, diese vielfältigen Lebensformen kennenlernen und würdigen zu können und mit ihnen in Verbindung zu treten – all diese wilden und exotischen Wesen, die durch die Wälder aus grauer Vorzeit kriechen, krabbeln, schleichen, sich hindurch schwingen und darüber hinweg fliegen, Gefährten auf dem Weg durch die Entwicklungsgeschichte, die sich vor uns entfaltet.

In Afrika wird sich das Fortschreiten der Wüste verlangsamen, und die Natur wird Zeit haben, sich zu erholen. Die Tiere, die einst die Trockensavanne in Massen bevölkerten, werden allmählich wieder auftauchen, und die ehemals üppige Flora wird wieder erblühen. Weißschwanzgnus, Elephanten, Zebras, Nashörner und Löwen werden wieder durch die Weiten der Savanne streifen und die seit Urzeiten angestammten Lebensräume bevölkern.

In Australien, Neuseeland und Asien wird die Abschaffung des weltweiten Rinderkomplexes ebenfalls zu einer Gesundung der seit Urzeiten hier heimischen Wälder und Steppen, der Pflanzen- und Tierwelt beitragen.

Durch eine Verminderung der Rinderbestände wird der Druck auf die noch verfügbaren Süßwasserreserven nachlassen und der Ausstoß von Gasen, die die Erdatmosphäre aufwärmen, zurückgehen. Auch wenn die Biosphäre nach wie vor von den Kohlendioxiden, die durch die Verwendung fossiler Brennstoffe entstehen, erstickt wird, gelangt doch wesentlich weniger Methangas aus Zuchtbetrieben und Kohlendioxid aus der Verbrennung von Bäumen und anderer Biomasse in die Atmosphäre.

Wenn Millionen Amerikaner, Europäer, Japaner und andere den persönlichen Entschluß fassen, weniger Rindfleisch zu essen, wird die künstliche Proteinskala, die sich in unserem Jahrhundert entwickelt hat, in sich zusammenstürzen. Die gemeinschaftliche Entscheidung, den Rindfleischkonsum zu reduzieren, wird die Überlebenspolitik der Menschheit im kommenden Jahrhundert nachhaltig beeinflussen. In der nun im Entstehen begriffenen Welt werden sich Millionen Menschen aus freien Stücken dafür entscheiden, sich auf eine niedrigere Stufe der Nahrungskette zu beschränken, damit Millionen anderen das lebensnotwendige Minimum an Kalorien und Nährstoffen nicht vorenthalten bleiben muß. Diese gigantische, weitreichende Neuverteilung der Schätze unserer Erde wird das Menschengeschlecht in Brüderlichkeit vereinigen. Ein Kollektivbewußtsein wird sich herausbilden, wenn sich die Reichen und die Armen auf der weltumfassenden Stufenleiter der Ernährung näher kommen und schließlich begegnen.

Die Änderung der Ernährungsgewohnheiten wird zwangsläufig eine Umstrukturierung der gesamten Masttierhaltung – von der Hühnerfarm bis zur Schweinemast – zur Folge haben. Der Zusammenbruch des globalen Rinderkomplexes wird überdies vermutlich eine Kettenreaktion auslösen, die darin gipfelt, daß auch das Fleisch anderer Tiere, die mit Getreide gemästet werden, vom Speisezettel der Menschen gestrichen wird.

Die Auflösung der vom Marktdiktat bestimmten Rinderwirtschaft wird zum Nutzen der Reichen sein und könnte zur Rettung der Armen beitragen. Durch den Verzicht auf fettes Mastfleisch werden Herz- und Krebserkrankungen und Diabetes dramatisch zurückgehen. Millionen Menschen werden sich besserer Gesundheit und einer höheren Lebenserwartung erfreuen. Unsummen werden auf dem Gebiet des Gesundheitswesens einzusparen sein.

Gleichzeitig stehen den Armen größere Anbauflächen und mehr Getreide zur Verfügung. Die Verfügbarkeit des Landes für den Anbau von Nahrungsgetreide könnte zur Folge haben, daß die Menschen massenweise aus den städtischen Elendsvierteln in die ländlichen Gebiete zurückkehren, in denen sie ursprünglich beheimatet waren. Dort könnten sie wie vordem Ackerbau für den Eigenbedarf betreiben und ihre Familien unmittelbar von den Früchten der Erde ernähren.

Natürlich wird man Druck auf die herrschenden Kreise der Entwicklungsländer ausüben müssen, damit eine Neuverteilung des Landes stattfindet, die es der Landbevölkerung ermöglicht, ihren Unterhalt zu sichern. Mit der Verfügbarkeit von Land und Getreide wird es den Kindern der Armen vergönnt sein heranzuwachsen, ohne den

Infektionen und parasitären Erkrankungen zum Opfer zu fallen, von denen sie heute in hohem Maße heimgesucht sind. Sie werden die Chance haben, in körperlicher und geistiger Gesundheit die Fülle des menschlichen Lebens auszuschöpfen.

Die Überwindung der Rinderkultur ist ein revolutionärer Akt, ein Zeichen unserer Bereitschaft, uns in ganzheitlichem Sinne zu verändern. Die Wiederherstellung der Natur, die Neugestaltung unserer Beziehung zur Spezies Rind auf einer ideellen und geistigen Grundlage sowie unsere eigene Veränderung sind untrennbar miteinander verbunden. Es sind dies die wesentlichen Bestandteile eines neuen postmodernen Empfindens, die Vorboten eines neuen, erdorientierten Bewußtseins. Die Auflösung des modernen Rinderkomplexes und der Verzicht der Menschen auf den Konsum von Rindfleisch kündet ein neues Kapitel in der Entfaltung des menschlichen Bewußtseins an. Mit dem Kampf gegen den »Weltstier« drückt eine neue Menschengeneration ihre Achtung vor der Biosphäre und ihre Empfänglichkeit für die Not der Armen aus. Der Verzicht auf den Verzehr von Rindfleisch ist ein großer Schritt zu einem neuen Kollektivbewußtsein, das sich ausbreitet im Geiste einer auf Gegenseitigkeit beruhenden Partnerschaft mit der Spezies Rind und, darüber hinaus, mit all den anderen fühlenden Geschöpfen, mit denen wir die Erde teilen.

Nachwort

Die schönste Kuh der Welt war eine Freundin von Buster Keaton. Im tragikomischen Heldenepos *Go West* hatte der Stummfilmstar sein Debut als Cowboy. Ein weibliches Rindvieh rettete den ungeschickt hantierenden Buster vor dem Stier – er »ihr« dafür das Leben: Im gloriosen Finale des Films befreite er Hunderte von Kühen aus dem Transport zu den Schlachthöfen von Chicago, um diese eine, seine Kuh zu retten. Er bekam sie dann auch – statt der hübschen Tochter seines Chefs. Ein echt amerikanisches Happy End.

Go west, der amerikanische Traum von Freiheit und Abenteuer, ist untrennbar mit dem Rindvieh verbunden: blökende Viehherden als Streitgegenstand unzähliger Western, ein saftiges T-Bone-Steak, das über den Tellerrand hängt, als Symbol satten Wohlstands, die Imbißkette McDonald's als weltumspannender Kulturträger.

In Deutschland steht Rindfleisch eher für Schonkost und Enthaltsamkeit. Die staubigen Herden dämmern brav in abgedunkelten Ställen, die wenigen freien Exemplare tummeln sich, lila eingefärbt, auf den satten Weiden der Reklameflächen. Milch gilt als gesund, aber bitte nur in keimfreiem Zustand und am besten »light«, um den Cholesterinspiegel nicht zu gefährden. Der Deutsche hat nicht die sinnliche Beziehung zum Rindvieh, wie sie selbst bei Jeremy Rifkins Philippika wider die Kuh immer wieder durchscheint. Wir sind die Nation der Schweine-Vertilger: Die knusprige Haxe neben der schaumgekrönten Maß prägt unser Bild auf Fremdenverkehrsprospekten und in Sprachlehrbüchern, Blutwurst, Bockwurst, Saumagen – wir sind *the krauts*, die beliebte Beilage zum Borstenvieh.

63 Kilogramm Fleisch verzehrte der statistische deutsche Durch-

schnittsbürger im Jahr 1993, fast zwei Drittel, 40 Kilogramm, vom Schwein (7,5 kg stammten vom Federvieh, nur 1,5 kg von Schaf, Ziegen, Kaninchen und Wild). Mit 13 Kilo pro Kopf waren Rind- oder Kalbfleisch weit weniger beliebt.

Der Weg vom Sonntagsbraten zum täglichen Schnitzel war während der Aufschwungjahre durch die Massentierhaltung und entsprechende Preissenkungen unterstützt worden. 1950 mußte ein durchschnittlicher Industriearbeiter noch dreieinhalb Stunden für ein Kilo Schweinernes arbeiten, heute genügt dazu der Lohn von 45 Minuten. Der Höhepunkt der Fleischeslust war 1988 erreicht: Damals aßen die Deutschen 69,7 Kilo im Jahr. Aber seither geht der Konsum deutlich zurück: Steigendes Gesundheitsbewußtsein und sinkende Reallöhne bescherten dem Metzgergewerbe ein nur »durchwachsenes« Geschäft, wie der Präsident des Deutschen Fleischer-Verbandes (DFV) kummervoll auf der Internationalen Handwerksmesse in München feststellte. Nach neuesten Schätzungen des Ernährungsministeriums könnte sich der Fleischverbrauch demnächst wieder leicht erhöhen, aber das »rote Gewerbe« glaubt nicht wirklich an eine Trendwende. Denn die Anzahl der Schlachtungen sinkt weiter: Im Juli 1993 waren 411.800 Tonnen Fleisch ein Rückgang um 6,2 % gegenüber dem Vergleichsmonat im Vorjahr. Auf das Rind- und Kalbfleisch entfielen 118.100 Tonnen (-7,8 %), auf das Schwein 292.000 Tonnen (+0,7 %), auf Ziegen und Pferde 1.700 Tonnen (-9,1 %).

Der Konsument ißt nicht nur weniger als früher – der tägliche Kalorienverbrauch ging in den letzten Jahren von 3.000 auf 2.500 zurück –, er ißt auch bewußter. Die industrialisierte Tierproduktion, die das teure Festtagsmahl erst zum erschwinglichen Alltagsessen machte, schreckt inzwischen immer mehr Käufer ab. Hormone, Antibiotika und andere Medikamente im Fleisch, Ställe, die aus den Tieren lebendige Produktionsmaschinen in aseptischer Umgebung machen, ihre brutale Behandlung auf Transporten und dem Fließband der Schlachthäuser – das Bild der zufrieden grasenden Muhkuh auf der Alm oder Weide hat sich gründlich gewandelt.

Moderne Hochleistungskühe werden mit Spritzen zu unnatürlicher Fruchtbarkeit gebracht; ihr Geschlechtsleben überwachen und lenken Wissenschaftler in Embryo-Transfer-Stationen. Mit bis zu drei Spülungen und Verpflanzungen pro Jahr können Züchter den Nachwuchs einer Kuh verzwanzigfachen. 600 bis 1.000 Mark bringt ein biotechnischer erzeugter Super-Keimling, der, gut gespült und tiefgefroren, durch die ganze Welt verschickt wird. Und seit Klonen, die gezielte Verdoppelung eines Tieres im Keimlingstadium, in der Zucht immer häufiger praktiziert wird, kann die Tierproduktion noch erfolgreicher rationalisiert werden. Kennt man z.B. das Geschlecht, wofür eines der duplizierten Embryos geopfert werden muß, können Milchkuh-Züchter ausschließlich weibliche Tiere verpflanzen und austragen lassen.

Auf fünf Millionen Milchkühe kommen in der Bundesrepublik nur etwa 3.800 Besamungsbullen – die genetische Vielfalt ist dem Hochleistungsstreß schon zum Opfer gefallen. Die meisten der handverlesenen Zuchttiere gehören zu den schwarzbunten Kühen. Zusammen mit den Rotbunten, dem Fleck- und Braunvieh stellen sie 96 Prozent. 22 andere Rassen, die früher in Deutschland heimisch waren, sind langfristig vom Aussterben bedroht.

Die immer stärkere Verbreitung des Erbguts von immer weniger Tieren hat die Produktivität der Milchwirtschaft erheblich gesteigert: Zwischen 1950 und 1990 hat sich die durchschnittliche jährliche Milchleistung von 3.800 auf über 5.600 Liter pro Kuh erhöht. Aber der Preis dafür ist hoch. Anita Edel, kritische Tiermedizinerin, über die Konsequenzen dieser Inzucht: »Klauenschäden sind eine direkte Folge der Hochleistungszucht. Eutererkrankungen haben sich seit 1950 mehr als verfünffacht. Am häufigsten werden Kühe jedoch wegen Furchtbarkeitsstörungen geschlachtet. Obwohl Kühe für gewöhnlich nach dem fünften bis siebten Kalb ihre maximale Milchleistungen erreichen, bekommen sie im Durchschnitt nur noch zwei bis drei Kälber.«

Das Traumziel der Manipulateure sind transgene Tiere – Rinder, denen fremde Gene künstlich hinzugefügt wurden, um sie zu höherer Milchleistung, mehr Fettansatz oder zur Produktion von tierischen Substanzen für Medikamente anzuregen. Ein erster Schritt der gentechnischen Manipulation ist das »bovine somatotropin« (BST), ein Wachstumshormon, das 1993 als erste gentechnische Substanz zur Erhöhung tierischer Produktivität von der amerikanischen Gesundheitsbehörde FDA zugelassen wurde. Damit behandelte Kühe geben zwar zehn bis zwanzig Prozent mehr Milch, ihre Lebenserwartung verringert sich aber auch durch den körperlichen Streß auf weniger als fünf Jahre. Außerdem zeigen Untersuchungen aus den USA, daß über die Hälfte der BST-Kühe unter chronischen Euterentzündungen leiden. Sie werden mit Antibiotika behandelt, dessen Rückstände in der Milch landen.

Ob das Hormon für den Konsumenten schädlich sein kann, wird von vielen nationalen Gesundheitsbehörden bisher verneint, sichere Erkenntnisse darüber liegen aber nicht vor. Zumindest allergische Reaktionen auf die antibiotikabelastete Milch sind bekanntgeworden. In Europa hat die EU-Kommission Verkauf und Anwendung des BST bis zum Jahr 2000 ausgeschlossen – weniger aus Sorge um die Gesundheit, sondern aus Angst vor einem Strukturwandel. Man fürchtet, daß viele Kleinbauern vom Markt verdrängt werden und der Konsum von BST-belasteten Rindfleisch- und Milchprodukten gleichzeitig zurückgehen würde. Deutschland importiert aber Rindfleisch aus Ländern, wo es eingesetzt wird, z.B. aus Brasilien.

Die Strategie der Einführung des Wunderhormons ist ausgeklügelt: Die Firma Monsanto Co, die in zwölf Jahren an die 500 Millionen Dollar in die Entwicklung gesteckt hat, darf das BST seit Ende 1993 in den USA produzieren, dort aber bis Mitte 1995 nicht verkaufen. Während dieses Zeitraums soll die Reaktion der amerikanischen Verbraucher und Bauern auf das Hormon getestet werden. Im Klartext bedeutet das: Der Staat schiebt die Verantwortung auf den »Markt« ab, während die BST-Hersteller mit gigantischem PR-Aufwand versuchen, die kritischen Farmer von ihrem Produkt zu überzeugen. Die Landwirte und ihre Verbände hatten sich vor allem deshalb gegen die Substanz gewehrt, weil sie weitere Überproduktion und ein Sinken der Preise befürchteten.

Milch- und Butterberge – auch die europäische Landwirtschaft kämpft mit gigantischen Überschüssen, vor allem an Rindfleisch. 1993 lagerten eine Million Tonnen des roten Fleisches in den Kühlhäusern und kosteten die Steuerzahler rund sieben Milliarden Mark. Um diese enormen Überschüsse abzubauen, will die Europäische Union möglichst viele Rinder in Drittländer verkaufen. Weil europäisches Vieh nicht mit den Weltmarkt-Preisen konkurrieren kann, wird der Handel bezuschußt.

Die Folgen sind verheerend: Mit ihren Dumpingpreisen bedrohen die Europäer Viehzüchter und Farmer vor allem in Afrika. In Westafrika und der Sahelzone werden Tausende von Tonnen tiefgefrorenen Fleisches für weniger als die Hälfte des Preises angeboten, die das Rind auf dem heimischen Markt kosten würde.

Dabei dreht sich das Subventionskarussel in gegenläufige Richtungen: Während die EG Hunderte Millionen Dollar nach Westafrika pumpte, um dort eine eigene Viehzucht aufzubauen, hat sie während der letzten zehn Jahren aber auch mehr als 400 Millionen Dollar aufgewendet, um den Export ihres eigenen Rindfleischs in diese Region zu stützen. Die afrikanische Produktion von Rindfleisch wurde also gleichzeitig gefördert und unterboten. Seit den 70er Jahren haben sich die EG-Exporte in die Sahelzone versiebenfacht. Die Folge: Während der Rindermarkt Westafrikas lange seinen eigenen Ansprüchen genügte, haben seit Mitte der 80er Jahre die importierenden Länder wie Ghana, Nigeria, Togo oder Benin immer mehr die billigere EG-Importe dem Angebot der afrikanischen Lieferanten aus Mali, Niger und Burkina Faso vorgezogen. Die Elfenbeinküste z.B. importiert etwa ein Drittel ihres Bedarfs aus nichtafrikanischen Staaten, davon 99 Prozent aus der EG.

Die Preise auf den heimischen Märkten sind auf ein Drittel des ursprünglichen Wertes gefallen: von 400 bis 600 US-Dollar pro Tier vor etwa zehn Jahren auf 100 bis 200 Dollar. Das reicht kaum aus, um einen Nomadenhirten und seine Familie zu ernähren.

In der Dürrezone des Sahel müssen sich Millionen Menschen auf das Vieh als einzige Erwerbsquelle verlassen, weil sie bei den herrschenden klimatischen Bedingungen kein Getreide anbauen können. Viele Hirten legen weite Strecken zu den Märkten zurück, ohne ein einziges Tier verkaufen zu können. Eine einzige Notlage, wie eine Krankheit in der Familie, die die Bauern zwingt, Vieh zu besonders niedrigen Preisen abzugeben, kann ihre Existenz ruinieren. Der Ersatz lebender Rinder durch tiefgefrorenes Fleisch ist in den heißen afrikanischen Ländern zudem problematisch. Das Fleisch muß kühl gelagert werden, oft wird es, wenn es sich auf den Märkten nicht verkaufen läßt, mehrfach wieder eingefroren.

Der ökonomische Wahnsinn ist immer auch ein ökologischer: Die

Europäische Union holt rund eine halbe Million Tonnen Futtermittel allein aus Westafrika, um ihre Überschußrinder hochzupäppeln. Teure Energie wird verschwendet, um Soja, Nüsse und Palmkerne bis nach Europa zu bringen – 64 Prozent der Futtermittel-Importe der EG stammten 1991 aus Entwicklungsländern. Ein weiterer zynischer Aspekt des menschenverachtenden Dreieckshandels zwischen Europa und der Dritten Welt: Unterernährte Kinder brasilianischer Kleinbauernfamilien, die in die Slums getrieben wurden, um Platz für die Monokulturen zu schaffen, werden mit Milchpulver aus EG-Beständen aufgepäppelt.

Der Protest von Entwicklungshilfe-Organisationen und Umweltschützern hat 1993 dazu geführt, daß die Kommission der Europäischen Union die Exportzuschüsse für Rindfleisch um 15 Prozent kürzte und die Ausfuhr um fünf Prozent drosselte. Aber weitere Einschränkungen, meint der Landwirtschaftskommissar der EU, René Streichen, seien unmöglich, da die Rindfleisch-Preise sonst steigen und die europäischen Verbraucher protestieren würden. Auch Bundeslandwirtschaftsminister Jochen Borchert erklärt zu der Frage nach Auswegen aus der Überproduktion: »Der Rindfleischmarkt ist einer der schwierigsten Märkte – national und international. Ihn zu steuern, ist außerordentlich schwierig.« Keiner der Experten sieht einen Ausweg aus der Dumping-Wirtschaft: Entweder die EU versenkt ihre Überschüsse in der See oder sie verkauft sie. Das landwirtschaftliche System ist völlig außer Kontrolle geraten.

Wo immer es geht, bevorzugen die Europäer den Export von lebenden Tieren. Niedriger sind die Kosten dafür nicht, der kostspieligere Transport gefrorenen Fleisches wird durch größere Umfänge aufgewogen. Aber die Tierhändler haben eine starke Lobby. Sie wollen ihren Anteil am Subventionskuchen nicht den Fleischgroßhändlern überlassen. 1993 gab es pro hundert Kilo lebendes Rind, das nach Nordafrika oder in die Nahost-Länder ausgeführt wurde, an die 240 Mark. Für dieselbe Menge exportierten Fleisches lag der Preis etwa 15 Mark niedriger. Also werden die Tiere und nicht die Schnitzel in die engen Verschläge der rollenden Transporter oder der Ladedecks der Schiffe gepfercht, in sengender Hitze, ohne Licht, Futter und Wasser. Drei Millionen Rinder und dreimal soviele Schweine wurden 1992 innerhalb des Binnenmarktes verfrachtet. Eine Million lebende Rinder gingen in den Nahen und Mittleren Osten oder nach Nordafrika. Allein für 6.000 Rinder nach Libyen gelieferte Tiere, die dort nach strengem religiösen Ritus geschlachtet wurden, erhielten deutsche Viehhändler über sechzig Millionen Mark zusätzlich aus der EG-Kasse.

Zur irrwitzigen Logik des Subventions- und Preiskarussels gehört jedoch auch, daß Deutschland lebende Rinder und ihre Produkte nicht nur exportiert, sondern trotz seiner Überschüsse weiter einführt. 1992 wurden 38.000 Tonnen Nutz- und Zuchttiere importiert (Export: 47.600 t) und 5.200 t Schlachttiere (Export: 84.900 t). Fleisch oder Fleischprodukte kamen zum größten Teil aus der EG: Von insgesamt 478.800 Tonnen Importen entfielen auf den Binnenmarkt 314.600 Tonnen (Export: 328.100 von insgesamt 669.600 t). Das Fleisch kommt aber auch aus weit entfernten Ländern wie Argentinien (1993: 24.956 t), Uruguay (2.913 t), Botswana (2.078 t), Namibia (2.419 t) oder Zimbabwe (1.183 t). Auch wir können uns also nicht ganz aus der Verantwortung ziehen, wenn es um das Abholzen des Regenwalds für Weideflächen geht. Könnte man die ökologischen Folgekosten bei der Produktion von Gütern in Rechnung stellen, errechnete Alan Thein Durning vom Worldwatch Institute, wäre das auf abgeholztem Regenwaldterritorium gezüchtete Fleisch absoluter Luxus: Ein solcher Rindfleisch-Hamburger würde 200 Dollar kosten.

Eines der traurigsten Kapitel in unserer »Kulturgeschichte« des Fleisches ist der Umgang mit den Tieren auf den weiten Strecken, die sie zurücklegen. Jährlich werden etwa 250 Millionen Schlachttiere auf möderischen Viehtransporten durch Europa gefahren. Ein bis zwei Prozent der Rinder verenden, von den besonders streßanfälligen Schweinen jedes zehnte. Vorfälle, wie dieser, über den die *Zeit* berichtete, sind kein Einzelfall, sondern an der Tagesordnung: Ein Lastwagen aus Mecklenburg, der 27 Bullen geladen hatte, kam in Triest mit vier toten Tieren an, drei weitere mußten notgeschlachtet werden. Sie hatten über 72 Stunden kein Wasser zu trinken bekommen. Ein Tierarzt, der sich anschließend bei der Speditionsfirma nach eventuellen Verlusten erkundigte, erhielt dagegen die Auskunft: Von 10.000 transportierten Tieren sterbe nur eines. Oft werden den Tieren Psychopharmaka verabreicht, damit sie die Rampen der Schlachthöfe noch lebend erreichen. Die vorgeschriebene Wartezeit bis zur Tötung, beschrieb 1993 der Ernährungsbericht der Bundesregierung, kann so nicht eingehalten werden. Die Pharmaka bleiben im Fleisch.

Die brutalen Praktiken des internationalen Tierverschubs waren immer wieder Gegenstand politischer Debatten, ohne daß die Mißstände wirklich behoben wurden. Schlachtviehexporte seien »vom Staat genehmigte Tierquälerei aus reinen Profitinteressen«, kritisierte im Herbst 1993 z.B. der Vorsitzende der Gewerkschaft Nahrung, Genuß, Gaststätten, Franz-Josef Möllenberg. Er forderte die Bundesregierung auf, in einem nationalen Alleingang Schlachtviehtransporte in andere Länder zu verhindern. Lebendvieh sollte nur noch in solche Länder erlaubt werden, in denen aus religiösen Gründen geschächtet würde. Innerhalb Deutschlands, so der Gewerkschaftsvorsitzende, solle Schlachtvieh generell zum nächstgelegenen Schlachthof transportiert werden und keinesfalls länger als acht Stunden unterwegs sein.

Seit Jahren können sich die EG-Mitgliedsländer auf keine gemeinsame Linie einigen. Richtlinien der 70er Jahre schrieben vor, daß die transportierten Tiere genügend Platz auf den Ladeflächen haben und bei Abfahrt und Ankunft von amtlichen Tierärzten kontrolliert werden müssen. Viele der nationalen Behörden schienen sich jedoch nicht besonders anzustrengen, diesen Anforderungen zu genügen. Deutschland, Dänemark, Großbritannien und die Niederlande kämpften erfolglos für härtere Bestimmungen. Frankreich, Italien und Spanien wollen es bei einer gesetzlichen Rahmenrichtlinie belassen, die jedes Land nach eigenen Vorstellungen ausfüllen kann.

Seit dem EG-Gipfel in Edinburgh im Dezember 1992 gilt das Subsidiaritätsprinzip: Statt sich auf eine gemeinsame Vorschrift einigen zu müssen, sollen die Länder einfach ihre nationalen Bestimmungen gegenseitig anerkennen. Das verhilft den harten Gesetzen des freien Wettbewerbs zum endgültigen Durchbruch: Die miesesten Transportbedingungen werden die billigsten sein und sich auf dem Markt durchsetzen. Bundesernährungsminister Jochen Borchert, der die Transportbedingungen notfalls auch im Alleingang verschärfen will, muß dann befürchten, Ärger aus Brüssel zu bekommen. Eine Klage vor dem Europäischen Gerichtshof wäre ihm sicher.

Die skandalösen Praktiken beim Fleischtransport sind auch die Hauptursache für die in Wellen wiederkehrenden »Fleisch-Skandale«. 80 Prozent der untersuchten Fleischproben, so fand 1993 die Hamburger Verbraucherzentrale heraus, hätten »die Kasse nicht passieren dürfen«. Viele der 244 Fleischproben, die die Konsumentenschützer in acht Großstädten in Kaufhäusern und Supermärkten eingesammelt hatten, waren laut Untersuchungsbericht »verdorben und ekelerregend«, mit Fäkalbakterien und anderen Kleinstlebewesen verseucht. Und das, obwohl bei drei Vierteln der gesetzeswidrigen Fleischpackungen das Mindesthaltbarkeitsdatum noch längst nicht abgelaufen war.

Die Todesangst, die den Tieren während der Transporte in den Knochen sitzt, hinterläßt auch im Fleisch ihre Spuren. Durch die Ausschüttung von Streßhormonen übersäuert das Muskelgewebe. Das Fleisch kann nach der Schlachtung nicht ordentlich ausreifen und wird deshalb rascher schlecht. Wenn es aus dem Schlachthaus kommt, sollte es zudem erst dann verladen werden, wenn es auf sieben Grad abgekühlt wurde. In der Praxis jedoch wird dieser Wert nicht eingehalten. Kühlschleusen, die die richtige Temperatur zwischen Schlachthoftor und Lieferanten sicherstellen sollen, stehen bis heute lediglich auf der Wunschliste der Fleischhygieniker. Also landen oft noch warme Tierteile in den klimatisierten Fleischtransportern und verwandeln diese in rollende Brutkästen, in denen sich Bakterien explosionsartig vermehren. Im März 1993 stoppte die Düsseldorfer Polizei einen Lastwagen, dessen Fleischladung eine Kerntemperatur von 25 Grad Celsius aufwies.

Die Schlachthöfe selber haben auch keinen besseren Ruf. Im Herbst 1993 stellten EG-Kontrolleure in drei von vier untersuchten Unternehmen schwere Mängel fest, von denen Gesundheitsgefahren ausgingen. »Skandalöse Produktionsmethoden« prangerte daraufhin der *Spiegel* an, von »schmierigem und glitschigem Fleisch« war die Rede, von Ungeziefer, Kot-Verunreinigungen und unzulänglicher Kontrolle. Ein Experte des Bundesgesundheitsamtes bezeichnete die veterinärmedizinische Überwachung als »Komplott der Schmuggler und Täuscher«, ein Wiesbadener Kriminalbeamter sprach von »eindeutigen Spuren der organisierten Kriminalität«. Noch grundsätzlicher kritisiert Wolfgang Brandscheid, der Leiter der Bundesanstalt für Fleischforschung in Kulmbach, das Tötungsgewerbe: »Wir haben Schlachthöfe wie vor hundert Jahren. Hygiene ist dort überhaupt nicht zu machen.« Nur bei Temperaturen von drei bis acht Grad Celsius und konstantem Überdruck gelten die Anlagen als halbwegs bakteriensicher. Aber die meisten Betriebe haben nicht mal eine Klimaanlage. Und dank der Fließbandproduktion werden auch kleinste Mengen potentieller Krankheitserreger höchst effizient auf große Lieferungen verteilt.

Die hygienischen Risiken, so das Fazit des Präsidenten des Deutschen Fleischerverbandes, Albert Pröller, entstehen durch Arbeitsvorgänge, die mehrere hundert Kilometer voneinander getrennt und mit ungelernten Arbeitskräften an großen Produktionsstätten erfolgen. Hier hilft Überwachung: Verschärfte Transportkontrollen in Nordrhein-Westfalen konnten den Anteil der beanstandeten Fleischproben von 45 Prozent vor sechs Jahren auf acht Prozent 1993 senken.

Aber müssen die Tiere und ihr Fleisch denn so weit verschickt werden? Trotz der aufwendigen Subventionspolitik sind die Viehpreise auf dem europäischen Markt sehr unterschiedlich. Große Fleischwarenerzeuger importieren eher zu Billigpreisen aus dänischer oder holländischer Massenproduktion. Rinder beziehen sie von heimischen Bauern nur noch zu 67 Prozent. Die inländischen Viehzuchtbetriebe müssen deshalb ihrerseits mit lukrativen Angeboten ausländische Käufer anlocken, wenn sie überleben wollen.

Nur wenige Industrielle stellen sich um wie etwa der ehemalige Wurstfabrikant Karl Ludwig Schweisfurth. Er verkaufte seinen Herta-Konzern an Nestlé und betreibt jetzt in der Nähe von München eine ökologische Schweinezucht. Gesunde, unvergiftete Tiere sind noch eine Rarität auf dem Fleischmarkt, doch die Kundschaft honoriert immer mehr die Rückkehr zu kleineren, übersichtlichen Produktionseinheiten. Nach den Schlachthofskandalen und Berichten über das Infektionsrisiko des »Rinderwahnsinns« erhöhte sich z.B. in Norddeutschland die Zahl der Kunden um 20 Prozent. Von den insgesamt 26.900 Fleischfachgeschäften in Deutschland kaufen über 10.000 ihre Tiere direkt vom Bauern. Immer populärer werden auch Erzeugergemeinschaften, bei denen Herkunft, Aufzucht und Verarbeitung der

Jungtiere kontrolliert werden. Ein vorgeschriebenes einheitliches Fütterprogramm verzichtet auf Wachstumsförderer, Medikamente und Antibiotika, ein unabhängiges Institut nimmt regelmäßige Fleischproben. Der gute wirtschaftliche Erfolg macht solche Genossenschaften für immer mehr Landwirte attraktiv.

Fleisch als industriell erzeugtes Nahrungsmittel ist nicht nur ungesund, als Massenware hat es keine Zukunft. Es zerstört, wie Jeremy Rifkin in seinem Rinder-Report beschreibt, die Umwelt, braucht wertvolle Ressourcen auf und vergrößert soziale Ungleichheit und Hunger in der Welt. Kein Wunder, daß die Anzahl der Fleischskeptiker wächst: 15,5 Prozent aller West- und 9,4 Prozent der Ostdeutschen befürworten bereits vegetarische Ernährung. Aber Vorsicht! Ausbeutung, Monokulturen und genetische Verarmung betreffen auch die Pflanzen. Vegetarische Ernährung allein schützt deshalb nicht vor Ungerechtigkeiten in der Welt. Aber sie zeugt von bewußtem Handeln. Und das brauchen wir dringend.

Literatur

ADAMS, Carol J., *The Sexual Politics of Meat*, New York, 1990

AKERS, Richard, Report Urges Greenhouse Action Now, in: *Science*, Juli 1988

AMERICAN HEART ASSOCIATION, *1991 Heart and Stroke Facts*, Dallas, Texas, 1991

BACON, Francis, *Weisheit der Alten*, Frankfurt/M., 1990

BACO(N), Franz (= Francis), *Neues Organon*, Leipzig, 1870

BAKER, Russell, Red Meat Decadence, in: *New York Times*, 3. April 1973, 43

BALAGURA, Saul, *Hunger: A Biopsychological Analysis*, New York, 1973

BARLOY, J. J., *Man and Animals*, London, 1974

BARRETT, James R., *Work and Community in the Jungle: Chicago's Packinghouse Workers*, Urbana, 1987

BARRY, Tom, *Roots of Rebellion*, Boston, 1987

BARTHES, Roland, *Mythen des Alltags*, Frankfurt/M., 1979a

BARTHES, Roland, Towards a Psychosociology of Contemporary Food, in: Robert Forster und Orest Ranum (Hrsg.), *Food and Drink in History*, Baltimore, 1979b

BOAS, Max und Steve CHAIN, *Big Mac: The Unauthorized Story of McDonald's*, New York, 1976

BOLTON, Herbert E., *Fray Juan Crespi: Missionary Explorer on the Pacific Coast, 1769-1774*, Berkeley, 1927

BOLTON, Herbert E., *The Padre on Horseback*, San Francisco, 1932

BOORSTIN, Daniel J., *The Americans: The Democratic Experience*, New York, 1974

BOURDIEU, Pierre, *Die feinen Unterschiede. Kritik der gesellschaftlichen Urteilskraft*, Frankfurt/M., 1982

BRAUDEL, Fernand, *Sozialgeschichte des 15. bis 18. Jahrhunderts. Der Alltag*, München, 1985

BRODY, Jane E., Huge Study of Diet Indicts Fat and Meat, in: *New York Times*, 8. Mai 1990

BROWN, Lester, et al., *State of the World 1989*, Worldwatch Institute, New York, 1989

BROWN, Lester, et al., *State of the World 1990.* Washington, D.C.: Worldwatch Institute, New York, 1990

BURKERT, Walter, *Homo Necans. Interpretationen altgriechischer Opferriten und Mythen*, Berlin/New York, 1972

BUSCHBACHER, Robert J., Tropical Deforestation and Pasture Development, in: *Bioscience*, 36, Januar 1986

CAMPBELL, Joseph, *The Masks of God: Primitive Mythology,* Bd. 1, New York, 1978

CAULFIELD, Catherine, The Rainforests, in: *New Yorker*, 14. Januar 1985

COATS, C. David, *Old MacDonald's Factory Farm*, New York, 1989

COMMONS, John R. (Hrsg.), Labor Conditions in Slaughtering and Meat Packings, in: *Trade Unionism and Labor Problems*, Boston, 1905

CONDORCET, *Entwurf einer historischen Darstellung der Fortschritte des menschlichen Geistes*, Frankfurt/M., 1963

CONRAD, Jack Randolph, *The Horn and the Sword*, Westport, Conn., 1973

CONSIDINE, Douglas M. und Glenn D. CONSIDINE (Hrsg.), *Foods and Food Production Encyclopedia*, New York, 1982

COOPER, Elmer L., *Agriscience, Fundamentals and Applications*, Albany, 1990

CORBIN, Alain, *Pesthauch und Blütenduft. Eine Geschichte des Geruchs*, Frankfurt/M., 1988

CORSON, Walter H. (Hrsg.), *The Global Ecology Handbook*, Boston, 1990

CROSBY, Alfred W., *Die Früchte des weißen Mannes. Ökologischer Imperialismus 900-1900,* Frankfurt/M., 1991

CUMMINGS, Richard Osborn, *The American and his Food*, Chicago, 1940

DARWIN, Charles, *The Voyage of the Beagle*, Garden City, New York, 1962

DARY, David, *Cowboy Culture*, New York, 1981

DENSLOW, Julie und Christine PADOCH, *People of the Tropical Rain Forest*, Berkeley, 1988

DEWALT, Billie, R., The Cattle Are Eating The Forest, in: *Bulletin of the Atomic Scientists*, Januar 1983

DICKSON, James, On the Application of the Points by Which Livestock Are Judged, in: *Quarterly Review of Agriculture*, 6, 1835/36

DOBASH, Emerson R. und Russell DOBASH, *Violence Against Wives: A Case Against the Patriarchy*, New York, 1979

DOBIE, J. Frank, *The Longhorns*, New York, 1941

DOYLE, Jack, *Altered Harvest*, New York, 1985

DURNING, Alan B., Cost of Beef for Health and Habitat, in: *Los Angeles Times*, 21. September 1986, V3

EHRLICH, Paul R. et al., *Ecoscience: Population, Resources, Environment*, San Francisco, 1977

EHRLICH, Paul R. und Anne H. EHRLICH, *The Population Explosion,* New York, 1990

ENSMINGER, M. E., *Animal Science*, Danville, Ill., 1991

EWEN, Stuart, *All Consuming Images: The Politics of Style in Contemporary Culture*, New York, 1988

FERGUSON, Denzel und Nancy FERGUSON, *Sacred Cows at the Public Trough*, Bend, Ore., 1983

FINKELSTEIN, Joanne, *Dining Out*, New York, 1989

FISHWICK, Marshall (Hrsg.), *Ronald Revisited: The World of Ronald McDonald*, Bowling Green, Ohio, 1983

FOOD AND AGRICULTURE ORGANIZATION OF THE UNITED NATIONS, *Report on Natural Resources for Food and Agriculture in the Asia and Pacific Region.* FAO Environment and Energy Paper 7, Rom, 1986

FOOD AND AGRICULTURE ORGANIZATION OF THE UNITED NATIONS, *Trade, Commerce, Commercio,* Bd. 43, Rom, 1989

FOOD AND AGRICULTURE ORGANIZATION OF THE UNITED NATIONS, *Production, Producción, 1989 Yearbook*, Bd. 43, Rom, 1990

FOX, Michael und Nancy WISWALL, *The Hidden Costs of Beef*, Washington, D.C., 1989

FRADKIN, Philip L., The Eating of the West, in: *Audubon* 81, Januar 1979

FREE OUR PUBLIC LANDS, *Public Lands Ranching Statistics,* Tucson, Ariz., 1989

FREEDMAN, Rita, *Die Opfer der Venus. Vom Zwang, schön zu sein*, Zürich, 1989

FRINK, Maurice et al., *When Grass Was King*, Boulder, 1956

GENERAL ACCOUNTING OFFICE, *Federal Charges for Irrigation Projets Reviewed Do Not Cover Costs*, Report to the Congress of the United States by the Comptroller General, PAD-81-97, 3. März 1981

GENERAL ACCOUNTING OFFICE, *Groundwater Overdrafting Must Be Controlled*, Report to the Congress of the United States by the Comptroller General, CED-80-96, 12. September 1980

GIBBS, Michael und Kathleen HOGAN, Methane, in: *EPA Journal*, März/April 1990

GIEDION, Sigfried, *Die Herrschaft der Mechanisierung*, Frankfurt/M., 1982

GIMBUTAS, Marija, Old Europe, 7000-3300 BC: The Earliest European Civilization Before the Infiltration of the Indo-European Peoples, in: *Journal of Indo-European Studies* 1, Frühjahr 1973

GIMBUTAS, Marija, The First Wave of Eurasian Steppe Pastoralists into Copper Age Europe in: *Journal of Indo-European Studies* 5, Winter 1977

GLANTZ, Michael H. (Hrsg.), *Desertification*, Boulder, Col., 1977

GOODENOUGH, Ward, The Evolution of Pastoralism and Indo-European Origins, in: George Cardona et al. (Hrsg.), *Indo-European and Indo-Europeans*, Philadelphia, 1970
GOODY, Jack, *Cooking, Cuisine, and Class*, Cambridge, 1982
GOVERNEMENT ACCOUNTABILITY PROJECT. Summary of 1990 Whistleblowing Disclosures on USDA's Proposed Streamlined Inspection System-Cattle, Washington, D.C., 1990
GROSSMAN, James R., *A Dream Deferred: Black Migration to Chicago, 1916-1921*, Ph.D.Diss., Berkeley, 1982
GROVER, Kathryn (Hrsg.), *Dining in America, 1850-1900*, Amherst, 1987
GRUNEWALD, Carol (Hrsg.), *Animal Activist Alert* 8:3, Washington, D.C., 1990
HACKETT, Charles (Hrsg.), *Historical Documents Relating to New Mexico, Nueva Vizcaya, and Approaches Thereto, to 1773*, Bd. 1, Washington, D.C., 1923
HARRIS, Marvin, *Cows, Pigs, Wars and Witches*, New York, 1974
HARRIS, Marvin, *The Sacred Cow and the Abominable Pig*, New York, 1987
HARRIS, Marvin, The Revolutionary Hamburger, in: *Psychology Today*, Oktober 1983
HARRIS, Marvin und Eric B. ROSS, How Beef Became King, in: *Psychology Today*, Oktober 1987
HARRIS, Marvin and Eric B. ROSS, *Food and Evolution*, Philadelphia, 1987
HEGEL, Georg W. F., *Grundlinien der Philosophie des Rechts*, Frankfurt/M., 1970
HINDHEDE, M., The Effect of Food Restriction During War on Morality in Copenhagen, in: *Journal of the American Medical Association*, 7. Februar 1920
HINMAN, Robert B. et al., *The Story of Meat*, Chicago, 1939
HOOKER, Richard J., *Food and Drink in America*, Indianapolis, 1981
HOWE, Geoffrey et al., A Cohort Study of Fat Intake and the Risk of Breast Cancer, in: *Journal of National Cancer Institute* 85:5, März 1991
HUGHES, Pennethorne, *Witchcraft*, London, 1952
ISAAC, Erich, On the Domestication of Cattle, in: *Science* (137), 20. Juli 1962
JACKSON, Kenneth T., *Crabgrass Frontier*, New York, 1985
JACOBS, Lynn, Amazing Graze: How the Livestock Industry is Ruining the American West, in: *Desertification Control Bulletin* Nr. 17, Nairobi, Kenya: United Nations Environmental Program, 1988
JACOBSON, Jodi, *Environmental Refugees: A Yardstick of Habitability*, Worldwatch Paper Nr. 86, Washington, D.C.: Worldwatch Institute, 1988
JAEGER, Jill, Developing Policies for Responding to Climate Change (The Bellagio Report), in: *Beijer Institute's World Climate Programme – Impact Studies*, Stockholm, April 1988
JARVIS, Lovell S., *Livestock Development in Latin America*, Washington, D.C., 1986

KENNEY, Jeannine und Dick FALLERT, Livestock Hormones in the United States, in: *National Food Review*, Juli-September 1989, 21
KERR, Marion und Nicola CHARLES, Servers and providers: the distribution of food within the family, *The Sociological Review* 34:1, Februar 1986
KOHLS, Richard L. und Joseph N. UHL, *Marketing of Agricultural Products*, New York, 1990
KOLATA, Gina, Animal Fat Is Tied to Colon Cancer, in: *New York Times*, 13. Dezember 1990
KREBS, A. V., *Heading Towards the Last Roundup: The Big Three's Prime Cut*, Des Moines, 1990
KROC, Ray, *Grinding It Out: The Making of McDonald's*, Chicago, 1977
KUCHLER, Fred et al., Regulating Food Safety: The Case of Animal Growth Hormones, in: *National Food Review*, Juli-September 1989
LANCASTER, John, Public Land, Private Profit, in: *Washington Post*, 17. Februar 1991
LAPPÉ, Frances Moore, *Diet for a Small Planet*, New York, 1982 [Deutsche Übersetzung einer früheren Auflage unter dem Titel: *Die Öko-Diät*, Frankfurt/M., 1978]
LAPPÉ, Frances Moore und Joseph COLLINS, *Vom Mythos des Hungers*, Frankfurt/M., 1980
LAPPÉ, Frances Moore, *World Hunger: Twelve Myths*, New York, 1986
LEARY, Warren, Young Women Are Getting Fatter Study Finds, in: *New York Times*, 23. Februar 1989
LEEDS, Anthony und Andrew P. VAYDA, *Man, Culture and Animals*, Washington, D.C., 1965
LEWIS, Scott, *The Hamburger Connection Revisited: The Status of Tropical Deforestation in Central America and Southern Mexico*, San Francisco, 1991
LÉVI-STRAUSS, Claude, *Mythologica III. Der Ursprung der Tischsitten*, Frankfurt/M., 1973
LINCOLN, Bruce, *Priests, Warriors, and Cattle*, Berkeley, 1981
LINDEN, Eugene, Playing with Fire, in: *Time*, 18. September 1989
LOCKE, John, *Two Treaties of Government*, Hrsg. Peter Laslett, Cambridge, 1967
LONSDALE, Steven, *Animals and the Origins of Dance*, London, 1982
LUOMA, Jon R., Discouraging Words, in: *Audubon*, 88, September 1986
MALTHUS, Thomas Robert, *Eine Abhandlung über das Bevölkerungsgesetz*, Jena, 1924
MANN, Robert, Development and the Sahel Disaster: The Case at Gambia, in: *The Ecologist*, März/Juni 1987
MASON, Jim und Peter SINGER, *Animal Factories*, New York, 1990
MCHUGH, Tom, *The Time of the Buffalo*, New York, 1972

MEEK, Theophile, *Hebrew Origins*, New York, 1950
MEYERS, Norman, *The Primary Source*, New York, 1983
MEYN, Klaus, *Beef Production in East Africa*, München, 1970
MILAS, Seifulaziz, Desert Spread and Population Boom, in: *United Nations Environment Program, Desert Control Bulletin*, Dezember 1984
MILLER, G. Tyler, *Energetics, Kinetics and Life*, Belmont, Calif., 1971
MINTZER, Irvin, *A Matter of Degrees: The Potential for Controlling the Greenhouse Effect*, World Resources Institute Research Report Nr. 5, Washington, D.C.: World Resources Institute, 1987
MOFFAT, Anne Simon, China: A Living Lab For Epidemiology, in: *Science* 248, 4. Mai 1990
MTETWA, Jonathan, *Man and Cattle in Africa,* Fort Lauderdale, 1982
NASH, Roderick, *Wilderness and the American Mind*, New Haven, 1982
NATIONAL CANCER INSTITUTE, *Fact Book 1989*, Bethesda, Md., 1989
NATIONAL RESEARCH COUNCIL, Board on Agriculture, *Regulating Pesticides in Food*, Washington, D.C., 1987
NATIONAL RESEARCH COUNCIL, Board on Agriculture, *Alternative Agriculture*, Washington, D.C., 1989
NATIONS, James D., *Tropical Rainforests, Endangered Environment*, New York, 1988
NEVINS, Allan, *Ford: The Times, The Man, The Company*, New York, 1954
NYBERG, Bartell, ConAgra Exercising Option to Buy SIPCO, in: *Denver Post*, 25. Juli 1989
OFFICE OF TECHNOLOGY ASSESSMENT, U.S. CONGRESS, *Technologies to Sustain Tropical Forest Resources*, OTA-F-214, Washington, D.C., März 1984
OKIE, Susan, Health Crisis Confronts 1.3 Billion, in: *The Washington Post,* 25. September 1989
OREN, Laura, The Welfare of Women in Laboring Families: England 1860-1950, in: *Feminist Studies*, 1: 3-4, Winter/Frühjahr 1973
PAIN, Stephanie, Mad Cows and Ministers Lose Their Head, in: *New Scientist*, 11. August 1986
PARSONS, James J., The Scourge of Cows, in: *Whole Earth Review*, Frühjahr 1988
PARTRIDGE, Eric, *Origins: A Short Etymological Dictionary of Modern English*, New York, 1983
PEARCE, Fred, Methane: The Hidden Greenhouse Gas, in: *New Scientist*, 6. Mai 1990
PEARCE, Fred, Felled Trees Deal Double Blow to Global Warming, in: *New Scientist*, 16. September 1989

PIMENTEL, David, *Food, Energy, and the Future of Society*, Boulder, Colo., 1980
PIMENTEL, David, Waste in Agriculture and Food Sectors: Environmental and Social Costs, in: *Papier des Gross National Waste Produkt Forum*, Arlington, Virginia, 1989
PIMENTEL, David und Carl W. HALL, *Food and Natural Resources*, San Diego, 1989
PIMENTEL, David und Marcia PIMENTEL, *Food, Energy and Society*, New York, 1979
PIMENTEL, David et al., Energy and Land Constraints in Food Protein Production, in: *Science*, 190, 1975
PIZZEY, Erin, *Scream Quietly or the Neighbors Will Hear*, Harmondsworth, 1974
POSTEL, Sandra, *Water: Rethinking Management in an Age of Scarcity*, Washington, D.C., 1984
POWERS, Pauline S., *Obesity: The Regulation of Weight*, Baltimore, 1980
PUTNAM, Judith Jones, Food Consumption, in: *National Food Review* 13:3, 20. November 1990
RAMANTHAN, V. R., Trace Gas Trends and Their Potential Role in Climate Change, in: *Journal of Geophysical Research* 90, 1985, 5547-66
RAMIREZ, Nora E., *The Vaquero and Ranching in the Southwestern United States, 1600-1970*, Ph.D.Diss., Indiana, 1979
RANGLEY, W. R., *Irrigation and Drainage in the World*, Papier zur International Conference on Food and Water, College Station, 1985
READER, John, Human Ecology: How Land Shapes Society, in: *New Scientist*, 8. September 1988
REPETTO, Robert, Renewable Resources and Population Growth: Past Experiences and Future Prospects, in: *Population and Environment* 10:3, Sommer 1989
REVKIN, Andrew, *The Burning Season*, Boston, 1990
REVKIN, Andrew, Endless Summer, in: *Discover*, 9. Oktober 1988
RICHTER, Jay, Washington Report, in: *Beef*, Juli 1989
RIFKIN, Jeremy (Hrsg.), *The Green Lifestyle Handbook*, New York, 1990
RIFKIN, Jeremy, *Biosphere Politics: A New Consciousness for a New Century*, New York, 1991
RIFKIN, Jeremy und Ted HOWARD, *Entropie – ein neues Weltbild*, Hamburg, 1982
RITCHIE, Carson I. A., *Food in Civilization: How History Has Been Affected by Human Tastes*, New York, 1981
RITSON, Christopher, Leslie GOFTON und John MCKENZIE (Hrsg.), *The Food Consumer*, New York, 1986
RITVO, Harriet, *The Animal Estate*, Cambridge, Mass., 1987
ROSS, Eric B., *Beyond the Myths of Culture*, New York, 1980

ROTHBLUM, Esther D., Women and Weight: Fad and Fiction, in: *Journal of Psychology* 124, Januar 1990
RULE, Sheila, Fatal Illness in Cows Leads to British Inquiry, in: *New York Times*, 20. Mai 1990
SANDERSON, Steven, *The Transformation of Mexican Agriculture*, Princeton, 1986
SCHELL, Orville, *Modern Meat*, New York, 1984
SCHERY, Robert, Migration of a Plant, in: *Natural History* 74, Dezember 1965
SCOBIE, James R., *Argentina: A City and a Nation*, New York, 1971
SERPELL, James, *In the Company of Animals*, New York, 1988
SIMOONS, Frederick J., *Eat Not This Flesh: Food Avoidances in the Old World*, Madison, 1961
SIMOONS, Frederick J. und Elizabeth S. SIMOONS, *A Ceremonial Ox of India*, Madison, 1968
SINCLAIR, Upton, *Der Dschungel*, Reinbek, 1985
SINGER, Peter, *Befreiung der Tiere*, München, 1982
SKAGGS, Jimmy M., *Prime Cut*, College Station, 1986
SLATTA, Richard W., *Cowboys of the Americas*, New Haven, 1990
STRAUSS, Leo, *Natural Rights and History*, Chicago, 1953
SUPER, John C. und Thomas C. WRIGHT, *Food, Politics, and Society in Latin America*, Lincoln, 1985
TANNAHILL, Reay, *Food in History*, New York, 1973
THOMAS, Keith, *Man and the Natural World*, New York, 1983
TRABALKA, John R., *Atmospheric Carbon Dioxide and the Global Carbon Cycle*, Washington, D.C., 1985
TUAN, Yi-fu, *Dominance and Affection: The Making of Pets*, New Haven, 1984
TULLIS, F. La Mond und W. Ladd HOLLIST (Hrsg.), *Food, the State, and International Political Economy*, Lincoln, 1986
TWIGG, Julia, Food For Thought: Purity and Vegetarianism, in: *Religion* 9, Frühjahr 1979
TWIGG, Julia, Vegetarianism and the Meaning of Meat, in: Anne Murcott (Hrsg.), *The Sociology of Food and Eating*, Croft, Aldershot, 1983
U.S. DEPARTMENT OF AGRICULTURE, *Economic Research Service, World Agricultural Supply and Demand Estimates* 256, Washington, D.C., 4. Juli 1991
U.S. DEPARTMENT OF AGRICULTURE, *Food Safety and Inspection Service*, Public Docket Nr. 83-008P, *53 Federal Register* 48262, 30. November 1988. Public Comments on Food Safety and Inspection Service Proposal Rule on Streamlined Inspection System for Meat Safety; Comments of the Public Accountability Project, 15. Mai 1989
U.S. DEPARTMENT OF AGRICULTURE, *Marketing, U. S. Agriculture: 1988 Yearbook of Agriculture*, Washington, D.C., 1988

U.S. Department of Agriculture, *1982 Yearbook of Agriculture*, Washington, D.C., 1982
U.S. Department of Commerce, Bureau of the Census, *Statistical Abstract of the United States 1990*, Washington, D.C., 1990
U.S. Public Health Service, Office of the Surgeon General, *The Surgean General's Report on Nutrition & Health*, New York, 1989
VanSickle, Joe, Grazing's in Their Sights, in: *Beef*, November 1988
VanSickle, Joe, Mad Cow Disease Baffles British, in: *Beef*, August 1990a
VanSickle, Joe, A Tripling by Century's End, in: *Beef*, August 1990b
Viedma, Christiane, A Health Nutrition Atlas, in: *World Health*, Mai 1988
Vines, Gail, Diet, Drugs, and Heart Disease, in: *New Scientist*, 25. Februar 1989
Webb, Walter Prescott, *The Great Plains*, Boston, 1931
Willett, Walter C. et al., Relationship of Meat, Fat, and Fiber Intake to the Risk of Colon Cancer in a Prospective Study Among Women, in: *The New English Journal of Medicine*, 323:24, 1990, 1664-72
Wilson, C. Anne, *Food and Drink in Britain*, London, 1973
World Bank, *Poverty and Hunger*, Washington, D.C., 1986
World Commission on Environment and Development, *Our Common Future: The Bruntland Commission Report*, Oxford, 1987
World Resources Institute and International Institute for Environment and Development, *World Resources, 1986*, New York, 1986
World Resources Institute and International Institute for Environment and Development, *World Resources, 1988-89*, New York, 1988
World Resources Institute and International Institute for Environment and Development, *World Resources, 1990-91*, New York, 1990
Wuerthner, George, The Price ist Wrong, in: *Sierra*, September/Oktober 1990
Wurtman, Richard J. und Judith Wurtman (Hrsg.), Human Obesity, in: *Annals of the New York Academy of Sciences* 499, New York, 1987
Ziegler, P. Thomas, *The Meat We Eat*, Danville, Ill., 1966